建筑专业"十三五"规划教材

建筑法规

主　编　宋　彬　许欢欢　邱小华
副主编　杨　岚　郭立苹
主　审　冀向阳

西安电子科技大学出版社

内 容 简 介

本书根据最新的建设工程法律法规，结合建设工程管理实际，以建设工程招投标工作过程为主线，系统阐述了建设工程招投标及施工合同管理。本书共四章，主要内容包括：建设工程招标，建设工程投标，开标、评标、定标与签订合同，合同管理。

本书可作为应用型本科院校、职业院校建筑工程管理专业的教材，也可供建筑工程技术、工程造价、土建等其他专业选择使用，同时还可作为成人教育、相关职业岗位培训教材以及工程技术人员的参考或自学用书。

图书在版编目（CIP）数据

建筑法规 / 宋彬，许欢欢，邱小华主编. —西安：西安电子科技大学出版社，2016.6

ISBN 978-7-5606-4130-0

Ⅰ. ①建… Ⅱ. ①宋… ②许… ③邱… Ⅲ. ①建筑法—中国 Ⅳ. ①D922.297

中国版本图书馆 CIP 数据核字（2016）第 119597 号

策　　划　罗建锋　章银武
责任编辑　李　佳
出版发行　西安电子科技大学出版社（西安市太白南路 2 号）
电　　话　（010）56091798　（029）88201467　邮　　编　710071
网　　址　www.xduph.com　电子邮箱　xdupfxb001@163.com
经　　销　新华书店
印刷单位　三河市悦鑫印务有限公司
版　　次　2016 年 6 月第 1 版　2023 年 8 月第 2 次印刷
开　　本　787 毫米×1092 毫米　1/16　印　张　15
字　　数　336 千字
印　　数　3001～5000 册
定　　价　35.00 元

ISBN 978-7-5606-4130-0

XDUP4422001 -1

如有印装问题请联系 010-56091798

前　言

随着市场经济的快速发展，工程建设在国民经济中的地位和作用日益突出，特别是《中华人民共和国建筑法》、《中华人民共和国合同法》、《中华人民共和国招标投标法》、《中华人民共和国劳动法》、《建设工程安全生产管理条例》和《建设工程质量管理条例》等法律法规的颁布实施，为优化资源配置、转变建筑企业经营机制、提高投资的经济效益和社会效益、规范建筑市场秩序等发挥了重要作用。

本书是按照建筑专业对建筑工程法规课程的基本教学要求，参照相关的职业（执业）资格考试大纲，结合我国工程建设领域内现行的法律法规，对建设工程法规基本知识、土地管理法律制度、城乡规划法律制度、建设工程勘察设计法规、建设工程发包与承包法规、建设工程合同法规、建设工程安全生产法规、建设工程监理法规和建设工程质量管理法规等内容进行了系统的阐述，涵盖了工程建设过程中所涉及的主要法律法规。

本书由沈阳职业技术学院的宋彬、重庆能源职业学院的许欢欢和南昌工学院的邱小华担任主编，由沈阳职业技术学院的杨岚和南阳理工学院的郭立苹担任副主编，由北京慧策律师事务所的冀向阳担任本书的主审。其中，宋彬编写了第二、五、六、附录二和附录四，许欢欢编写了第四、七和八章，邱小华编写了第三章和附录一，杨岚编写了第一、附录五和附录六，郭立苹编写了第九章和附录三。通过本书的学习，读者能够综合掌握建设工程法律法规基本知识及实际应用的案例。为了方便教学，本书还配有电子课件等教学资源包，读者可扫封底的二维码或登录 www.bjzzwh.com 下载获得。

本书内容全面、新颖，具有较好的系统性和实用性，语言通俗易懂，既可作为应用型本科院校、职业院校的教材，也可作为工程建设领域从业人员学习工程建设法规知识的参考书，还可为职业（执业）资格考试人员提供培训和参考。

本书在编写过程中难免有疏漏之处，敬请各位专家及读者不吝赐教。

编　者

目　录

第一章 建设工程法规基本知识

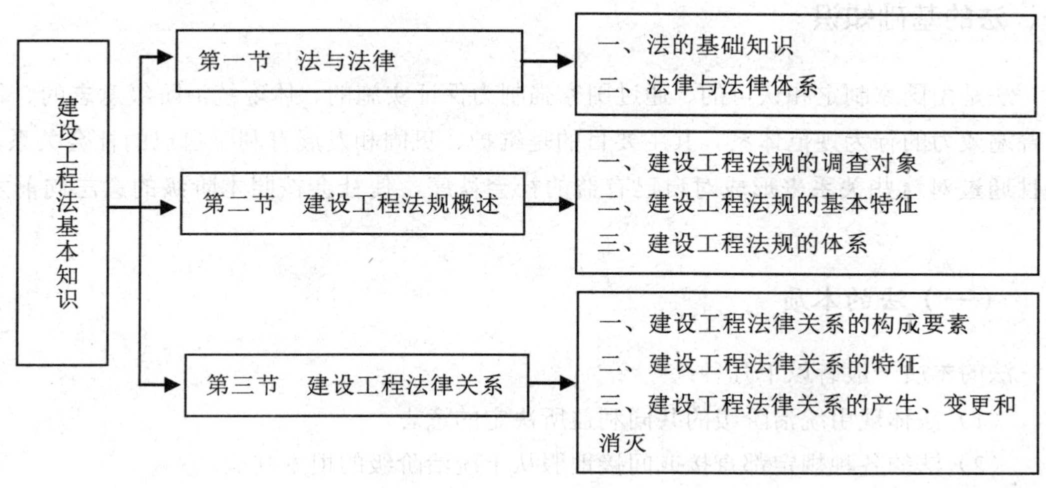

本章结构图

【学习目标】

- 了解我国现有的法律体系；
- 熟悉我国建设工程法规的体系及构成；
- 掌握我国建设工程法律关系的构成要素。

【本章引例】

A 建筑公司与 B 公司签订一办公楼施工合同，明确施工单位要保质保量保工期完成 B 公司的办公楼施工任务。工程竣工后，A 建筑方向 B 公司提交了竣工报告。B 公司为了能够尽快地开始办公，还没组织验收就直接投入使用。使用过程中，B 公司发现办公楼存在质量问题，要求施工单位修理。施工单位认为工程未经验收，B 公司提前使用出现质量问题，施工单位不应再承担责任。

【问题】本案中建设工程法律关系的三要素分别是什么？

第一节 法与法律

法不是自古就存在的，它是人类社会发展到一定历史阶段的产物，是随着阶级和私有制的出现而产生的，并随着社会的发展而不断充实完善的。

一、法的基础知识

法是由国家制定和认可的、通过国家强制力保证实施的、体现统治阶级意志的、具有普遍效力的行为规范体系。其主要目的是维护、巩固和发展有利于自己的社会关系，并且通过对这些关系来形成对自己有益的社会秩序，使社会按照本阶级的意志向前发展。

（一）法的本质

法的本质一般有以下几种：

（1）法体现由统治阶级的共同利益所决定的意志。

（2）法的各种规定都直接或间接地服从于统治阶级的根本利益。

（3）统治阶级意志的内容是由统治阶级的物质生活条件所决定的。

（二）法的特征

法的特征是法的本质的外在表现，主要有以下几个特征：

（1）法是一种一般行为规范。

（2）法是由国家制定或认可的社会规范。

（3）法是由国家强制力保障实施的社会规范。

（4）法是规定社会关系参加者的权利和义务来确认、保护和发展一定的社会关系。

二、法律与法律体系

在我国目前的实践中把法律分为广义与狭义两种意思。广义的“法律”是指法的整体，泛指一切具有立法权限的国家机关所制定的所有规范性文件，这些机关包括全国和一定层级的地方人民代表大会、国务院、省级人民政府等；狭义的“法律”仅指全国人民代表大会及其常务委员会制定的规范性文件。

法律体系，也称部门法体系，是指一个国家的全部现行规范，按照一定的标准和原则划分为不同的部门而形成的和谐一致、有机联系的整体。简单地说，法律体系就是部门法体系。

部门法，又称法律部门，是根据一定标准、原则所制定的同类规范的总称。

（一）法律体系的特征

通常，法律体系的特征主要有以下几种：

（1）法律体系是一个国家全部现行构成的整体。

（2）法律体系是客观法则和主观属性的有机统一。

（3）法律体系的理想化要求是门类齐全、结构严密、内在协调。

（4）法律体系是一国国内法构成的体系，不包括国际法。

（5）法律体系是一个由部门分类组合而形成的呈体系化的有机整体。

（二）我国现有法律体系

我国现有法律体系，是指以宪法为统帅和根本依据，由部门齐全、结构严谨、内部协调、体例科学、调整有效的法律及其配套法规所构成，是保障我国沿着中国特色社会主义道路前进的各项制度的有机的统一整体。这个体系由法律、行政法规、地方性法规三个层次，宪法及宪法相关法、民法商法、行政法、经济法、社会法、刑法、诉讼与非诉讼程序法七个部门组成。

第二节　建设工程法规概述

建设工程法规是国家法律体系的重要组成部分，它涵盖了建设活动的各个行业和工程建设的全过程，限制非法建设活动，制约着建设行业从业人员的行为，使我国建设活动在政府、建设行业主管部门的管理下有序地进行。

建设工程法规是指国家权力机关或其授权的行政机关制定的，旨在调整国家及其有关机构、企业单位、社会团体、公民之间在建设活动中或建设行政管理活动中发生的各种社会关系的法律、法规的统称。它直接体现了国家对建设工程、城市建设、建筑业、房地产业等建设业活动进行组织、管理、协调的方针。

建筑活动是指各类房屋建筑及其附属设施的建造和其配套的线路、管道、设备的安装活动；而建设活动是指土木工程、建筑工程、线路管道和设备的新建、扩建、改建活动及建筑装修装饰活动。

一、建设工程法规的调查对象

我国的建设工程法规的调查对象是指建设工程法规所规定的、在建设活动中发生的各种社会关系，其主要包括建设活动中发生的行政管理关系、民事关系和经济协作关系。

（一）建设工程活动中的行政管理关系

建设活动与国家经济发展、人民的生命财产安全、社会的文明进步息息相关，国家对其必须进行严格的管理。当国家以及建设行政主管部门在对建设活动进行管理时，就会与建设单位、设计单位、施工单位、建设材料及设备的生产供应单位和建设监理等单位产生管理和被管理的关系，在法制社会里，这种关系要由相应的建设法规来调整。行政管理关系是一种上下级不对等的关系。

（二）建设工程活动中的民事关系

建设活动会涉及公民个人的权利，如土地征用、房屋拆迁、从业人员及相关人员的人身和财产的伤害、财产及相关权利的转让等，由之产生的国家、单位与公民之间的民事权利与义务关系，也应该由建设工程法规以及其他的民事法律法规加以规范调整。

（三）建设工程活动中的经济协作关系

建设活动中存在大量的人员与经济方面的合作关系，由此而产生的权利和义务关系也应该由建设工程法规来加以调整和规范。经济协作关系是一种对等的关系，关系双方在享受权利的同时也承担相应的义务。

建设活动中的经济协作关系是一种平等自愿、互利互助的横向协作关系。一般以建设合同的形式确定。

建设法规调整的三种社会关系中，对于建设工程活动中的行政管理关系，主要采用行政手段加以调整；对于建设工程活动中的民事关系，主要用民事的手段加以调整；对于建设工程活动中的经济协作关系，采用行政、经济、民事等各种手段相结合加以调整。

二、建设工程法规的基本特征

建设工程法规除具备一般的基本特征外，还具有不同于其他法律的独特属性。

（1）行政隶属性。行政隶属性是建设工程法规有别于其他法律的主要特征。这也决定了建设工程法规必然要采用能直接体现行政权力活动的调整方法。

（2）经济性。建设活动如房地产开发，建设工程勘察设计、施工安装等，都在为社会创造财富，为国家增加积累，因此建设工程法规具有经济性的特征。

（3）政策性。建设工程法规体现着国家的建设政策，具有政策性的特征。

（4）技术性。建设活动是一项技术性很强、安全系数要求高的生产活动，因此必须制定专门的建设技术规范来保证建设产品的质量和安全。

三、建设工程法规的体系

建设工程法规是国家法律体系的重要组成部分，它必须与宪法及其他相关法律保持一致，但它又自成一系，覆盖建设活动中的各个行业、领域，能够保证建设活动中的各个步骤都有法可依。

（一）建设工程法规体系的层次

建设工程法规体系是指把已经制定和需要制定的建设法律、建设行政法规和建设部门规章衔接起来，形成一个相互联系、相互补充、相互协调的完整统一的框架结构。

（1）建设法律。建设法律是指由全国人民代表大会及其常委会制定颁行的，属于国务院建设行政主管部门主管业务范围的各项法律，是建设法规体系的核心和基础，如：《中华人民共和国合同法》、《中华人民共和国城乡规划法》、《中华人民共和国建筑法》等。

（2）建设行政法规。建设行政法规是指由国务院建设行政主管部门或其与国务院其他相关部门联合制定颁布的各项行政规范，如：《建设工程质量管理条例》、《城市房屋拆迁管理条例》等。

（3）建设部门规章。建设部门规章是由建设行政主管部门及其他相关部门，根据国务院规定的职责范围，依法制定并颁行的行为规范，如：《建设工程勘察企业资质管理规定》。

（4）地方建设法规。地方建设法规是指在不与宪法、法律、行政法规相抵触的前提下，由省、自治区、直辖市人民代表大会及其常委会结合本地区实际情况制定颁行的或经其批准颁行的由下级人大及其常委会制定的，只能在本区域有效的建设方面的法规。地方建设法规促进了本地区建设业的发展，同时也为国家建设立法提供成功的经验。

（5）地方建设规章。地方建设规章是指由省、自治区、直辖市人民政府制定颁行的或经其批准颁行的由其所在城市人民政府制定的建设方面的规章。其中，建设法律的效力最高，层次越往下的法律效力越低。效力低的建设法律不得与比其效力高的建设法律相抵触，否则，其相应规定将被视为无效。

（二）建设工程法规体系的构成

建设工程法规体系是由很多不同层次的法律组成的，通常采用宝塔形和梯形两种形式。宝塔形结构形式，是先制定一部基本法律，将该范围内可能涉及的所有问题都在该法中作出规定，然后再分别制定不同等级的专项法律、行政法规、部门规章，对一些具体问题进行细化和补充。与宝塔形不同，梯形结构形式是不设立基本法律，而以若干并列的专项法律来组成法规体系的最顶层，然后再对每部专项法律配置相应的不同等级的行政法规和部门规章来补充，形成若干既相互联系而又相对独立的专项体系。我国建设工程法规采用的是梯形结构形式。

第三节　建设工程法律关系

建设工程法律关系是法律关系的一种，指由建设法律所确认和调整的、在建设管理和建设协作过程中所产生的权利义务关系。

一、建设工程法律关系的构成要素

建设工程法律关系是由建设工程法律关系主体、建设工程法律关系客体和建设工程法律关系内容三个要素构成的。

（一）建设工程法律关系主体

建设工程法律的主体是指参加建设活动，受建设法律规范调整，在法律上享有一定权利并相应承担一定义务的当事人。要产生建设法律关系，主体一定不止一个，而是两个或两个以上。

（1）国家机关。国家机关包括国家权力机关和国家行政机关，它们是国家各种法律法规和地方性法规的制定者，同时也是各类建设活动的审批者、监督者和管理者。

① 国家权力机关。国家权力机关是指全国人民代表大会及其常务委员会和地方各级人民代表大会及其常务委员会。

② 国家行政机关。国家行政机关是指依照国家宪法和行政组织法的规定设立的依法行使国家行政职权、组织管理国家行政事物的机关。

（2）社会组织。建设工程法律关系主体的社会组织通常是法人。法人是指具有民事权利能力和民事行为能力、依法独立享有民事权利和承担民事义务的组织。

（3）公民。公民个人在建设活动中也可以成为建设工程法律关系的主体。

（二）建设工程法律关系客体

建设工程法律关系的客体是指建设工程法律关系的主体享有的权利和承担义务所共同指向的对象。法学理论上通常将建设工程法律关系的客体分为物、行为和智力成果。

（1）物。物在意义上是指人能控制并具有经济价值的资料和非资料。在建设工程法律关系中表现为物的客体通常是机械设备、建筑材料、建筑物等。

（2）行为。行为在意义上是指人的有意识的活动。在建设工程法律关系中，行为通常表现为完成一定的工作，如检查验收，即完成一定的建筑检测验收任务。

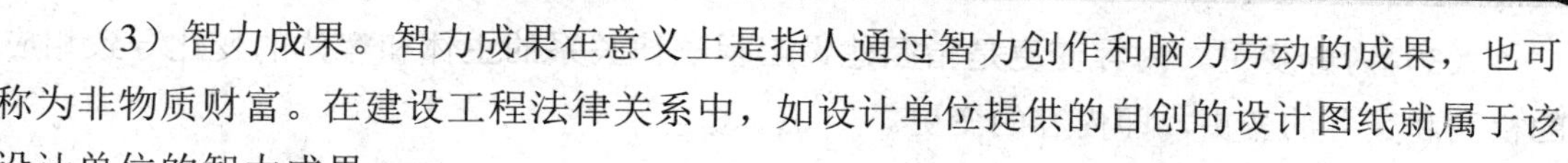

（3）智力成果。智力成果在意义上是指人通过智力创作和脑力劳动的成果，也可称为非物质财富。在建设工程法律关系中，如设计单位提供的自创的设计图纸就属于该设计单位的智力成果。

（三）建设工程法律关系的内容

关系内容是指关系主体享有的权利和承担的义务。建设工程法律关系的内容是指建设工程关系主体实际享有的权利和实际承担的义务。建设工程法律关系的内容决定着建设工程法律关系的性质，是连接建设工程法律关系主体的纽带。

二、建设工程法律关系的特征

建设工程法律关系的特征主要有以下几点：

（1）综合性。建设工程法律规范是由建设行政法律、建设民事法律和建设技术法规构成的。这三种规范在调整建设活动中是相互协作、综合运用的，因此决定了建设工程法律具有综合性的特征。

（2）复杂与广泛性。建设活动关系到社会和人民生活的各个方面，导致建设工程规范涉及面广、内容复杂，由此决定了建设工程法律的复杂与广泛性的特征。

（3）协作性。建设行政关系决定、制约、影响着计划因素的协作关系。建设业的调整是以行政管理规范为主的。建设民事法律规范调整建设业活动是由建设行政关系决定的，并受其制约。如建设单位与设计单位签订的勘察设计合同，在执行过程中，因国家法律认可的国家建设计划发生变化，则建设单位的合同也要相应地作出改变。

三、建设工程法律关系的产生、变更和消灭

（一）建设工程法律关系的产生

建设工程法律关系的产生是指建设工程法律关系主体之间形成了一定的权利和义务关系。例如 A 建设单位与 B 承包单位签订的建设工程承包合同，合同生效后，主体双方就产生了相应的权利和义务。此时，受建设规范调整、保护的建设工程法律关系即产生。

（二）建设工程法律关系的变更

建设工程法律关系的变更是指建设工程法律关系的三个要素产生变化。

（1）主体变更。主体变更是指建设工程法律关系主体的数目变化或主体改变。

（2）客体变更。客体变更是指建设工程法律关系中主体的权利和义务所对应的事物发生变化。

（3）内容变更。内容变更是指因建设工程法律关系的主体和客体的变化导致相应的权利和义务的变更，即内容的变更。

（三）建设工程法律关系的消灭

建设工程法律关系的消灭是指建设工程法律关系主体之间的权利和义务不复存在，彼此丧失了约束力。建设工程法律关系的消灭通常有以下几种：

（1）自然消灭。自然消灭是指建设工程法律关系的权利和义务顺利地得到履行，取得了各自的利益，实现了双方的目的，从而使该关系结束。

（2）协议消灭。协议消灭是指建设工程法律关系主体之间协商解除双方的权利和义务，从而导致建设关系消灭。

（3）违约消灭。违约消灭是指建设工程法律关系主体中的一方违约，导致利益方的权利和义务无法实现，且由另一方行使解约权使双方的建设工程法律关系消灭。

（四）建设工程法律关系产生、变更和消灭的原因

事实是建设工程法律关系产生、变更和消灭的原因。事实是指由建设规范规定，可以引起建设工程法律关系产生、变更和消灭的事实。建设事实可按是否包含当事人的意志分为以下两类。

1．事件

事件是指不以当事人的意志为转变的客观现象。事件按性质的不同分为以下两类：

（1）社会事件。社会事件指由社会现象引起的，如战争、暴乱、恐怖活动等。

（2）自然事件。自然事件指由自然现象引起的，如洪水、地震、火灾、台风等。

2．行为

行为是指可以导致关系产生、变更和消灭的，人的有意识的活动。行为一般情况下可分为以下三种：

（1）违法行为。违法行为是指侵犯其他主体的权利和义务且建设法律所禁止的行为，如不履行建设合同的行为。

（2）合法行为。合法行为是指没有实施建设法律所禁止的行为，如履行合同支付工程款。

（3）行政行为。行政行为是指国家授权机关依法对建设行业进行管理，从而发生的行为，如保障性住房建设资金等。

【引例分析】

本案中的建设工程法律关系主体是 A 建筑公司和 B 公司。客体是施工的办公楼，内容是主体双方各自应当享受的权利和应当承担的义务。具体来说，是 B 公司按照合同的约定，承担按时、足额支付工程款的义务，在按合同约定支付工程款后，该公司就有权要求 A 建筑公司按时交付质量合格的办公楼。A 建筑公司的权利是获取 B 公司的工程款，在享受该项权利后，就应当承担义务，即按时交付质量合格的办公楼给 B 公司，并承担保修义务。

【本章小结】

本章对法与法律、建设工程法规的基础知识、建设工程法律关系等进行详细的阐述。

本章主要内容包括法的基本知识；我国“法律”的含义；法律体系；建设工程法规的定义、基本特征和体系；建设工程法律关系的特征、构成要素，以及建设工程法律关系的产生、变更和消灭。通过学习本章可以了解我国有关法与法律的相关知识；通晓建设工程法规的基本知识；掌握建设工程法律关系的特征及构成和建设工程法律关系的产生、变更和消灭的原因。

【思考题】

1．什么是法和法律？

2．法的本质和特征是什么？

3．尝试阐述建设工程法规的调查对象及特征。

4．建设工程法律的构成要素有哪些？

5．建设工程法律事实如何分类？

第二章　土地管理法律制度

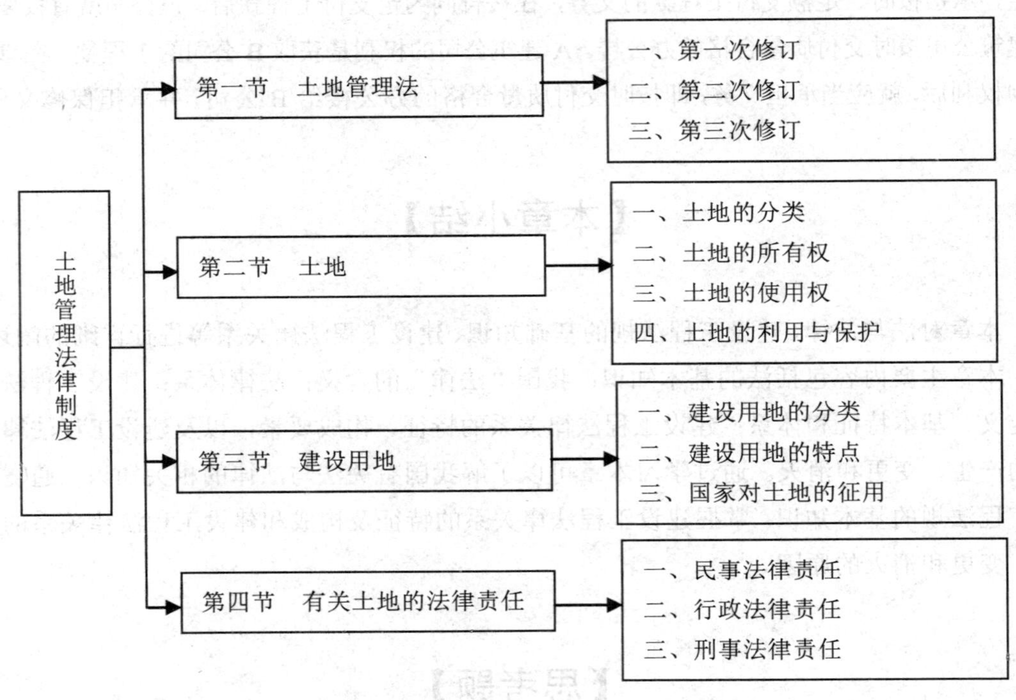

本章结构图

【学习目标】

- 了解我国土地管理法的概况；
- 掌握土地所有权的分类和土地所有权的内容；
- 掌握国有及集体建设用地法律制度；
- 熟悉土地利用总体规划制度。

【本章引例】

20××年初，A村第三村民小组的12亩土地被B有限公司征用，共获得土地补偿费500000元。A村第三村民小组成员共100人。村民小组在分配土地补偿费时以王某被征地处没有承包地为由把王某一家5人排除在外，王某一家5人未分得任何款项。王某等5人多次要求支付应得的土地赔偿费，但都以种种理由遭到拒绝。王某遂反映至政

府，××县人民政府于20××年×月×日专门召开会议，建议A村第三村民小组及时将王某一家5人应得的土地征用补偿费发放到位，但A村第三村民小组并未履行。

为维护自己合法权益，王某一家5人上诉至××县人民法院，要求支付所得补偿费共25000元。被A村第三村民小组辩称，王某一户在被征地上没有承包地，分给补偿费不符合国家政策规定，征地补偿费方案是经全体村民开会讨论决定，符合国家政策及村民利益。

【问题】本案中A村第三村民小组所做的决定是否符合国家的政策及村民的利益，为什么？

第一节　土地管理法

我们国家地资源总量多、人均占有量少、优质耕地少、耕地后备资源少，有近一半的国土面积是戈壁荒漠、崇山峻岭或高原缺氧地区，还有许多地方人均耕地面积明显少于联合国规定的最低人均耕地面积，随着人口的持续增多，我国的土地将不能满足人类生存所必需的相关活动，人地矛盾将变得更加尖锐。

为了加强土地管理，保护我国现有的土地资源，切实保护耕地，合理地开发利用土地，促进社会经济的稳定发展，我国颁布了一系列土地管理的法律法规。《中华人民共和国土地管理法》（以下简称“土地管理法”）是土地管理的基本法律，它于1986年6月25日第六届全国人民代表大会常务委员会第十六次会议通过，自1987年1月1日起施行。

随着时代的发展进步，法律制定的背景与条件的变化，根据我国土地管理及社会经济发展的需要，《土地管理法》自施行后共进行了三次修订。

一、第一次修订

20世纪80年代末，我国土地使用制度改革步伐加快，深圳、上海等地在土地有偿使用制度方面迈出了重要一步，全国各地也相继效仿。这使得土地有偿使用成为我国土地使用制度改革中不可回避的核心问题。为适应这一要求，1988年4月，第七届全国人民代表大会第一次会议通过了《宪法修正案》，根据该修证案，删去了《宪法》第十条第四款中“禁止土地出租”的规定，同时在该条款中增加了“土地的使用权可以依照法律规定转让”的规定。同年12月29日，七届全国人大常委会根据《宪法修正案》通过了关于修改《土地管理法》的决定，在《土地管理法》中删除了“禁止出租土地”的内容，并增加规定“国有土地和集体所有的土地的使用权可以依法转让”、“国家依法实行国有土地有偿使用制度”等内容。同时，为适应新形势下土地管理工作的需要，对农村集体建设用地的审批，非法转让土地和破坏耕地的违法行为的处罚、处罚程序等内容也进行了修改。我国《宪法》和《土地管理法》对土地使用制度改革的修改规定，奠定了这一时期土地立法的基调，那就是一切为土地使用制度改革服务。1988 年，《土地管理法》的修改推动了我国土地使用制度的改革。

二、第二次修订

随着改革的深化和形势的发展，1988 年修改的《土地管理法》已经明显不能适应加强土地管理、切实保护耕地的需要，不能适应社会主义市场经济的需要。特别是在 20 世纪 90 年代末期，我国耕地保护面临的形势十分严峻，开发区热、房地产热导致耕地面积锐减，人地矛盾日益尖锐。面对经济形势的变化，《土地管理法》呈现出了局限性，如对农用地转为建设用地缺乏严格的法律限制，对土地违法行为缺乏强有力的法律监督体制和手段，对土地征用缺乏严格的法律限制且比较分散，以及对国有土地资源和市场管理缺乏明确的规定等。在这种情况下，党中央、国务院于 1997 年 4 月 15 日下发了《关于进一步加强土地管理切实保护耕地的通知》（即通称的“中央 11 号文件”）。在这个文件中，中央提出了一系列加强土地管理和耕地保护的措施，决定在冻结非农业建设占用耕地的同时，完成《土地管理法》的修订工作，同时也提出了修订《土地管理法》的重要原则。

1998 年 8 月 29 日，第九届全国人大常委会第四次会议修订并通过的《土地管理法》于 1999 年 1 月 1 日施行。这次修订是土地管理方式和土地利用方式的重大变革，是土地管理思想发生根本转变的集中体现。它是除宪法等基本法律外，第一部在立法思想、基本原则和主要内容等方面对原法进行全方面修订的法律，是第一部经过全民讨论、全国人大常委会三次审议的法律。《土地管理法》在修订过程中，草案全文在社会上公开，广泛征求意见，进行了全民讨论，充分体现了立法的民主性。1998 年，《土地管理法》的修订适应了我国土地管理的新形势。

三、第三次修订

2004 年 3 月 14 日，全国人大第十届二次会议通过的《宪法修正案》，将《宪法》第十条第三款“国家为了公共利益的需要，可以依照法律规定对土地实行征用。”修改为“国家为了公共利益的需要可以依照对土地实行征收或者征用并给予补偿。”同年 8 月 28 日，十届全国人民代表大会常务委员会第十一次会议对《土地管理法》作出修改，一是将《土地管理法》第二条第四款修改为“国家为了公共利益需要，可以依法对土地实行征收或者征用并给予补偿”；二是将其他条款中的“征用”改为“征收”。

《土地管理法》的实施，使我国的土地管理事业在复杂的历史条件下和尖锐的土地矛盾中，用 20 年的时间做完了西方发达国建近百年甚至几百年的路。它的每次修订都

代表着一个经济发展的阶段，都表明着其不断成长和完善的过程。《土地管理法》使得我国的土地管理在法制的道路上平稳前行。

第二节　土地

土地是固定的、不可代替的和有限的自然资源和社会资源，因此，要尽量合理地开发和利用土地。“十分珍惜和合理利用土地，切实保护耕地”是我国的基本国策。

一、土地的分类

我国根据土地的用途不同，一般将土地分为以下三类：

（1）农业用地。农业用地即直接用于农业生产的用地，包括耕地、林地、草地、农田水利用地等。

（2）建设用地。建设用地是指建造建筑物、构筑物的土地，包括城乡住宅和公共设施用地、工矿用地、交通水利设施用地、旅游用地、军事设施用地。

（3）未利用土地。未利用土地是指除农业用地和建设用地以外的尚未被开发利用的土地。

随着社会的不断进步和经济的不断发展，为了更有效地管理土地，我国土地管理工作者在以上三种分类的基础上又将土地作了进一步的分类。根据 2007 年 8 月 5 日颁布执行的《土地利用现状分类》国家标准，根据土地的用途、利用方式和覆盖特征等因素，将我国土地分 12 个一级类和 56 个二级类。其中一级类包括：耕地、草地、园地、林地、住宅用地、工矿仓储用地、商服用地、公共管理与公共服务用地、特殊用地、交通运输用地、水域及水利设施用地、其他土地。二类土地是一类土地的细致分类。

① 耕地分为水田、水浇地和旱地 3 个二级地类。

② 草地分为天然牧草地、人工牧草地和其他草地 3 个二级地类。

③ 园地分为果园、茶园和其他园地 3 个二级地类。

④ 林地分为有林地、灌木林地和其他林地 3 个二级地类。

⑤ 住宅用地分为城镇住宅用地和农村宅基地 2 个二级地类。

⑥ 工矿仓储用地分为工业用地、采矿用地和仓储用地 3 个二级地类。

⑦ 商服用地分为批发零售用地、住宿餐饮用地、商务金融用地和其他商服用地等 4 个二级地类。

⑧ 公共管理与公共服务用地分为机关团体用地、新闻出版用地、科教用地、医卫慈善用地、文体娱乐用地、公共设施用地、公园与绿地、风景名胜设施用地等 8 个二级地类。

⑨ 特殊用地分为军事设施用地、使领馆用地、监教场所用地、宗教用地和殡葬用地等 5 个二级地类。

⑩ 交通运输用地分为铁路用地、公路用地、街巷用地、农村道路、机场用地、港口码头用地和管道运输用地等 7 个二级地类。

⑪ 水域及水利设施用地分为河流水面、湖泊水面、水库水面、坑塘水面、沿海滩涂、内陆滩涂、沟渠、水工建筑物用地、冰川及永久积雪等 9 个二级地类。

⑫ 其他土地为空闲地、设施农用地、田坎、盐碱地、沼泽地、沙地、裸地等 7 个二级地类。

二、土地的所有权

（一）土地所有权的四项权能

土地所有权包括对土地的占有、使用、收益和处分四项权能，其四项权能的具体意义如下：

（1）占有权。占有权指土地所有人对于土地的实际控制的权利。

（2）使用权。使用权指土地所有人按照土地的性质和用途加以利用，从而实现其利益的权利。

（3）收益权。收益权指土地所有人在土地之上获得经济利益的权利。

（4）处分权。处分权指土地所有人对土地状态改变的权利，如土地的出让、抵押。

土地所有权还对土地所有者及其代表行使权利有三条重要限制，其具体内容如下：

（1）土地所有权禁止交易。

（2）土地所有者及其代表行使权利不得违反法律、行政法规规定的义务。

（3）土地所有者及其代表行使权利不得违反其与土地使用者签订的土地使用权出让合同或土地承包合同中约定的义务。

（二）土地所有权的分类

我国施行的土地所有制为社会主义公有制，全部土地分为全民所有（国家所有）和劳动群众集体所有制。

1．国家所有的土地

国家所有的土地的权利主体的代表是国务院，其客体主要包括的范围如下：

（1）国家依法征用的土地。

（2）城市市区土地。

（3）农村和城市郊区中已经依法没收、征收、征购为国有的土地。

（4）农村集体经济组织全部成员转为城镇居民的，原属于其成员集体所有的土地。

（5）因国家组织移民、自然灾害等原因，农民成建制集体迁移后不再使用的原属于迁移农民集体所有的土地。

（6）依法不属于集体所有的林地、草地、荒地、滩涂及其他土地。

2．集体所有的土地

集体所有权属于集体公共所有，而不是属于集体组织成员按份共有。集体组织内的任何成员，不得主张对集体土地的所有权。

农民集体是集体土地所有权的主体，集体所有的土地分为村农民集体所有和乡镇农民集体所有。村集体经济组织或村民委员会经营管理农民集体所有土地；乡镇集体经济组织经营管理乡镇农民集体所有土地。集体所有土地所有权的客体主要包括的范围如下：

（1）除由法律规定属于国家所有以外的农村和城市郊区的土地。

（2）宅基地和自留地、自留山。

三、土地的使用权

土地使用权是土地使用人依法对国家或集体所有的土地享有占有、使用、一定收益和在限定范围内进行处分的权利。它是从土地所有权中分离出来的一项权利。它具体表现为土地使用人对土地可以依法行使利用、出租、转让、抵押的权利。

（一）国有土地使用权

国有土地使用权是指用地单位或者个人依法定方式取得的、对国有土地享有的物权。它可以通过出让、拨划、承包、转让、继承、获取地面建筑物所有权等方式获得。

（1）土地使用权出让。土地使用权出让是指土地使用者以向国家支付土地使用权出让金而获得有出让年限的国有土地使用权的行为。

（2）土地使用权拨划。土地使用权拨划是指县级以上人民政府依法批准，在土地使用者缴纳补偿、安置等费用后将该幅土地交付其使用，或者将土地使用权无偿交付给土地使用者使用的行为。

（3）土地使用权承包。国有土地也可以由单位或个人承包，用以进行种植业、林业、畜牧业、渔业生产。

（4）土地使用权转让。土地使用权转让是指土地使用者将土地使用权再转移的行为，包括出售、交换和赠与。

（二）集体土地使用权

集体所有土地的使用权可以依法通过承包、转让、继承等方式获得。集体经济组织内的成员可承包本单位所有的土地，承包期限是 30 年，可进行种植业、杯业、渔业等生产。本集体经济组织之外的单位或个人承包经营的，需要经过村民会议 2/3 以上的成员或 2/3 村民代表的同意，并报乡镇人民政府的批准。农民还可依法取得宅基地、自留山、自留地的使用权。

四、土地的利用与保护

最近几年以来我们国家工业化进程速度加快，城镇化水平不断提高，这就需要为基础设施建设、城镇建设等提供相当多的土地资源。一些城市盲目建设，乱设开发区，导致土地资源逐渐减少。还有一些地方政府为了追求政绩，大力建设“形象工程”，乱使用土地，造成土地资源使用不合理，给土地资源的保护带来了困难。

（一）土地利用与保护的相关制度

为贯彻“十分珍视和合理利用土地，切实保护耕地”这一基本国策，使土地得到科学合理的开发利用，《土地管理法》中制订了一系列相关制度，主要有以下几种：

（1）土地调查制度。县级以上人民政府土地行政主管部门和同级有关部门对土地的权属、利用现状和条件进行调查，并应根据调查成果、规划土地的用途和国家制定的统一标准，评定土地等级。土地所有者或使用者应积极配合调查，并提供相关资料。

（2）土地用途管理制度。各级人民政府都要依据国民经济和社会发展规划、国土整治和资源环境保护的要求，土地供给能力以及各项建设对土地的需求，组织编制土地利用总体规划，规定土地用途，控制建设用地的总量，严格限制农用地转为建设用地，对耕地实行特殊保护。

（3）土地监察制度。土地监察是指土地管理部门依法对单位和个人执行和遵守国家土地法律、法规的情况进行监督检查以及对土地违法者实施法律制裁的活动。国家土地管理局主管全国土地监察工作。土地监察工作的内容主要是对单位和个人下述行为的合法性进行监督检查：① 建设用地行为；② 建设用地审批行为；③ 土地开发利用行为；④ 土地权属变更和使用权出让行为；⑤ 土地使用权转让、出租、抵押、终止行为；⑥ 房地产转让行为及其他行为。

土地管理部门依照国家土地管理法律、法规独立行使土地监察职权，不受其他行政机关、社会团体和个人的干涉。

（4）土地统计制度。县级以上人民政府土地行政主管部门和同级统计部门共同制定统计调查方案，依法进行土地统计，定期发布土地统计资料。土地所有者或使用者应提供有关资料，不得虚报、瞒报、拒报、迟报。

（二）土地利用总体规划制度

土地利用总体规划是在一定区域内，在综合考虑社会经济发展需要、国土整治、资

源与环境保护要求、土地使用现状等各项因素的基础上，对土地开发、利用、治理、保护在一定时间内所制定出的土地利用的规划。土地利用总体规划是国家对土地用途进行管制的依据。

1. 土地利用总体规划的要求

地方各级人民政府必须依据上一级土地利用总体规划来编制本级土地利用总体规划，其建设用地总量不得超过上一级土地利用总体规划中所确定的控制指标。省、自治区、直辖市人民政府编制的土地利用总体规划应当确保本行政区域内耕地总量不减少。

县级和乡镇土地利用总体规划应当根据需要划定基本农田保护区、土地开垦区、建设用地区和禁止开垦区等，其中乡镇土地利用总体规划还应当根据土地使用条件，确定每一块土地的用途，并予以公告。

2. 土地利用总体规划的编制与修改

我国的土地利用总体规划由国家、省、地（市）、县（市）、乡（镇）五级组成。我国采用从上而下、逐级进行的方法编制土地利用总体规划。一般情况下，土地利用总体规划的期限为 15 年，其主要内容包括土地供需分析、土地利用现状分析、确定规划目标、土地利用结构和布局调整、编制规划供选方案和拟定实施规划的政策措施等。土地利用总体规划修改必须报原批准机构批准。通常编制土地利用总体规划应遵循以下几个原则：

（1）严格保护基本农田，控制非农田建设占用农用地。

（2）统筹安排各类、各区域用地。

（3）提高土地利用率。

（4）占用耕地和开发复垦耕地相平衡。

（5）保护和改善生态环境，保障土地的可持续利用。

（三）耕地保护制度

耕地，是人类赖以生存的基本资源和条件。随着人民生活水平不断提高，要保持农业可持续发展和人们日益增加的物质需求，确保耕地的数量和质量是重中之重。因此我国颁布了一系列法律制度来保护耕地。

（1）耕地总量动态平衡制度。《土地管理法》第三十三条规定：省、自治区、直辖市人民政府应当严格执行土地利用总体规划，采取必要的措施来确保本行政区域内耕地不减少；耕地总量减少的，由国务院责令在规定期限内组织开垦与所减少耕地数量与质量相当的耕地，并由国务院土地行政主管部门会同农业行政主管部门验收。

（2）基本农田保护制度。基本农田是指根据一定时期人口和国民经济对农业产品的需求而确定的不得长期占用及基本农田保护区规划期内不得占用的耕地。长期不得占用的耕地为一级基本农田，规划期内不得占用的为二级基本农田。基本农田保护区是指为对基本农田实行特殊保护而依照法定程序划定的区域。各级人民政府必须制定基本农田保护区规划。全国基本农田保护区规划由国务院土地管理部门及农业行政主管部门会同其他有关部门编制，并报国务院批准。省、地（市）、县（市）的基本农田保护区规划由同级人民政府土地管理部门及农业行政主管部门会同其他有关部门，根据上一级基本农田保护区规划进行编制，经本级人民政府审定后，报上一级人民政府批准。乡级基本农田保护区规划由乡级人民政府根据县级基本农田保护区规划进行编制，报县级人民政府批准。

（3）农业用地转用审批制度。建设占用土地，涉及农用地转为建设用地的应当办理农业用地转用审批手续。省、自治区、直辖市人民政府批准的道路、管线工程和大型基础建设项目，国务院批准的建设项目占用地，涉及农业用地转为建设用地的，由国务院批准。在土地利用总体规划确定的城市和村庄、集镇建设用地规模范围内，为实施该规划而将农业用地转为建设用地的，按土地利用年度计划分批次由原批准土地利用总体规划的机关批准。已批准的农业用地转用范围内，具体建设项目用地可由市、县人民政府批准。

（4）土地开发整理复垦制度。国家鼓励单位和个人按照土地利用总体规划，在保护和改善生态环境、防止水土流失和土地荒漠化的前提下，开发未利用的土地，适宜开发为农业用地的，应先开发为农业用地。国家鼓励对土地进行整理。因挖损、塌陷、压占等造成破坏的土地，用地单位和个人应当按照国家有关规定负责复垦；没有条件复垦或复垦不符合要求的，应当缴纳土地复垦费，专项用于土地复垦。复垦的土地要优先用于农业。

第三节　建设用地

建设用地是指建造建筑物、构筑物的土地，包括城乡住宅和公共设施用地、厂矿用地、交通水利设施用地、旅游用地、军事设施用地等。

一、建设用地的分类

通常状况下，建设用地有以下六种分类方法：按附着物的性质、土地所有权、建设用地的用途、建设用地的利用方式、建设用地的状况、建设用地的使用期限分类。

（一）按附着物的性质分类

按附着物的性质分类，建设用地可分为以下两类：

（1）建筑物用地。建筑物是指在内进行生产、生活或其他活动的房屋或场所。

（2）构筑物用地。构筑物是指不直接在内进行生产、生活或其他活动的建筑物。

（二）按土地所有权分类

按土地所有权分类，建设用地可分为以下两类：

（1）国有建设用地。国有建设用地是指建造建筑物和构筑物占用的土地，包括城乡住宅和公共设施用地、交通水利设施用地、军事设施用地等所有权为国家的土地。

在使用国有建设用地的过程中，政府保留对土地的规划调整权。经批准的建设项目需要使用国有建设用地的，建设单位应当持资料向市、县国土资源行政主管部门提出建设用地申请，经该部门审查后，由市、县国土资源行政主管部门批准并颁发建设用地使用证书方可使用该建设用地。

（2）农民集体所有建设用地。这包括农民宅基地、乡（镇）村公共设施、公益事业、乡村办企业使用农民集体所有土地中的建设用地。

（三）按建设用地的用途分类

按建设用地的用途分类，建设用地可分为以下两类：

（1）农业建设用地指直接用于农业生产需要或规定用于农业生产配套的工程用地，如作物的暖房、育秧室、农用水泵、农用道路等建设所需使用的土地。

（2）非农业建设用地指一切非农业用途的建设用地，主要包括城镇、村庄用地；交通用地；乡镇企业、农村作坊、机械化养殖场、垃圾堆场等。

（四）按建设用地的利用方式分类

按建设用地的利用方式分类，建设用地可分为以下几类：

（1）工矿用地。

（2）旅游用地。

（3）城乡住宅和公共设施用地。

（4）交通水利设施用地。

（5）军事设施用地。

（6）其他建设用地。

（五）按建设用地的状况分类

按建设用地的状况分类，建设用地可以分为以下两类：

（1）新增建设用地。新增建设用地是指新近某一时点以后由其他非建设用地转变而来的建设用地。

（2）存量建设用地。存量建设用地是指新近某一时点以前已有的建设用地。

（六）按建设用地使用期限分类

按建设用地的使用期限分类，建设用地可分为以下两类：

（1）临时建设用地。临时建设用地是指因建设工程项目施工和地质勘察的需要，经土地行政主管部门批准，而临时使用的国有土地或者农民集体所有的土地。临时使用土地的使用者应当按照临时使用土地合同约定的用途使用土地，不得修建永久性建筑物。临时建设用地的使用期限一般不超过两年。

（2）永久性建设用地。永久性建设用地是指建设用地一经使用后就不再恢复原来状态的土地。

二、建设用地的特点

相对于其他类型的用地而言，建设用地主要具有以下几个特点。

（一）建设用地的高度集约性

与农用地相比，建设用地占地面积较小，但单位用地面积上所投放的劳动力与资本比农用地要高得多，单位土地面积的直接经济产出也比农用地要高出很多，属于高度集约的土地利用。因而相对于农用地而言，建设用地可以通过投入更多的劳动和资本来替代较为稀缺的土地资源，节约集约利用土地，缓解土地供需紧张的矛盾。

（二）建设用地的持续扩张性

随着经济社会不断向前推进、人口的增加和城镇化速度的提高，建设用地呈现出快速扩张的态势。其扩张的对象是城镇周边的耕地，因此对农业构成了巨大的威胁。建设用地的扩张是持续增加的，而土地的供应却是有限的，以有限的土地供给满足持续增加的需求，这就要求我们要认真考虑如何更加有效地以有限的供应去满足持续增加的需求。

（三）建设用地的再生性

建设用地能够从现有的建设用地中经过再开发的手段重新获得。充分发挥和利用建设用地能再生的特性，才有可能使人们在建设用地需求不断增长的情况下，从不断开发的过程中，获得越来越多的操作场地和操作空间。

（四）建设用地利用逆转的困难性

一般来讲，农业用地转变为建设用地较为容易，只要地质条件符合工程建设的要求，

再加以必要的开发和配套建设就可以变为建设用地。但建设用地则不同，它是以利用土地的承载力为主，其上的建筑物和构筑物一旦建成就可以使用很长的年限，所以土地的用途较为稳定。正因如此，土地作为建设用地后想再转变为农用地就非常困难（即使可以，也要付出极大的代价）。因此，在决定将农用地转为建设用地前要十分谨慎，应充分论证，科学决策。

（五）建设用地的空间性与实体性

建设用地是整个建筑工程的一部分，整个建筑工程可用单层形式平摊在地面上，也可以用多层、高层、超高层建设的形式竖立于地面上，或向下发展，建立地下商场、地下铁路等。建设用地的空间性对于高效利用土地、节约用地都是很有成效的。

建设用地的实体性是指建设用地具有固定的形状，是一个工程实体，一旦形成就能直接为人类建设活动服务。建设用地的实体性是指通过“营造结果”形成多种具有固定形状的工程实体，如建筑物、道路、机场等。

（六）建设用地位置的特殊性

农用地在利用的时候，更多考虑的是其肥力因素，而建设用地则不同。选择建设用地时，区位十分重要，如商业用地多配置在交通便捷、人口密集、地质条件良好的城市繁华地段。当然，位置的优劣只是一个相对的概念，譬如临街的土地对于商业服务来说是很好的位置，但对居住来说可能并非最佳选择。

（七）建设用地的非生态利用性

建设用地是以土地的非生态附着物为主要利用方式，土地对于建设来说，发挥了地基和场所的作用，这一特性决定了在选择建设用地时，主要是考虑土地的非生态因素，而对于土地肥力等生态因素关系不大。因此，在建设用地与农用地发生争地矛盾时，应把土壤质量好的土地优先用于农业。

三、国家对土地的征用

随着国民经济的发展和社会进步的需要，一些原属于农民集体所有的土地要被用于基础设施建设或社会公益事业。《土地管理法》规定，国家为公共利益需要，可以依法对集体所有的土地实行征用。

（一）征用土地的审批

按照《土地管理法》第四十五条规定，征用下列土地的，需由国务院批准：

（1）基本农田。

（2）基本农田以外的耕地（超过三十五公顷的）。

（3）其他土地（超过七十公顷的）。

征用上述规定以外的土地，由省、自治区、直辖市人民政府批准，并报国务院备案。

征用农用地时，应当依照《土地管理法》第四十四条的规定先行办理农用地转用审批。其中，经国务院批准农用地转用的，同时办理征地审批手续。不再另行办理征地审批；经省、自治区、直辖市人民政府在征地批准权限内批准农用地转用的，同时办理征地审批手续，不再另行办理征地审批，超过征地批准权限的，应当依照本条第一款的规定另行办理征地审批。

（二）征用土地的补偿

《土地管理法》第四十七条规定："征用土地的，用地单位应按照被征用土地的原用途给予补偿。"

征用耕地的补偿费用包括土地补偿费、安置补助费以及地上附着物和青苗的补偿费。征用耕地的土地补偿费，为该耕地被征收前三年平均年产值的六至十倍。征收耕地的安置补助费，按照需要安置的农业人口数计算。需要安置的农业人口数，按照被征收的耕地数量除以征地前被征收单位平均每人占有耕地的数量计算。每一个需要安置的农业人口的安置补助费标准，为该耕地被征收前三年平均年产值的四至六倍。但是，每公顷被征收耕地的安置补助费，最高不得超过被征收前三年平均年产值的十五倍。

征收其他土地的土地补偿费和安置补助费标准，由省、自治区、直辖市参照征收耕地的土地补偿费和安置补助费的标准规定。

第四节　有关土地的法律责任

土地法律责任是指因违反土地管理法律、法规而必须承担的责任。承担土地法律责的前提是行为人出现违反《土地管理法》的行为，即土地违法行为。

一般情况下土地违法行为具有以下三种特征：

（1）只有"行为"能构成土地违法行为，"行为"又指作为与不作为。

（2）行为的违法性是其危害社会的法律表现。

（3）土地违法行为是有过错的不合法行为。

一、民事法律责任

《民法通则》第一百三十四条规定，土地民事法律责任一般有以下几种：

（1）赔偿损失。赔偿损失主要适用于因侵犯土地的所有权或使用权并给对方造成

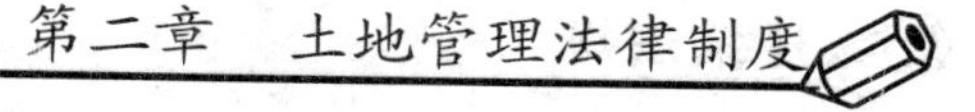

财产损失，而又不可能采取其他补救措施而采取的一种方式。

（2）罚款。罚款主要适用于主观上具有明显故意性质的行为人，侵犯他人土地所有权或使用权，除承担其他民事责任外，人民法院在具体处理案件过程中，可对其处以一定数额的罚款，以惩戒土地违法行为人。

（3）停止侵害、排除妨碍。停止侵害、排除妨碍主要适用于相邻关系中行为人虽没有直接侵犯土地所有人的所有权或使用权，但妨碍了权利人正常行使占有、使用、处分权，行为人应排除妨碍。

（4）消除隐患。消除隐患主要适用于行为人的行为虽未妨害权利人行使权利，尚未侵犯权利人的权利，但确有可能发生侵害权利人的权利的危险，应采取措施，防止其侵害的发生，即消除隐患。要求消除隐患并不要求行为人主观上有过错，只要存在确有发生损害的可能即可。

（5）赔礼道歉。赔礼道歉主要适用于轻微的土地违法案件中向他人表示悔过的一种形式。

二、行政法律责任

土地行政法律责任是指由于违反土地行政法律规范或不履行土地行政法律义务而依法对土地行政法律主体追究行政责任的法律后果。

通常状况下土地行政法律责任具有以下特征：

（1）土地行政法律关系主体来承担土地行政法律责任，并由土地行政主管部门决定该主题是否负有土地行政法律责任。

（2）土地行政法律责任的追究主要是用来惩戒违法人，教育警示其他人。

三、刑事法律责任

在土地违法行为中，行为人严重违法土地管理法律、法规的将依据《刑法》的规定对行为人已构成的犯罪依法追究其刑事法律责任。

【引例分析】

法院认为，根据《中华人民共和国土地管理法实施条例》第二十六条规定：“土地补偿费归农村集体经济组织所有。”农村土地被征用后的土地补偿费，其性质是对集体土地所有权的补偿。土地补偿费在土地被征用后，统一支付给作为被征用单位的农村集体经济组织。本案中，因B有限公司征用而取得的土地补偿费，是属于村民小组集体土地所有权的补偿，土地被征用取得的补偿费应属于全体村民小组所有。原告5人属于A

村第三村民小组成员，应与本小组享有平等的权利义务。虽然原告一户在被征用地上没有承包地，但土地补偿费只能被分配给本集体组织成员，而地上附着物和青苗补偿费则是针对物的所有人和青苗的实际投入人的补偿，被补偿人可以为集体经济组织成员以外的人。被告排除原告5人而分配补偿费显失公平，违反法律规定。

故法院作出如下判决：被告A村第三村民小组支付给王某一家5人土地补偿款应得份额25000元。

【本章小结】

本章对土地管理法、土地、建设用地、有关土地的法律责任进行了比较详细的阐述。

本章的主要内容包括土地管理法的第一、二、三次修订；土地的分类；土地的所有权和使用权；土地的利用与保护；建设用地的分类；国有建设用地；临时建设用地；国家征用土地。通过学习本章，读者可以了解我国土地管理法的基本情况，通晓我国国有土地和集体土地的具体区别；掌握土地利用总规划编制的要求及原则；掌握建设用地的分类和征用土地的审批与补偿；熟悉有关土地的法律责任。

【思考题】

1. 土地所有权和使用权是什么？
2. 国家所有的土地有哪些？
3. 简述什么是土地利用总规划，以及土地利用总规划的编制原则有哪些。
4. 建设用地按土地所有权可以分成几类？
5. 征用耕地的补偿费用都包括哪些？

第三章　城乡规划法律制度

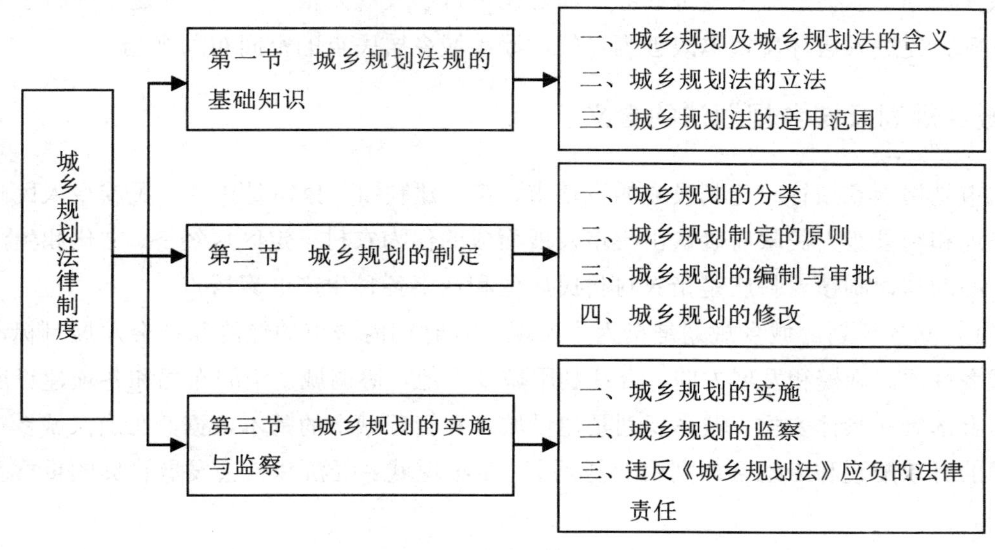

本章结构图

【学习目标】

- 了解城乡规划的目的及适用范围；
- 掌握城乡规划的分类及内容；
- 掌握城乡规划的实施与管理；
- 熟悉违反《城乡规划法》应当承担的法律责任。

【本章引例】

某企业位于市中心重点地区，占地面积 25600 平方米，由于该企业效益不好，打算利用地理优势，将一部分多余的工厂用地出让，用来建设住宅。经与 A 房地产开发商洽谈达成协议，由 A 房地产开发商向市规划行政主管部门申请建设住宅。规划行政主管部门经核实城市总体规划和控制性详细规划，将该用地使用性质规划为公共设施用地。市规划行政主管部门经现场调研，并分析了周围建设情况和各种条件，认为可以改变用地性质，向市政府作了请示，经市政府批准后核发了“两证一书”。

【问题】 该市规划行政主管部门在报经市政府批准的情况下，还核发“两证一书”

是否多此一举，为什么？

第一节　城乡规划法规的基础知识

城乡规划是以促进城乡经济社会全面协调可持续发展为根本任务、促进土地科学使用为基础、促进人居环境根本改善为目的，涵盖城乡居民点的空间布局规划。

一、城乡规划及城乡规划法的含义

城市是指国家按行政建制设立的直辖市、市、建制镇。集镇是指乡、民族乡人民政府所在地和经县级人民政府确认由集市发展而成的作为农村一定区域经济、文化和生活服务中心的非建制镇。村庄是指农村村民居住和从事各种生产的聚居点。

（1）城乡规划。城乡规划是指为了实现一定时期内城市的经济和社会发展目标，确定城乡性质、规模和发展方向，合理利用城乡土地，协调城乡空间布局和各项建设所作的综合部署和具体安排。城乡规划是建设城乡和管理城市的基本依据，在确保城乡空间资源的有效配置和土地合理利用的基础上，是实现城乡经济和社会发展目标的重要手段之一。

（2）城乡规划法。城乡规划法是指调整城乡规划的制定、实施和管理规程中各种社会关系的法律法规的总称。

二、城乡规划法的立法

随着新农村建设的不断深入和城乡差距的逐步缩小，为了加强城乡规划管理，协调城乡空间布局，改善人居环境，促进城乡经济社会全面协调可持续发展，制定一部专门的法律法规十分重要。

我国于 2007 年 10 月 28 日由中华人民共和国第十届全国人民代表大会常务委员会第三十次会议通过了《中华人民共和国城乡规划法》（以下简称《城乡规划法》），并于 2008 年 1 月 1 日起开始施行，包括总则、城乡规划的制定、城乡规划的实施、城乡规划的修改、监督检查、法律责任、附则共七章七十条。城乡规划法规体系是一个由多部法规组成的复杂而又具有相互联系的法规体系，它是以《城乡规划法》为核心，由配套规章、技术标准和技术规范构成的专门法规体系。

《城乡规划法》的出台代替了此前指导我国城市规划的《城市规划法》并使之废止，同时在现有的法规中，不与《城乡规划法》相违背的内容仍然适用；与《城乡规划法》相违背的，则按照《城乡规划法》有关规定执行。

三、城乡规划法的适用范围

《城乡规划法》的适用范围有以下两个方面：

（1）城市和镇应当依据《城乡规划法》制订城市规划和镇规划。这里的城市规划和镇规划既包括总体规划，也包括详细规划。城市和镇需要依据《城乡规划法》的规定编制符合地方特色的规划，并且在城市、镇规划区内的建设活动应当遵守其城乡规划的要求，不能任意作出改变或者撤销。

（2）某些确定区域内的乡、村庄，应当依照《城乡规划法》制订规划，并且规划内的乡、村庄建设应当符合其规划要求。

第二节 城乡规划的制定

城乡规划的制定必须严格执行国家政策，应当以科学发展观为指导，以构建社会主义和谐社会为基本目标，坚持五个统筹，坚持中国特色的城镇化道路，坚寺节约和集约利用资源，保护生态环境，保护人文资源，尊重历史文化，坚持因地制宜确定城市发展目标与战略，促进城市全面协调可持续发展。

一、城乡规划的分类

根据《城乡规划法》第二条规定，城乡规划包括：城镇体系规划、城节规划、镇规划、乡规划和村庄规划。城乡规划是城市政府关于城市发展目标的决策，因此尽管各国由于社会经济体制、城市发展水平、城市规划的实践和经验的不同，城市觇划的工作步骤、阶段划分与编制方法也不尽相同，但基本上都按照由抽象到具体、从战略到战术的层次决策原则进行。一般都将城乡规划分为总体规划和详细规划。我国也依照《城乡规划法》将城乡规划分为总体规划和详细规划两类。

（一）城镇体系规划

城镇体系规划是指一定地域范围内，以区域生产力合理布局和城镇职能分工为依据，确定不同人口规模等级和职能分工的城镇的分布和发展规划。城镇体系规划主要包括全国城镇体系规划和省域城镇体系规划。此外根据实际工作的需要和特定的情况，还可以编制跨行政区域的城镇体系规划。城镇体系规划的主要任务有以下几个：

（1）综合评价城镇发展条件。

（2）制订区域城镇发展战略。

（3）预测区域人口增长和城市化水平。

（4）拟定各相关城镇的发展方向与规模。

（5）协调城镇发展与产业配置的时空关系。

（6）统筹安排区域基础设施和社会设施。

（7）引导和控制区域城镇的合理发展与布局。

（8）指导城市总体规划的编制。

（二）总体规划

总体规划是在一定区域内，根据国家社会经济可持续发展的要求和当地自然、经济、社会条件，对土地的开发、利用、治理、保护在空间上、时间上所做的总体安排和布局。

城市、镇总体规划是为综合研究和确定城市、镇的发展规模和空间发展形态，统筹安排城市、镇各项建设用地；合理配置城市、镇各项基础设施和公共服务设施；保护好环境和自然与历史文化遗产，指导城市、镇合理发展。城市总体规划、镇总体规划的规划期限一般为20年。城市、镇总体规划的内容分为主要内容和强制性内容。

（1）城市、镇总体规划的主要内容包括：城市、镇的发展布局，功能分区，用地布局，综合交通体系，禁止、限制和适宜建设的地域范围，各类专项规划等。

（2）城市、镇总体规划的强制性内容包括：规划区范围、规划区内建设用地规模、基础设施和公共服务设施用地、水源地和水系、基本农田和绿化用地、环境保护、自然与历史文化遗产保护以及防灾减灾等内容。

（三）详细规划

详细规划可根据需要编制成控制性详细规划和修建性详细规划两种。

1．控制性详细规划

控制性详细规划是城市、镇人民政府城乡规划主管部门根据城市、镇总体规划的要求，用以控制建设用地性质、使用强度和空间环境的规划。城市的控制性详细规划是指以城市总体规划或分区规划为依据，确定建设地区的土地使用性质和使用强度的控制指标、道路和工程管线控制性位置以及空间环境控制的规划。镇的控制性详细规划是指在镇的总体规划的基础上，依据镇总体规划所确定的原则，对需要进行开发建设地区的土地使用性质、开发强度、绿化建设、基础设施建设、历史文化保护等作出具体规划。

控制性详细规划的主要内容有以下几方面：

（1）土地使用性质及其兼容性等用地功能控制要求。

（2）容积率、建筑高度、建筑密度、绿地率等用地指标。

（3）基础设施、公共服务设施、公共安全设施的用地规模、范围及具体控制要求，地下管线控制要求。

（4）基础设施用地的控制界线（黄线）、各类绿地范围的控制界线（绿线）、历史

文化街区和历史建筑的保护范围界线（紫线）、地表水体保护和控制的地域界线（蓝线）等“四线”及控制要求。

2．修建性详细规划

修建性详细规划是以城市总体规划、分区规划或控制性详细规划为依据，制订用以指导各项建筑和工程设施的设计和施工的规划设计，是城市详细规划的一种。修建性详细规划编制的主要内容有以下几方面：

（1）建设条件分析及综合技术经济论证。

（2）做出建筑的空间布局和景观规划设计。

（3）布置总平面图。

（4）竖向规划设计。

（5）道路交通规划设计。

（6）绿地系统规划设计。

（7）工程管线规划设计。

（8）估算工程量、拆迁量和总造价，分析投资效益。

修建性详细规划的文件和图纸主要包括：修建性详细规划设计说明书、规划地区现状图、规划总平面图、各项专业规划图、竖向规划图、反映规划设计意图的透视图等。修建性详细规划需收集的基础资料，除控制性详细规划的基础资料外，还应增加以下内容：①控制性详细规划对本规划地段的要求；②工程地质、水文地质等资料；③各类建筑工程造价等资料。

（四）乡规划、村庄规划

乡规划、村庄规划是乡、村庄在一定时期内的发展计划，是政府为实现乡、村庄的经济和社会发展目标，确定乡、村庄的性质、规模和发展方向，协调乡、村庄的布局和各项建设而制订的综合部署和具体安排，是乡村建设与管理的依据。

乡规划、村庄规划的主要内容有以下几点：

（1）规划区范围。

（2）住宅、道路、供水、排水、供电、垃圾收集、畜禽养殖场所等农村生产、生活服务设施、公益事业等各项建设的用地布局、建设要求。

（3）对耕地等自然资源和历史文化遗产的保护。

（4）防灾减灾等的具体安排。

二、城乡规划制定的原则

《城乡规划法》中明确规定，城乡规划的制定必须遵循以下几个原则：

（1）城乡规划统筹。城乡规划的制订和实施，应统筹城乡，促进经济社会全面协调发展。

（2）合理布局。城乡规划对城市、镇、乡和村庄的土地要合理布置，达到协调城乡空间布局，改善人居环境的目的。

（3）集约发展。城乡规划应改变以往粗放型的发展模式，向集约型方向发展。

（4）节约土地。土地是一种稀缺性的自然资源，城乡规划的制订和实施必须珍惜、节约、合理利用每一寸土地。

（5）先规划后建设。城乡建设中的无序建设、重复建设容易造成资源大量浪费，在城乡规划的制订和实施中，应坚持先规划后建设的原则。

另外，城乡规划还要改善生态环境，促进资源、能源节约和综合利用，保护耕地等自然资源和历史文化遗产，保护地方特色、民族特色和传统风貌，防止污染和其他公害，并符合区域人口发展、国防建设、防灾减灾和公共卫生、公共安全的需要。

三、城乡规划的编制与审批

城乡规划编制应当依据经济和社会发展目标的需要，依法编制规划文件，并与土地利用总规划相结合，确定城市性质、规模和发展方向，综合部署各项建设。

（一）城镇体系规划的编制与审批

全国城镇体系规划是由国务院规划主管部门会同国务院有关部门组织编制并审批，省域城镇体系规划交由省、自治区、直辖市人民政府组织编制，再上报国务院审批。

（二）总体规划的编制与审批

城市总体规划由该城市人民政府来编制，其具体工作由城市人民政府的城乡规划主管部门承担。直辖市的城市总规划由直辖市上报国务院审批。省、自治区人民政府所在地的城市以及国务院确定的城市总规划，由省、自治区人民政府审查后，上报国务院审批。其他城市的城市总规划，则由该市的人民政府上报省、自治区人民政府审批。

（三）详细规划的编制与审批

1．城市的控制性详细规划的编制与审批

编制大城市和特大城市的控制性详细规划，可以根据本地实际情况，结合城市空间布局、规划管理要求，以及社区边界、城乡建设要求等，将建设地区划分为若干规划控制单元，组织编制单元规划。城市的控制性详细规划经本级人民政府批准后，报本级人民代表大会常务委员会和上一级人民政府备案。

2．镇规划的控制性详细规划的编制与审批

镇控制性详细规划可以根据实际情况，适当调整或者减少控制要求和指标。规模较小的建制镇的控制性详细规划，可以与镇总体规划编制相结合，提出规划控制要求和指标。县人民政府所在地镇的控制性详细规划，经县人民政府批准后，报本级人民代表大会常务委员会和上一级人民政府备案。其他镇的控制性详细规划由镇人民政府报上一级人民政府审批。

3．修建性详细规划的编制与审批

修建性详细规划的编制以经批准的控制性详细编制为指导，由具有相应资质的规划编制单位来完成具体编制工作。有资质的城乡规划编制单位需具有以下条件：

（1）有法人资格。

（2）有规定数量的经国务院城乡规划主管部门注册的规划师。

（3）有规定数量的相关专业技术人员。

（4）有相应的技术装备。

（5）有健全的技术、质量、财务管理制度。

（四）乡规划、村庄规划的编制与审批

乡规划、村庄规划是由乡、镇政府组织编制，报上一级人民政府审批。村庄规划在上报审批前，应当经村民会议或者村民代表会议讨论同意。

四、城乡规划的修改

城乡规划一经批准便具有法律效力，在城乡规划实施过程中必须严格执行，以保证城乡建设的有序、协调和可持续发展。但是在城乡规划实施过程中，影响城乡建设和发展的各种因素总是不断发展变化的。

《城乡规划法》考虑到规划实施的动态过程以及实施的复杂性，对规划修改的条件作出了规定，当出现下列五种情况之一时，可以依法进行规划修改。

（1）上级人民政府制定的城乡规划发生变更，提出修改规划要求的。

（2）行政区划调整需修改规划的。

（3）因国务院批准重大建设工程确需修改规划的。

（4）经评估确需修改规划的。

（5）城乡规划的审批机关认为应当修改规划的其他情形。

城乡规划修改前，应当对原规划的实施进行总结并向原审批机关报告；修改设计总规划强制内容的应向原审批机关提出专题报告，经同意后才能编制修改方案。

第三节　城乡规划的实施与监察

城乡规划实施的速度必须和经济、社会发展的速度相适应，与城乡政府能够提供的人力、财力、物力相适应。因此，城乡规划的实施必须尊重并符合社会经济发展的客观规律。城乡规划确定的城乡建设项目以及规划方案，应当按照国家规定的程序纳入国民经济和社会发展计划，反之无法达到城乡规划的理想状态，甚至造成诸如资源浪费和环境破坏等难以挽回的后果。

一、城乡规划的实施

城乡规划实施是一个综合性的概念，既是政府的职能，也涉及公民、法人和社会团体的行为。从根本上说，城乡规划的实施最终是为了给广大城乡群众的居住、劳动、学习、交通、休息以及各种社会活动营造良好的条件和环境。因此，群众有权参与到城乡规划的实施过程中来，群众的意愿必须在规划的实施过程中得以体现。

（一）城乡规划公布制度

城乡规划在报审前，组织编制机关依法公告城乡规划草案，并采取恰当的方式征求专家、公众的意见。公众可以通过向组织编制机关提交对草案的意见的方式参与到城乡规划的制订工作中。对公众的意见组织编制机关应充分考虑，并将意见采纳情况及理由附在报审材料中。城乡规划在批准后，组织编制机关及时公布城乡规划，使公众了解城乡的性质、发展规模和发展方向、各项用地的布局、各项建设的具体安排等，调动公众参与城乡规划实施的积极性和主动性，并促使他们自觉遵守城乡规划，服从城乡规划的管理。

城乡规划法规定，任何单位和个人有权就涉及其利害关系的建设活动是否符合规划的要求向城乡规划主管部门查询，有权向城乡规划主管部门或者有关部门举报或者控告违反城乡规划的行为。城乡规划的公布，增大了城乡规划实施过程的透明度，公众就可以对城乡规划区内的建设活动进行监督，发现问题及时举报，以便城乡规划行政主管部门能够及时制止和处理各种违法占地和违法建设行为。

（二）建设工程选址意见书

选址意见书是指建设工程在立项过程中，由城乡规划主管部门出具的该建设项目是否符合城乡规划要求的意见书。

按照国家规定需要有关部门批准或者核准的建设项目，以划拨方式提供国有土地使用权的，建设单位在报送有关部门批准或者核准前，应当向城乡规划主管部门申请核发

选址意见书。其它的建设项目不需要申请选址意见书。

1．建设工程选址意见书的内容

建设工程选址意见书一般包括以下两部分：

（1）建设项目基本情况。建设项目基本情况包括建设项目的名称、性质、用地与建设规模，供水与能源的需求量，采取的运输方式与运输量，以及废水、废气、废渣的排放方式和排放量等。

（2）建设项目选址意见。建设项目选址意见包括建设项目与城市规划布局是否协调；建设项目与城市交通、通信、能源、市政、防灾规划是否衔接与协调；建设项目配套的生活设施与城市生活居住及公共设施规划是否衔接与协调；建设项目对城市环境可能造成的污染影响，以及与城市环境保护规划和风景名胜、文物古迹保护规划是否协调。

2．建设工程选址意见书的核发

建设工程选址意见书的核发程序主要有以下几方面：

（1）选址申请。建设单位在编制建设项目设计任务时，应向建设项目所在地的县、市、直辖市人民政府规划行政主管部门提出建设项目选址申请。

（2）参加选址。城乡规划行政主管部门与计划部门、建设单位等有关部门一同进行建设项目的选址工作，包括现场勘察，共同商讨，对不同的拟建地址进行比较分析，听取有关部门、单位的意见。

（3）选址审查。城乡规划行政主管部门经过调查研究，分析和采用多项方案比较论证，根据城乡规划要求对该建设项目选址进行审查。必要时应组织专家论证会或听证会进行慎重研究或者听取公众意见。

（4）核发选址意见书。城乡规划主管部门经过选址审查后，核发选址意见书。核发选址意见书实行分级管理规划。

（三）建设用地规划许可制度

建设用地规划许可证是建设单位和个人提出建设用地申请，城乡规划行政主管部门根据规划和建设项目的用地需要，确定建设用地位置、面积、界限的法定凭证。

在城市、镇规划区内以划拨方式提供国有土地使用权的建设项目，经有关部门批准、核准、备案后，建设单位应当向城市、县人民政府城乡规划主管部门提出建设用地规划许可申请，由城市、县人民政府城乡规划主管部门依据控制性详细规划核定建设用地规划许可证后，方可向县级以上地方人民政府土地主管部门申请用地，经县级以上人民政府审批后，由土地主管部门划拨土地。建设用地规划许可的审批需要以下几个步骤：

（1）建设用地规划许可申请。建设单位在建设项目经有关部门批准、核准和备案后，向城市、县人民政府城乡规划主管部门提出建设用地规划申请。

（2）现场踏勘。城乡规划行政主管部门受理了建设单位的建设用地申请后，应当与建设单位会同有关部门到选址地点进行现场调查和踏勘，同时向其他相关部门（如环境保护、消防安全、文物保护、土地管理等方面的主管部门）征求意见。

（3）审查总平面，核定用地面积。建设单位根据城乡规划主管部门提供的设计条件完成总平面设计图后，应将总平面设计图及相关文件送报城乡规划主管部门，以审查其用地性质、规模和布局方式、运输方式等是否符合城乡规划的要求及合理用地、节约用地的原则，并根据城乡规划设计用地定额指标和该地块的具体情况，审核用地面积。

（4）核发建设用地规划许可证。经上述审查合格后，城市、县规划行政主管部门向建设单位颁发建设用地规划许可证。

（四）建设工程规划许可制度

建设工程规划许可证是对城市、镇规划区域内的建设项目，城乡规划主管部门向建设单位或个人核发的确认其建设工程符合城乡规划要求的证件。

在城市、镇规划区内进行建筑物、构筑物、道路、管线和其他工程建设的，建设单位或者个人应当向城市、县人民政府城乡规划主管部门或者省、自治区、直辖市人民政府确定的镇人民政府申请办理建设工程规划许可证。

建设工程规划许可证的合法程序有以下几个步骤：

（1）申请单位或个人需提交必要材料。提交的材料主要包括：使用土地的有关证明文件和建设工程设计方案等文件；需要编制修建性详细规划的建设项目，应提交修建性详细规划。

（2）建设单位或个人根据设计方案通知书的要求完成施工图设计后，应将注明勘察设计证书编号的总平面图，个体建筑设计的平、立、剖图，基础图，地下室平面图、剖面图等施工图，送城乡规划主管部门审查。经审查批准后，核发建设工程规划许可证。

（3）修建性详细规划和建设工程设计方案的总平面图的公布。城市、县人民政府城乡规划主管部门或者省、自治区、直辖市人民政府确定的镇人民政府应当依法将经审定的修建性详细规划、建设工程设计方案的总平面图予以公布。

建设单位或个人在取得建设工程规划许可证件和其他有关批准文件后，方可申请办理开工手续。

二、城乡规划的监察

（1）监督检查的责任主体和内容。县级以上人民政府及其城乡规划主管部门应当加强对城乡规划编制、审批、实施、修改的监督检查。

（2）人民政府向人大报告规划实施情况制度。地方各级人民政府应当向本级人民代表大会常务委员会或者乡、镇人民代表大会报告城乡规划的实施情况，并接受监督。

（3）规划行政主管部门的监督检查权。县级以上人民政府城乡规划主管部门对城乡规划的实施情况进行监督检查，有权采取以下措施：

① 要求有关单位和人员提供与监督事项有关的文件、资料，并进行复制。

② 要求有关单位和人员就监督事项涉及的问题作出解释和说明，并根据需要进入现场进行勘测。

③ 需要进入现场进行勘测时，责令有关单位和人员停止违反城乡规划的法律、法规的行为。

城乡规划主管部门的工作人员在履行规定的监督检查职责时，应当出示执法证件；被监督检查的单位和人员应当予以配合，不得妨碍和阻挠依法进行的监督检查活动。

监督检查情况和处理结果应当依法公开，供公众查阅和监督。城乡规划主管部门在查处违反《城乡规划法》规定的行为时，发现国家机关工作人员违法应当给予行政处分的，应当向其任免机关或者监察机构提出处分建议。

（4）对规划行政主管部门的监督。依照《城乡规划法》规定应当给予行政处罚，而有关城乡规划主管部门不给予行政处罚的，上级人民政府城乡规划主管部门有权责令其做出行政处罚决定或者建议有关人民政府责令其给予行政处罚。

三、违反《城乡规划法》应负的法律责任

《城乡规划法》第六章明确规定了违反《城乡规划法》所应当承担的法律责任，主要有以下几方面：

（1）《城乡规划法》第五十八条规定："对依法应当编制城乡规划而未组织编制，或者未按法定程序编制、审批、修改城乡规划的，由上级人民政府责令改正，通报批评，对有关人民政府负责人和其他直接责任人员依法给予处分。"

（2）《城乡规划法》第五十九条规定："城乡规划组织编制机关委托不具有相应资质等级的单位编制城乡规划的，由上级人民政府责令改正，通报批评，对有关人民政府负责人和其他直接责任人员依法给予处分。"

（3）《城乡规划法》第六十二条规定："城乡规划编制单位有下列行为之一的，由所在地城市、县人民政府城乡规划主管部门责令限期改正，处合同约定的规划编制费一倍以上两倍以下的罚款；情节严重的，责令停业整顿，由原发证机关降低资质等级或者吊销资质证书，造成损失的，依法承担赔偿责任。①超越资质等级许可的范围承揽城乡规划编制工作的；②违法国家有关标准编制城乡规划的。"

（4）《城乡规划法》第六十三条规定："城乡规划编制单位取得资质证书后，不再符合相应的资质条件的，由原发证机关责令限期改正；逾期不改正的，降低资质等级或者吊销资质证书。"

（5）《城乡规划法》第六十四条规定："未取得建设工程规划许可证或者未按照建

设工程规划许可证的规定进行建设的，由县级以上地方人民政府城乡规划主管部门责令停止建设；尚可采取改正措施消除对规划实施的影响的，限期改正，处建设工程造价5%以上10%以下的罚款；无法采取改正措施消除影响的，限期拆除，不能拆除的，没收实物或者违法收入，可以并处建设工程造价10%以下的罚款。”

（6）《城乡规划法》第六十五条规定：“在乡、村庄规划区内未依法取得乡村建设规划许可证或者未按照乡村建设规划许可证的规定进行建设的，由乡、镇人民政府责令停止建设、限期改正，逾期不改正的，可以拆除。”

（7）《城乡规划法》第六十六条规定：“建设单位或者个人有下列行为之一的，由所在地城市、县人民政府城乡规划主管部门责令限期拆除，可以并处临时建设工程造价一倍以下的罚款：①未经批准进行临时建设的；②未按照批准内容进行临时建设的；③临时建筑物、构筑物超过批准限期不拆除的。”

（8）《城乡规划法》第六十七条规定：“建设单位未在建设工程竣工验收后六个月内向城乡规划主管部门报送有关竣工验收资料的，由所在地城市、县人民政府城乡规划主管部门责令限期补报；逾期不补报的，处1万元以上5万元以下的罚款。”

（9）《城乡规划法》第六十九条规定：“违反本法规定，构成犯罪的，将依法追究刑事责任。”

【引例分析】

市规划行政主管部门根据城市总体规划和控制性详细规划，在现场调研后并作了分析，根据该用地所处具体位置和具体条件认为可以改变用地性质。由于该用地“位于市中心重点地区”，根据规划法的规定，重点地区控制性详细规划是由市政府审批的，要调整必须经过市政府的批准，才能改变用地性质。因此，市规划行政主管部门审批程序合法又合理，在报经市政府批准的情况下，核发了“两证一书”，这是正确的，不是多余之举。

【本章小结】

本章对城乡规划法规的基础知识、城乡规划的制定、城乡规划的实施与监察进行了比较详细的阐述。

本章的主要内容包括城乡规划及城乡规划法的含义、城乡规划法的立法与适用范围、城乡规划的制定原则、城乡规划的分类、城乡规划的编制与审批、城乡规划的修改、

城乡规划的实施、城乡规划的监察、违反《城乡规划法》应负的法律责任。通过本章学习读者可以了解城乡规划立法的目的及适用范围；通晓城乡规划的分类；掌握城乡规划的制定、实施和监察；熟悉违反《城乡规划法》应负的法律责任。

【思考题】

1．什么是城乡规划？

2．我国城乡规划的原则是什么？

3．何谓城乡规划的实施？保证实施的方法有哪些？

4．什么是建设用地规划许可证？如何取得建设用地规划许可证？

5．违反城乡规划法会承当哪些法律责任？

第四章　建设工程勘察设计法规

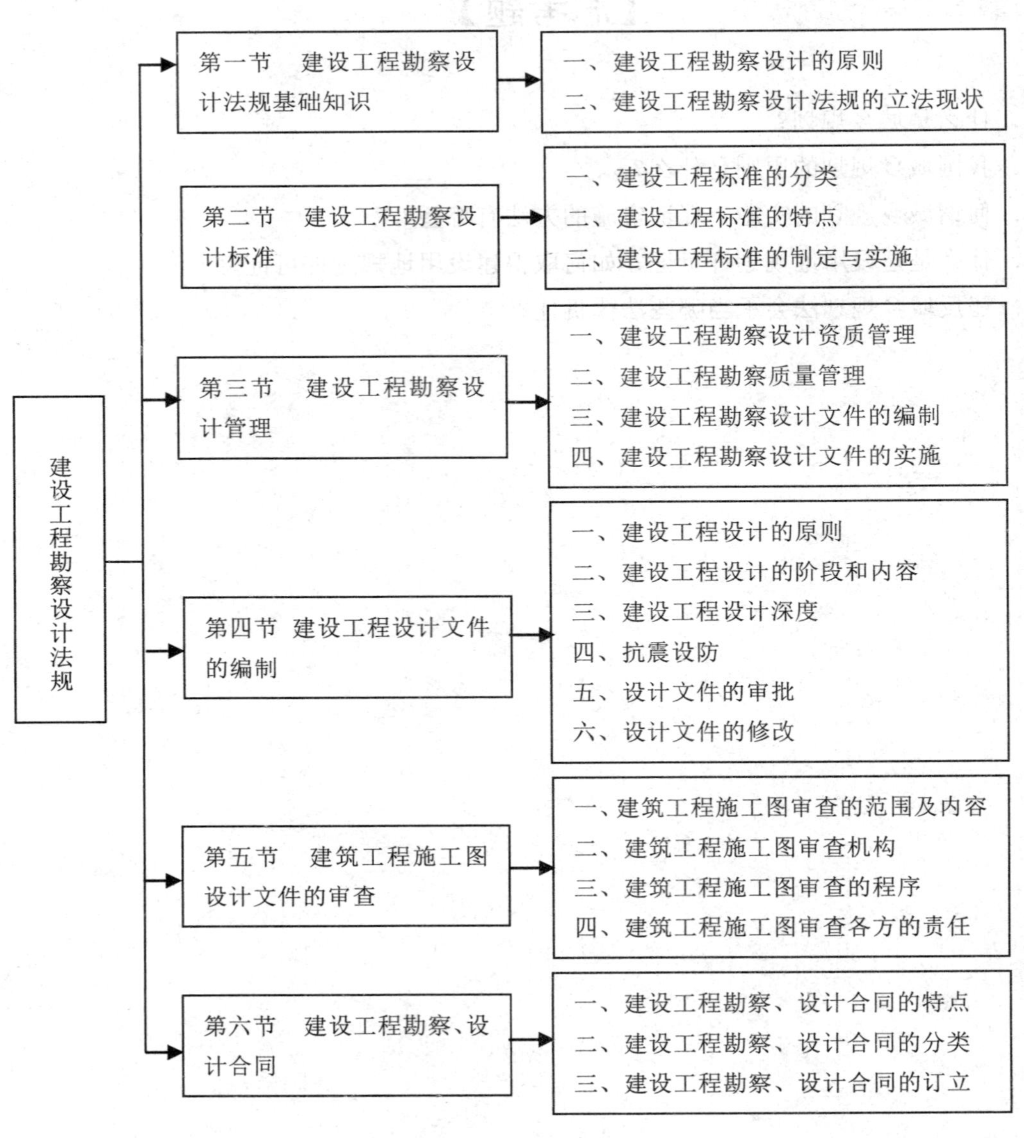

本章结构图

【学习目标】

- 了解建设工程勘察设计的原则；
- 掌握建设工程勘察设计的标准；
- 掌握建设工程勘察设计管理；
- 熟悉建设工程勘察设计文件的编制与施工图审计文件的审查。

【本章引例】

A 厂欲新建一车间，分别与 B 市建筑设计院和 B 市 C 建筑公司签订设计合同和施工合同。工程竣工后，厂房东侧墙壁发生较大裂缝，属工程质量问题。为此，A 厂向法院起诉 B 市 C 建筑公司。经过工程质量鉴定单位勘查，查明裂缝是由于地基不均匀沉降引起，进一步分析的结论是结构设计图纸所依据的地质资料不准，于是 A 厂又向法院起诉 B 市建筑设计院。B 市建筑设计院答辩，设计院是根据 A 厂提供的地质资料设计的，不应承担事故责任。经法院查证，该厂提供给设计院的地质资料不是新建车间的地质资料，而是与该车间相邻的 D 厂的地质资料，事故前设计院也不知该情况。

【问题】对于地质资料不准确的问题，A 厂、B 市建筑设计院、C 建筑公司和施工方等该如何承担责任？

第一节　建设工程勘察设计法规基础知识

建设工程勘察是指根据建设工程的要求，查明、分析、评价建设场地的性质、地理环境特征和岩土工程条件，编制建设工程勘察文件的活动。

建设工程设计是指根据建设工程的要求，对建设工程所需的技术、经济、资质、环境等条件进行综合分析、论证，编制建设工程设计文件的活动。

一、建设工程勘察设计的原则

在建设工程的各个环节中，勘察是基础，而设计是整个建设工程的灵魂，从事建设工程勘察、设计活动，应坚持先勘察、后设计、再施工的原则，这对保证建设工程质量和效益是至关重要的。建设工程勘察设计是一项技术性和政策性都很强的活动，为了保证建设工程勘察设计的质量与水平，建设勘察设计应坚持以下几点原则：

（1）建设工程勘察、设计应当与社会、经济发展水平相适应，做到经济收益、社会效益和环境效益相统一。

（2）从事建设勘察、设计活动，应当坚持先勘察、后设计、再施工的原则。

（3）综合利用资源，满足环保要求。

（4）建设勘察、设计单位必须依法进行建设工程勘察、设计，严格执行工程建设的强制性标准，并对建设工程勘察、设计的质量负责。

（5）国家鼓励在建设工程勘察中采用先进技术、先进工艺、先进设备、新型材料和现代管理方法。

（6）公共建筑和住宅还应该注意美观、适用和协调的原则。

二、建设工程勘察设计法规的立法现状

建设工程勘察设计法规是指调整工程勘察、设计活动中所产生的各种社会关系的法律规范的总称。

建设工程勘察设计法规涉及范围广、内容多，包含了建设工程勘察设计工作管理、建设工程勘察设计文件编制、建设工程施工图审查、建设工程勘察设计标准、工程建设资质管理和建设工程勘察设计责任管理等多方面内容。目前，我国建设工程勘察设计方面的相关法律、法规主要由建设部及相关部委的规章和规范性文件组成。现行主要的法规有：1999 年颁布的《建设工程勘察设计市场管理规定》，2000 颁布的《建设工程勘察设计管理条例》、《实施建设工程强制性标准监督规定》、《建设工程设计招标投标管理办法》、《建设工程勘察设计合同管理办法》，2002 年颁布的《工程勘察设计收费管理规定》、《建筑工程施工图设计文件审查要点（试行）》、《岩土工程勘察文件审查要点（试行）》，2003 年颁布的《工程勘察设计咨询业知识产权保护与管理导则》，2004 年颁布的《房屋建筑和市政基础设施工程施工图设计文件审查管理办法》，2005 年颁布的《勘察设计注册工程师管理规定》，2007 年颁布的《建设工程勘察设计资质管理规定》，2008 年颁布的《建筑工程设计文件编制深度的规定》。其中《建设工程勘察设计管理条例》于 2015 年进行了修订。这些法规适应了市场经济的需要，对规范建设工程勘察设计活动，加强勘察设计管理起到了重要的作用。

第二节　建设工程勘察设计标准

标准是指对重复性事物和概念所作的统一性规定。它以科学技术和实践经验的综合成果为基础，经有关方面协商一致，由主管机构批准，以特定形式发布，作为共同遵守的准则和依据。

建设工程标准是指对基本建设中各类工程的勘察、规划、设计、施工、安装、验收等需要协调统一的事项所制定的标准。制定和实施各项建设工程标准，并逐步使其各系统的标准形成相辅相成、共同作用的完整体系，即实现建设工程标准化是实现现代化建

设的重要手段，也是我国建设领域现阶段一项重要的经济、技术政策。它可以保证建设工程的质量及安全生产，全面提高建设工程的经济效益、社会效益和环境效益。

一、建设工程标准的分类

建设工程标准按照不同的角度可分为以下几类：

（1）按适用范围分类。建设工程标准按适用范围可分为国家标准、行业标准、地方标准和企业标准。

（2）按标准内容分类。建设工程标准按标准的内容可分为技术标准、经济标准和管理标准。

（3）按执行效力分类。建设工程标准按执行效力可分为强制性标准和推荐性标准。强制性标准是指必须执行的标准，如建设工程勘察、规划、设计、施工及验收等通用的综合标准和质量标准等。推荐性标准是指当事人自愿采用的标准，凡是强制性标准以外的标准皆为推荐性标准。

建设工程国家标准是指在全国范围内统一的技术要求。如通用的质量标准，通用的术语、符号、代号、模数等。建设工程行业标准是指在建设工程活动中，在全国某个行业范围内统一的技术要求。如行业专用的质量标准，专用的术语、符号、代号，专用的实验、检验、评定方法等。建设工程地方标准是指建设工程活动中，根据当地的气候、地质、资源、环境等条件，在省、自治区、直辖市范围内统一的技术要求。它不得低于相应的国家标准或行业标准。建设工程企业标准是指建设工程活动中，企业内部统一的技术要求。它不得低于国家标准、行业标准和地方标准。

根据《基本建设设计工作管理暂行办法》、《基本建设勘察工作管理暂行办法》的规定，建设工程勘察设计标准包括工程建设勘察设计规范和标准设计。

（1）建设工程勘察设计规范。建设工程勘察设计规范是强制性勘察设计标准。“一经颁发，就是技术法规，在一切建设工程勘察设计活动中都必须执行。”勘察设计规范分为国家、部、省（自治区、直辖市）、设计单位四个级别。

（2）标准设计。标准设计是推荐性设计标准。“一经颁发，建设单位和设计单位要因地制宜地积极采用，凡无特殊理由的不得另行设计。”标准设计分为国家、部、省（自治区、直辖市）三个级别。

二、建设工程标准的特点

建设工程标准的特点，取决于建设工程所具有的特殊性，主要包括建设工程活动的复杂性、工程本身的复杂性和重要性及工程受自然环境、社会环境影响较大的特性。

（一）综合性强

建设工程综合性强的特点主要反映在以下两个方面：

（1）工程建设标准的内容的综合性。工程建设标准需要应用各领域的科技成果，经过综合分析，才能制定出来。例如《建筑设计防火规范》，其内容不仅包括了民用建筑设计的各个方面应当采取的防火安全措施，而且也包括了各类工业建筑中应当采取的一系列安全防火措施。在制订标准时，需要就各个不同领域的科学技术成果和经验教训进行综合分析，具体分解，并需要保证标准的综合成果达到安全可靠的目的。

（2）制定建设工程标准需要考虑的因素是综合性的。这些因素不仅包括了技术条件，而且也包括经济条件和管理水平。以《民用建筑室内环境污染控制规范》为例，技术水平定高了，应当说对减少室内环境污染有利，但市场上能否有足够的高标准的建筑材料和装修材料来满足实际工程的需要；即使部分工程能够在市场上采购到相应的高标准的建筑材料和装修材料，投资者、使用者的经济条件能否承受得了；目前的施工条件、检验手段等能否满足要求。这就需要进行综合分析，全面衡量，统筹兼顾，能够做到在可能目的条件下获取最佳的效果。可以说，经济、技术安全、管理等诸多现实因素相互制约的结果，也是造成建设工程标准综合性强的一个重要原因，而不综合考虑这些因素，建设工程标准也就很难在实际中得到有效的贯彻执行。

（二）政策性强

建设工程政策性强的主要原因有以下几个方面：

（1）建设工程直接关系到人民生命财产的安全，关系到人体健康和公共利益，但安全、健康和公共利益并非越高越好，还需要考虑经济上的合理性和可能性。安全、健康和公共利益以合理为度，工程建设标准对安全、健康、公共利益与经济之间的关系进行了统筹兼顾。

（2）建设工程要消耗大量的资源（包括各种原材料、能源和土地等），直接影响到环境保护、生态平衡和国民经济的可持续发展，标准的水平需要适度控制，不允许任意不恰当地提高标准。

（3）建设工程标准化的效益，尤其是强制性标准的效益，不能单纯着眼于经济效益，还必须考虑社会效益。例如有关抗震、防火、防爆、环境保护、改善人民生活和劳动条件等方面的各种技术标准，首先是为了获得社会效益。

（4）建设工程的投资量大。我国每年用于基本建设的投资约占国家财政总支出的30%，其中大部分用于建设工程，因此各项技术标准的制订应十分慎重，需要适应相应阶段国家的经济条件。例如对民用住宅建筑的标准稍加提高，即使每平方米造价增加几元钱，年投资就会增加几千亿元。控制投资是政策性很强的事项，工程建设技术标准首

先要控制恰当。

（5）建设工程要考虑百年大计。一项工程使用年限少则几十年，多则百年以上。因此，建设工程技术标准在工程的质量、设计的基准等方面，需要考虑这一因素，并提出相应的措施或技术要求。

（三）受自然环境影响大

标准是科学技术和实践经验的综合成果，必须结合国情来制定，符合具体的自然环境条件和现阶段的经济实力、科学技术水平。在一般情况下，对工程建设方面的国际标准或国外先进标准的直接引进采用是应该争取的，这样有利于与国际接轨，但实际上国际通用的工程建设技术标准为数有限。从我国现行的工程建设技术标准状况来看，都是考虑了幅员辽阔的因素。首先在技术标准的分级上设置了地方标准一级，充分体现了对自然环境条件影响的重视；同时，针对一些特殊的自然条件，专门制定了相应的技术标准，如黄土地区、冻土地区及膨胀土地区建设技术规范等。

三、建设工程标准的制定与实施

国务院建设行政主管部门是全国标准设计工作的行政主管部门，负责制定统一的市场规范和管理办法，监督国家有关工程建设与标准化的法律法规执行情况，编制、审核、发布和推广国家标准设计，具体工作由全国建设标准设计领导小组组织实施。

（一）建设工程标准的制定原则

建设工程标准的制定一般遵循以下几个原则：

（1）遵守国家的有关法律、法规及相关方针、政策，密切结合自然条件，合理利用资源，充分考虑使用和维修的要求，做到安全适用、技术先进、经济合理。

（2）积极采用新技术、新工艺、新设备、新材料。经有关主管部门或受托单位鉴定，有完整的技术文件，且经过实践检验的，应纳入标准。

（3）积极开展科学实验或测试验证。有关项目，应纳入主管部门的科研计划，认真组织实施，写出成果报告。

（4）发扬民主、充分讨论。对有关政策问题应认真研究、统一认识；对有争论的技术性问题，应在调查研究、实验验证或专题讨论的基础上，充分协商，再作结论。

（5）注意与现行标准的协调。要遵守现行的建设工程标准，确有更改需要的，必须经过审批。建设工程标准中，不得规定产品标准的内容。

（6）条文规定严谨明确，文句简练，不得模棱两可。内容深度、术语、符号、计量单位等应前后一致，不得矛盾。

（7）积极采用国际标准和国外先进标准。凡经认真分析论证或测试验证，并符合我国国情的，应纳入标准。

（二）建设工程标准的审批与发布

标准的级别不同，建设工程标准的审批与发布的过程是不一样的，具体区别如下：

（1）建设工程国家标准由国务院建设行政主管部门审查批准，国务院标准化行政主管部门和建设行政主管部门联合颁行。

（2）建设工程行业标准由国务院有关行政主管部门审批、颁行，并报国务院建设行政主管部门备案。

（3）建设工程地方标准制定、审批、发布方法，由省、自治区、直辖市人民政府规定。但标准发布后应报国务院建设行政主管部门和标准化行政主管部门备案。

（4）建设工程企业标准由企业组织制定，并按国务院有关行政主管部门或省、自治区、直辖市人民政府的规定报送备案。

（三）建设工程标准的实施

建设工程设计标准的实施，不仅关系建设工程的经济效益、社会效益和环境效益，而且直接关系到建设工程者、所有者和使用者的人身安全及国家、集体和公民的财产安全。因此，必须严格执行，认真监督。

各级行政主管部门在制定有关建设工程的规定时，不得擅自更改国家及行业的强制性标准；从事建设工程活动的部门、单位和个人，都必须执行强制性标准；对于不符合强制性标准的工程勘察成果报告和规划、设计文件，不得批准使用；不按标准施工，质量达不到合格标准的工程，不得验收。

各级行政主管部门应对勘察、规划、设计、施工及建设单位执行强制性标准的情况进行监督检查。国家机构、社会团体、企业、事业单位及全体公民均有权检举、揭发违反强制性标准的行为。对于建设工程推荐性标准，国家鼓励自愿采用。采用何种推荐性标准，由当事人在工程合同中予以确认。

工程质量监督机构和安全监督机构应根据现行的强制性标准，对建设工程的质量和安全进行监督，当监督机构与被监督单位对适用的强制性标准发生争议时，由该标准的批准部门进行裁决。

第三节　建设工程勘察设计管理

《建设工程勘察设计管理条例》于 2000 年 9 月 25 日以中华人民共和国国务院令第 293 号公布，根据 2015 年 6 月 12 日中华人民共和国国务院令第 662 号《国务院关于修

改《建设工程勘察设计管理条例》的决定》修订。《建设工程勘察设计管理条例》分总则、资质资格管理、建设工程勘察设计发包与承包、建设工程勘察设计文件的编制与实施、监督管理、罚则、附则七章四十六条，自公布之日起施行。

一、建设工程勘察设计资质管理

为了加强对建设工程勘察、设计活动的监督管理，保证建设工程勘察、设计质量，根据《中华人民共和国行政许可法》、《中华人民共和国建筑法》、《建设工程质量管理条例》和《建设工程勘察设计管理条例》等法律、行政法规，制定《建设工程勘察设计资质管理规定》。

该规定于2006年12月30日经建设部第114次常务会议讨论通过，2007年6月26日建设部令第160号发布，自2007年9月1日起施行，并于2015年5月4日住房和城乡建设部令第24号修正，增加一条，作为第四十条："违反本条例规定，勘察、设计单位未依据项目批准文件、城乡规划及专业规划、国家规定的建设工程勘察、设计深度要求编制建设工程勘察、设计文件的，责令限期改正；逾期不改正的，处10~30万元的罚款；造成工程质量事故或者环境污染和生态破坏的，责令停业整顿，降低资质等级；情节严重的，吊销资质证书；造成损失的，依法承担赔偿责任。"此外，将第二十五条第一款中的"城市规划"修改为"城乡规划"，并对条文顺序作相应调整。

（1）工程勘察资质。工程勘察资质分为工程勘察综合资质、工程勘察专业资质和工程勘察劳务资质。工程勘察综合资质只设甲级；工程勘察专业资质设甲级、乙级，根据工程性质和技术特点，部分专业可以设丙级；工程勘察劳务资质不分等级。

取得工程勘察综合资质的企业，可以承接各专业（海洋工程勘察除外）、各等级工程勘察业务；取得工程勘察专业资质的企业，可以承接相应等级相应专业的工程勘察业务；取得工程勘察劳务资质的企业，可以承接岩土工程治理、工程钻探、凿井等工程勘察劳务业务。

（2）工程设计资质。工程设计资质分为工程设计综合资质、工程设计行业资质、工程设计专业资质和工程设计专项资质。工程设计综合资质只设甲级；工程设计行业资质、工程设计专业资质和工程设计专项资质设甲级、乙级。根据工程性质和技术特点，个别行业、专业、专项资质可以设丙级，建筑工程专业资质可以设丁级。

取得工程设计综合资质的企业，可以承接各行业、各等级的建设工程设计业务；取得工程设计行业资质的企业，可以承接相应行业相应等级的工程设计业务及本行业范围内同级别的相应专业、专项（设计施工一体化资质除外）工程设计业务；取得工程设计专业资质的企业，可以承接本专业相应等级的专业工程设计业务及同级别的相应专项工程设计业务（设计施工一体化资质除外）；取得工程设计专项资质的企业，可以承接本专项相应等级的专项工程设计业务。

建设工程勘察、设计单位应当在其资质等级许可的范围内承揽建设工程勘察、设计业务，禁止建设工程勘察、设计单位超越其资质等级许可范围或者以其他建设工程勘察、设计单位的名义承揽建设工程勘察、设计业务；禁止建设工程勘察、设计单位允许其他单位或者个人以本单位的名义承揽建设工程勘察、设计业务。

国家对从事建设工程勘察、设计活动的专业技术人员实行执业资格注册管理制度。未经注册的建设工程勘察、设计人员，不得以注册执业人员的名义从事建设工程勘察、设计活动。建设工程勘察、设计注册执业人员和其他专业技术人员只能受聘于两个建设工程勘察、设计单位；未受聘于建设工程勘察、设计单位的，不得从事建设工程的勘察、设计活动。

二、建设工程勘察质量管理

为了加强对建设工程勘察质量的管理，保证建设工程质量，根据《中华人民共和国建筑法》、《建设工程质量管理条例》、《建设工程勘察设计管理条例》等有关法律、法规，制定《建设工程勘察质量管理办法》。该办法于 2002 年 12 月 4 日建设部令第 115 号发布，并于 2007 年 11 月 22 日开始实施。根据《建设部关于修改〈建设工程勘察质量管理办法〉的决定》修正，将第十九条修改为：“工程勘察质量监督部门应当对工程勘察企业质量管理程序的实施、试验室是否符合标准等情况进行检查，并定期向社会公布检查和处理结果。”

（一）工程勘察的质量责任与义务

根据《建设工程勘察质量管理办法》的规定，工程勘察具有以下质量责任与义务：

（1）建设单位应当为勘察工作提供必要的现场工作条件，保证合理的勘察工期，提供真实、可靠的原始资料。建设单位应当严格执行国家收费标准，不得迫使工程勘察企业以低于成本的价格承揽任务。

（2）工程勘察企业必须依法取得工程勘察资质证书，并在资质等级许可的范围内承揽勘察业务。工程勘察企业不得超越其资质等级许可的业务范围或者以其他勘察企业的名义承揽勘察业务；不得允许其他企业或者个人以本企业的名义承揽勘察业务；不得转包或者违法分包所承揽的勘察业务。

（3）工程勘察企业应当健全勘察质量管理体系和质量责任制度。工程勘察企业法定代表人对本企业勘察质量全面负责；项目负责人对项目的勘察文件负主要质量责任；项目审核人、审定人对其审核、审定项目的勘察文件负审核、审定的质量责任。工程勘察企业的法定代表人、项目负责人、审核人、审定人等相关人员，应当在勘察文件上签字或者盖章，并对勘察质量负责。工程勘察项目负责人、审核人、审定人及有关技术人员应当具有相应的技术职称或者注册资格。

（4）工程勘察企业应当参与施工验槽，及时解决工程设计和施工中与勘察工作有关的问题。工程勘察企业应当确保仪器、设备的完好。钻探、取样的机具设备、原位测试、室内试验及测量仪器等应当符合有关规范、规程的要求。工程勘察企业应当参与建设工程质量事故的分析，并对因勘察原因造成的质量事故，提出相应的技术处理方案。

（5）工程勘察企业应加强职工技术培训和职业道德教育，提高勘察人员的质量责任意识。观测员、试验员、记录员、机长等现场作业人员应当接受专业培训，方可上岗。

（6）项目负责人应当组织有关人员做好现场踏勘、调查，按照要求编写勘察纲要，并对勘察过程中各项作业资料进行验收和签字。工程勘察工作的原始记录应当在勘察过程中及时整理、核对，确保取样、记录的真实和准确，严禁离开现场追记或者补记。工程勘察企业应当加强技术档案的管理工作。工程项目完成后，必须将全部资料分类编目，装订成册，归档保存。

（7）工程勘察企业应当拒绝用户提出的违反国家有关规定的不合理要求，有权提出保证工程勘察质量所必需的现场工作条件和合理工期。

（二）工程勘察质量的监督管理

工程勘察文件应当经县级以上人民政府建设行政主管部门或者其他有关部门（以下简称“工程勘察质量监督部门”）审查。工程勘察质量监督部门可以委托施工图设计文件审查机构（以下简称“审查机构”）对工程勘察文件进行审查。审查机构应当履行以下两个职责：

（1）监督检查工程勘察企业有关质量管理文件、文字报告、计算书、图纸图表和原始资料等是否符合有关规定和标准。

（2）发现勘察质量问题，及时报告有关部门依法处理。

工程勘察质量监督部门应当对工程勘察企业质量管理程序的实施、试验室是否符合标准等情况进行检查，并定期向社会公布检查和处理结果。工程勘察发生重大质量、安全事故时，有关单位应当按照规定向工程勘察质量监督部门报告。任何单位和个人有权向工程勘察质量监督部门检举、投诉工程勘察质量、安全问题。

（三）工程勘察质量的违规处罚

根据《建设工程勘察质量管理办法》的规定，建设单位未为勘察工作提供必要的现场工作条件或者未提供真实、可靠原始资料的，由工程勘察质量监督部门责令改正；造成损失的，依法承担赔偿责任。

根据《建设工程勘察质量管理办法》的规定，工程勘察企业有下列行为之一的，由工程勘察质量监督部门责令改正，处 1~3 万元的罚款：

（1）勘察文件没有责任人签字或者签字不全的。

（2）原始记录不按照规定记录或者记录不完整的。

（3）不参加施工验槽的。

（4）项目完成后，勘察文件不归档保存的。

根据《建设工程勘察质量管理办法》的规定，工程勘察企业未按照工程建设强制性标准进行勘察、弄虚作假、提供虚假成果资料的，由工程勘察质量监督部门责令改正，处 10~30 万元的罚款；造成工程质量事故的，责令停业整顿，降低资质等级；情节严重的，吊销资质证书；造成损失的，依法承担赔偿责任。

根据《建设工程勘察质量管理办法》的规定，给予勘察企业罚款处罚的，由工程勘察质量监督部门对企业的法定代表人和其他直接责任人员处以企业罚款数额 5%~10% 的罚款。

根据《建设工程勘察质量管理办法》的规定，审查机构未按照规定审查，给建设单位造成损失的，依法承担赔偿责任；情节严重的，由工程勘察质量监督部门撤销委托。国家机关工作人员在建设工程勘察质量监督管理工作中玩忽职守、滥用职权、徇私舞弊的，依法给予行政处分；构成犯罪的，依法追究刑事责任。

三、建设工程勘察、设计文件的编制

建设工程勘察、设计文件的编制依据主要有以下几方面：

（1）项目批准文件。

（2）城乡规划。

（3）工程建设强制性标准。

（4）国家规定的建设工程勘察、设计深度要求.

（5）铁路、交通、水利等专业建设工程，还应当以专业规划的要求为依据。

编制建设工程勘察、设计文件的基本原则主要有以下几方面：

（1）编制建设工程勘察文件，应当真实、准确，满足建设工程规划、选址、设计、岩土治理和施工的需要。

（2）编制方案设计文件，应当满足编制初步设计文件和控制概算的需要。

（3）编制初步设计文件，应当满足编制施工招标文件、主要设备材料订货和编制施工图设计文件的需要。

（4）编制施工图设计文件，应当满足设备材料采购、非标准设备制作和施工的需要，并注明建设工程的合理使用年限。

建设工程勘察、设计文件中规定采用的新技术、新材料，可能影响建设工程质量和安全，又没有国家技术标准的，应当由国家认可的检测机构进行试验、论证，出具检测报告，并经国务院有关部门或者省、自治区、直辖市人民政府有关部门组织的建设工程技术专家委员会审定后，方可使用。

设计文件中选用的材料、构配件、设备，应当注明其规格、型号、性能等技术指标，其质量要求必须符合国家规定的标准。除有特殊要求的建筑材料、专用设备和工艺生产线等外，设计单位不得指定生产厂、供应商。

四、建设工程勘察、设计文件的实施

建设工程勘察、设计单位应当在建设工程施工前，向施工单位和监理单位说明建设工程勘察、设计意图，解释建设工程勘察、设计文件。建设工程勘察、设计单位应当及时解决施工中出现的勘察、设计问题。

建设单位、施工单位、监理单位不得修改建设工程勘察、设计文件；确需修改建设工程勘察、设计文件的，应当由原建设工程勘察、设计单位修改。经原建设工程勘察、设计单位书面同意，建设单位也可以委托其他具有相应资质的建设工程勘察、设计单位修改。修改单位对修改的勘察、设计文件承担相应责任。

施工单位、监理单位发现建设工程勘察、设计文件不符合工程建设强制性标准、合同约定的质量要求的，应当报告建设单位，建设单位有权要求建设工程勘察、设计单位对建设工程勘察、设计文件进行补充、修改。建设工程勘察、设计文件内容需要作重大修改的，建设单位应当报经原审批机关批准后，方可修改。

第四节　建设工程设计文件的编制

建设工程设计是建设工程的主导环节，对建设工程的质量、投资效益起着决定性的作用。为保证工程设计的质量和水平，使建设工程设计与社会经济发展水平相适应，真正做到经济效益、社会效益和环境效益相统一。

一、建设工程设计的原则

根据相关法规规定，建设工程设计必须要遵循以下几个原则：

（1）贯彻经济、社会发展规划，城乡规划和产业政策。经济、社会发展规划及产业政策是国家某一时期的建设目标和指导方针，工程设计必须贯彻其精神，城市规划、村庄和集镇规划一经批准公布，即成为建设工程必须遵守的规定。工程设计活动也必须符合其要求。

（2）综合利用资源，满足环保要求。工程设计中，要充分考虑矿产、能源、水、林、牧、渔等资源的综合利用。要求“城市节能，农村节地”，要因地制宜，提高土地利用率。要尽量利用荒地、劣地，不占或少占耕地。工业项目中，要选用耗能少的生产工艺和设备；民用项目中，要采取节约能源的措施，提供区域集中供热，重视余热利用。

城市的新建、扩建和改建项目，应配套建设节约用水用电设施。在工程设计时，还应积极改进工艺，采取行之有效的技术措施，防止粉尘、毒物、废水、废气、废渣、噪声、放射性物质及其他有害因素对环境的污染，要进行综合治理和利用，使设计符合国家环保标准。

（3）采用新技术、新工艺、新材料、新设备。工程设计应当广泛吸收国内外先进的科研和技术成果，结合我国的国情和工程实际情况，积极采用新技术、新工艺、新材料、新设备，以保证建设工程的先进性和可靠性。

（4）重视技术和经济效益的结合。采用先进的技术，可提高效率，增加产量，降低成本，但往往会增加建设成本和建设工期。因此，要注重技术和经济效益的结合，从总体上全面考虑工程的经济效益、社会效益和环境效益。

（5）遵守建设工程技术标准。建设工程中有关安全、卫生和环境保护等方面的标准都是强制性标准，工程设计时必须严格遵守。

（6）公共建筑和住宅要注意美观、适用和协调。建筑既要有实用功能，又要能美化城市，给人们提供精神享受。公共建筑和住宅设计应巧于构思，使其造型新颖、独具特色，但又要与周围环境相协调，保护自然景观，同时还要满足功能适用、结构合理的要求。

二、建设工程设计的阶段和内容

根据《基本建设设计工作管理暂行办法》的规定，设计阶段可根据建设项目的复杂程度而决定。

（一）建设工程设计阶段的划分

（1）一般建设项目。一般建设项目的设计可依照初步设计和施工图设计两个阶段进行。

（2）技术复杂的建设项目。技术上复杂的建设项目，可增加技术设计阶段，即按初步设计、技术设计、施工图设计三个阶段进行。

（3）存在总体部署问题的建设项目。一些牵涉面广的项目，如大型矿区、油田、林区、垦区、联合企业等，存在总体开发部署等重大问题，这时，在进行一般设计前还可进行总体规划设计或总体设计。

（二）建设工程设计的内容

（1）总体设计。总体设计一般由文字说明和图纸两部分组成。其内容包括建设规模、产品方案、原材料来源、工艺流程概况、主要设备配备、主要建筑物及构筑物、公用和辅助工程、“三废”治理及环境保护方案、占地面积估计、总图布置及运输方案、

生活区规划、生产组织和劳动定员估计、工程进度和配合要求、投资估算等。

（2）初步设计。初步设计一般应包括以下有关文字说明和图纸：设计依据、设计指导思想、产品方案、各类资源的用量和来源、工艺流程、主要设备选型及配置、总图运输、主要建筑物和构筑物、公用及辅助设施、新技术采用情况、主要材料用量、外部协作条件、占地面积的土地利用情况、综合利用和“三废”治理、生活区建设、抗震和人防措施、生产组织和劳动定员、各项技术经济指标、建设顺序和期限、总概算等。

初步设计的深度应满足以下要求：设计方案的比选和确定、主要设备材料的订货、土地的征用、基建投资的控制、施工招标文件的编制、施工图设计的编制、施工组织设计的编制、施工准备和生产准备等。

（3）技术设计。技术设计的内容由有关部门根据工程的特点和需要自行制订。其深度应能满足确定设计方案中重大技术问题和有关实验、设备制造等方面的要求。

（4）施工图设计。施工图设计应根据已获批准的初步设计进行。其深度应能满足以下要求：设备材料的安排和非标准设备的制作与施工、施工图预算的编制、施工要求等并应注明建设工程的合理使用年限。

三、建设工程设计深度

《建筑工程设计文件编制深度规定》中规定：设计文件的编制必须贯彻执行国家有关建设工程的政策和法令，应符合国家现行的建设工程标准、设计规范和制图标准，遵守设计工作程序。各阶段设计文件要完整，内容、深度要符合规定，文字说明、图纸要准确清晰，整个文件经过严格校审，避免“错、漏、碰、缺”。

（一）方案设计

方案设计的主要内容包括以下几个方面：

（1）设计说明书。设计说明书包括设计依据、设计要求及主要技术经济指标；总平面设计说明；各专业设计说明（包括建筑设计说明、结构设计说明、建筑电气设计说明、采暖通风与空气调节设计说明、给水排水设计说明等）以及投资预算等内容。

（2）总平面设计图及建筑设计图。

（3）设计委托及设计合同中规定的透视图、鸟瞰图、模型等。

（二）初步设计

初步设计文件的内容主要包括以下几个方面：

（1）设计说明书。设计说明书包括设计总说明和各专业设计说明。

（2）有关专业的设计图纸。

（3）工程预概算书（初步设计文件应包括主要设备或材料表，主要设备或材料表可附在说明书中，或附在设计途中，也可单独成册）。

在初步设计阶段，各专业应对本专业内容的设计方案或重大技术问题的解决方案进行综合技术经济分析，论证技术上的适用性、可靠性和经济上的合理性，并将其主要内容写进本专业初步设计说明书中；设计总负责人对工程项目的总体设计在设计总说明中予以论述。为编制初步设计文件，应进行必要的内部作业，有关的计算书、计算机辅助设计的资料、方案比较资料、内部作业草图、编制概算所依据的资料等，须妥善保存。

（三）初步设计文件深度的审批要求

初步设计文件的深度应满足审批的要求如下：

（1）应符合已审定的设计方案。

（2）能据以准备主要设备及材料。

（3）能据以确定土地征用范围。

（4）能据以进行施工图设计。

（5）能据以进行施工准备。

（6）应提供工程设计概算，作为审批确定项目投资的依据。

（四）施工图设计

施工图设计应根据已批准的初步设计进行编制，内容以图纸为主，应包括封面、图纸目录、设计说明（或首页）、图纸、工程预算书等。施工图设计文件一般以子项为编排单位。各专业的工程计算书（包括计算机辅助设计的计算资料）应经校审、签字后，整理归档。

1．施工图设计文件的内容

施工图设计文件内容的具体要求如下：

（1）进一步完善、落实初步设计要求。

（2）由设计说明书、施工图纸和施工图预算组成。

（3）尽可能采用标准设计和

（4）图纸绘制正确、完整，避免错、漏。

（5）满足施工要求的建筑、结构、安装图纸与文件。

2．施工图设计文件的深度

施工图设计文件的深度应满足下列要求：

（1）能据此编制施工图预算。

（2）能据此安排材料、设备订货和非标准设备的制作。

（3）能据此进行施工和安装。

（4）能据此进行工程验收。

四、抗震设防

（一）抗震设防的范围

抗震烈度为六度及六度以上的地区和今后有可能发生破坏性地震的地区，所有新建、改建与扩建工程都必须进行抗震设防。

抗震设防地区村镇建设中的公共建筑、统建的住宅及乡镇企业的生产、办公用房，必须进行抗震设防，其他建设工程应根据当地经济发展水平，按照因地制宜、就地取材的原则，采取抗震措施，提高村镇房屋的抗震能力。

（二）抗震设防的设计

工程勘察设计单位应按规定的业务范围承担工程项目的抗震设计，严格遵守抗震设计规范和有关规定。工程项目的设计文件具有抗震设防的内容，包括设防的依据、设防标准、方案论证等。

新建工程采用新技术、新材料和新结构体系，均应通过相应级别的抗震性能鉴定，符合抗震要求，方可采用。工程项目抗震设计质量由建设行政主管部门会同有关部门进行审查和监督。

五、设计文件的审批

在我国建设项目设计文件的审批实行分级管理、分级审批的原则。根据《基本建设设计工作管理暂行办法》（以下简称“暂行办法”），设计文件具体审批权限规定如下：

（1）大型建设项目的初步设计和总概算，按照隶属关系由国务院主管部门或省、市、自治区组织审查，提出审查意见，报国家建委批准；特大、特殊项目，由国家建委报请国务院批准。技术设计按隶属关系由国务院主管部门或省、市、自治区审批。

（2）中型建设项目的初步设计和总概算，按隶属关系由国务院主管部门或省、市、自治区审查批准。批准文件抄送国家建委备案。国家指定的中型项目的初步设计和总概算要报国家建委审批。

（3）小型建设项目初步设计的审批权限由省、市、自治区的主管部门自行规定。

（4）总体规划设计（或总体设计）的审批权限与初步设计的审批权限相同。

（5）各部直接代管下放项目的初步设计，由国务院主管部门为主，会同有关省、市、自治区审查或批准。

（6）施工图设计除主管部门规定要审查的外，一般不再审批，设计单位要对施工图的质量负责，并向生产、施工单位进行技术交底，听取意见。

六、设计文件的修改

设计文件是工程建设的主要依据，经批准后，就具有一定的严肃性，不得任意修改和变更，如必须修改，则须经有关部门批准，其批准权限，视修改的内容所涉及的范围而定。根据《暂行办法》的规定，修改设计文件应遵守以下内容：

（1）设计文件是工程建设的主要依据，经批准后不得任意修改。

（2）凡涉及计划任务书的主要内容，如建设规模、产品方案、建设地点，主要协作关系等方面的修改，须经原计划任务书审批机关批准。

（3）凡涉及初步设计的主要内容，如总平面布置、主要工艺流程、主要设备、建筑面积、建筑标准、总定员、总概算等方面的修改，须经原设计审批机关批准。修改工作须由原设计单位负责进行。

（4）施工图的修改须经原设计单位同意。建设单位、施工单位、监理单位都无权修改建设工程勘察、设计文件。的确需修改的，应由原勘察、设计单位进行。经原勘察、设计单位同意，建设单位也可委托其他具有相应资质的建设工程勘察、设计单位修改，并由修改单位对修改的勘察、设计文件承担相应责任。

随着我国经济体制改革的深化和社会主义市场经济体制的建立、政府职能转化、投资主体多元化，我国设计文件的审批和修改必将进一步改革，政府对设计文件的审批内容将侧重于规划、安全和职业卫生、环境保护等内容（属国家投资的项目，审批内容中应有投资规模），其他内容将由建设单位自行审查。

第五节　建筑工程施工图设计文件的审查

建筑工程施工图设计文件（以下简称“施工图”）审查指国务院建设行政主管部门和省、自治区、直辖市人民政府建设行政主管部门依法认定的设计审查机构，根据国家的法律、法规、技术标准与规范，对施工图结构安全和强制性标准、规模执行情况等进行的独立审查。它是政府主管部门对建筑工程勘察设计质量监督管理的重要环节，是基本建设必不可少的程序，建设工程各方必须认真贯彻执行。

建筑工程质量与社会公共利益和广大人民生命财产安全息息相关，因此，监管好工程质量是政府不可推卸的职责。而工程设计是整个建设工程的灵魂，对建设工程质量有着至关重要的作用。

《建设工程质量管理条例》中规定：建设单位应当将施工图设计文件报县级以上人民政府建设行政主管部门或者其他有关部门审查，县级以上人民政府建设行政主管部门或者交通水利等有关部门应对施工图设计文件中涉及公共利益、公众安全、建设工程强

制性标准的内容进行审查。未经审查批准的施工图设计文件，不得使用。

一、建筑工程施工图审查的范围及内容

根据《暂行办法》的规定，凡属建筑工程设计等级分级标准中的各类新建、扩建、改建的建设工程项目均须进行施工图审查。各地的具体审查范围，由各省、自治区、直辖市人民政府建设行政主管部门确定。《建筑工程施工图设计文件审查要点（试行）》中主要规定了进行民用建筑工程施工图技术性审查时的要点，工业建筑工程的施工图可根据工程的实际情况参照该要点进行审查。

（一）施工图审查的范围

建设单位报请施工图技术性审查的资料应包括以下主要内容：

（1）作为设计依据的政府有关部门的批准文件及附件。

（2）审查合格的岩土工程勘察文件（详勘）。

（3）全套施工图（含计算书并注明计算软件的名称及版本）。

（4）审查需要提供的其他资料。

（5）施工图审查的内容。

（二）施工图审查应报送的资料

根据《暂行办法》的规定，施工图审查的主要内容如下：

（1）建筑物的稳定性与安全性，包括地基基础及结构主体的安全。

（2）是否符合消防、节能、环保、抗震、卫生、人防等有关强制性标准、规范。

（3）是否达到规定的施工图设计深度的要求。

（4）是否损害公共利益。

《建筑工程施工图设计文件审查要点（试行）》中规定的施工图审查的主要内容有以下几方面：

（1）是否符合《工程建设标准强制性条文》和其他有关工程建设强制性标准。

（2）地基基础和结构设计等是否安全。

（3）是否符合公众利益。

（4）施工图是否达到规定的设计深度要求。

（5）是否符合作为设计依据的政府有关部门的批准文件要求。

（三）施工图审查与设计咨询的关系

施工图审查的目的是维护社会公共利益、保护社会公众的生命财产安全，因此，施工图的审查主要涉及社会公众利益、公众安全方面的问题。设计方案是否合理、技术上

是否保守、设计方案是否可以改进等这些主要涉及业主利益的问题，是属于设计咨询范畴的内容，应由业主自行决定是否修改。如业主另行委托，也可以进行这方面的审查。

二、建筑工程施工图审查机构

施工图审查是一项专业性和技术性都非常强的工作，它是一般政府公务员难以完成的，所以必须由政府主管部门审定批准的审查机构来承担，该类机构是具有独立法人资格的公益性中介组织。

（一）施工图审查机构应具备的条件

根据《暂行办法》的规定，能够承担施工图审查工作的机构应具备以下几个条件：

（1）具备独立的法人资格。

（2）具有符合设计审查条件的工程技术人员。地级以上（含地级）城市的审查机构具有符合条件的结构审查人员不得少于 6 人，勘察建筑和其他配套专业的审查人员不少于 7 人；县级城市审查机构应具备的条件由省级人民政府建设行政主管部门规定。

（3）有健全的技术管理和质量保证体系。

（4）有固定的工作场所，注册资金不少于 20 万元。

（5）审查人员应熟练掌握国家和地方现行的强制性标准、规范。

设计审查人员必须具备以下几个条件：

（1）获准注册的一级注册结构工程师，并具有高级工程师职称。

（2）具有 10 年以上结构设计工作经历，独立完成过 5 项 2 级以上（含 2 级）项目的工程设计。

（3）有独立工作能力，并有一定语言文字表达能力。

（4）年满 35 周岁并不超过 65 周岁。

（5）有良好的职业道德。

（二）施工图审查机构的审批

凡符合上述条件的直辖市、计划单列市、省会城市的设计审查机构，由省、自治区、直辖市建设行政主管部门初审后，报国务院建设行政主管部门审批，并颁发施工图设计审查许可证；其他城市的设计审查机构由省级建设行政主管部门审批，并颁发施工图设计审查许可证。只有取得施工图设计审查许可证的机构，才可承担审查工作。

三、建筑工程施工图审查的程序

根据《暂行办法》的规定，在施工图完成后，建设单位应将施工图连同该项目批准立项的文件或初步设计批准文件及主要的初步设计文件一起报送建设行政主管部门，由

建设行政主管部门委托有关审查机构进行审查。

施工图审查是建设程序的审批环节，而非业主的市场行为。因此，只能先向有审批权的政府主管部门报批，再由主管部门交由审查机构审查，而不能由业主自行委托审查机构审查。

施工图审查包括消防、环保、抗震、卫生等内容，这涉及不同行政主管部门的业务范围。为简化手续、提高办事效率，《暂行办法》规定，凡需进行消防、环保、抗震等专项审查的项目，应当逐步做到有关专业审查与结构安全性审查统一报送、统一受理，通过有关专项审查后，由建设行政主管部门统一颁发设计审查批准书，真正做到一个窗口对外办公。

通常情况下，施工图的审查具有以下几点要求：

（1）审查机构在审查结束后，应向建设行政主管部门提交书面的项目施工图审查报告，报告应由审查人员签字、审查机构盖章。

（2）审查合格的项目，建设行政主管部门收到审查报告后，应及时向建设单位通报审查结果，并颁发施工图审查批准书；审查不合格的项目，由审查机构提出书面修改意见书，并将施工图退回建设单位，交由原设计单位修改后，重新送报。

（3）审查机构在收到审查材料后，应在一个期限范围内完成审查工作，并提出工作的报告。目前规定的具体审查期限有以下几个：①一般项目为20个工作日；②特级、一级项目为30个工作日；③重大及技术复杂项目可适当延长。

（4）施工图一经审查批准，不得擅自改动。如有特殊情况需要进行设计审查主要内容的修改时，必须重新报请原审批部门委托审查机构审查，并经批准后才可实施。

（5）施工图审查经费应由施工图审查机构向建设单位收取。

建设单位或设计单位对审查机构做出的审查报告有重大意见分歧时，可由建设单位或设计单位所在的省、自治区、直辖市人民政府建设行政主管部门提出复查申请，省、自治区、直辖市人民政府建设行政主管部门组织专家论证并给出复查结果。

四、建筑工程施工图审查各方的责任

（1）《建设工程质量管理条例》、《建设工程勘察设计管理条例》等法规明确规定，勘察、设计单位及其设计人员必须对自己的勘察设计文件的质量负责，这也是国际上通行的规则。这一通则还明确勘察、设计单位及其设计人员必须对自己的勘察设计文件的质量负责，并不会因为通过了审查机构的审查就可免责。审查机构的审查只是一种监督行为，它只对工程设计质量承担间接的审查责任，其直接责任仍由完成设计的单位及个人负责。如若出现质量问题，设计单位及设计人员还必须依据实际情况和相关法律的规定，承担相应的经济责任、行政责任和刑事责任。

（2）设计文件的质量责任，由设计单位和设计人员承担直接责任，设计审查单位和设计审查人员只负间接的监督责任。如因图的设计质量存在问题而造成损失时，业主只能向设计单位和设计人员追责，审查机构和审查人员在法律上并不承担赔偿责任。

（3）审查机构和审查人员的责任。审查机构和审查人员在设计质量问题上的免责并不意味着审查机构和审查人员就不应承担任何责任。权力和责任总是相对的，社会赋予了你特有的审查权，你就必须认真行使这个权力，必须对社会负责，如果你放弃了这个权力和滥用这个权力，你就必须对自己的行为负责。因此，对自己的失职行为，审查机构和审查人员必须承担直接责任，这些责任可分为经济责任、行政责任和刑事责任，它由具体事实和相关情节依法认定。《暂行办法》规定："施工图审查机构和审查人员应当依据法律、法规和国家与地方的技术标准认真履行审查职责。""对玩忽职守、徇私舞弊、贪污受贿的审查人员和机构，由建设行政主管部门依法给予暂停或吊销其审查资格，并处以相应的经济处罚。构成犯罪的，依法追究其刑事责任。"

（4）政府主管部门的责任。根据相关法律规定，政府各级建设行政主管部门在施工图审查中享有行政审批权，主要负责行政监督管理和程序性审批工作。《建设工程勘察设计管理条例》中明确规定："国家机关工作人员在建设工程勘察设计活动的监督管理工作中玩忽职守、滥用职权、徇私舞弊，构成犯罪的，依法追究刑事责任；尚未构成犯罪的，依法给予行政处分。"

第六节　建设工程勘察、设计合同

建设勘察、设计合同，是指建设单位或有关单位为完成一定的勘察、设计任务，明确双方权利和义务的协议。建设单位或有关单位称委托方或委托人，勘察、设计单位称承包方或勘察人、设计人。根据勘察、设计合同，承包方完成委托方委托的勘察、设计项目，委托方接受符合约定要求的勘察、设计成果，并给付报酬。

一、建设工程勘察、设计合同的特点

建设工程勘察、设计合同通常情况下应具有以下两个特点：

（1）勘察、设计合同的当事人双方应具有法人资格。建设工程勘察、设计合同的当事人双方应当是具有民事权利能力和民事行为能力的法人单位。作为发包方，一般情况下，必须是国家批准的建设项目、落实投资计划的企事业单位、社会组织；作为承包方，应当具有国家批准的勘察、设计许可证，具有经有关部门核准的资质等级的勘察、设计单位。从事建设工程勘察、设计的单位应当依法取得相应等级的资质证书，并在资质等级许可的范围内承揽工程。禁止勘察、设计单位超越资质等级许可的范围或者以其他勘察、设计单位的名义承揽工程，禁止勘察、设计单位允许其他单位或者个人以本单

位的名义承揽工程，勘察、设计单位不得转包或者非法分包所承揽的工程。

（2）勘察、设计合同质量责任的特殊性。勘察、设计合同是建设工程合同的一种，因此，勘察、设计合同也具有建设工程合同的基本特征。勘察、设计单位必须按照工程建设强制性标准进行勘察、设计，并对其勘察、设计的质量负责。注册建筑师、注册结构工程师等注册执业人员应当在设计文件上签字，对设计文件负责。勘察单位提供的地质、测量、水文等勘察成果必须真实、准确。

设计单位应根据勘察成果文件进行建设工程设计。设计文件应符合国家规定的设计深度要求，注明工程合理使用年限。设计单位在设计文件中选用的建筑材料、建筑构配件和设备，应注明规格、型号、性能等技术指标，其质量要求必须符合国家规定的标准。除有特殊要求的建筑材料、专用设备以及工艺生产线等外，设计单位不得指定生产厂、供应商。设计单位应当就审查合格的施工图设计文件向施工单位作出详细说明。设计单位应当参与建设工程质量事故分析，并对因设计造成的质量事故提出相应的技术处理方案。

二、建设工程勘察、设计合同的分类

为了指导建设工程设计合同当事人的签约行为，维护合同当事人的合法权益，依据《中华人民共和国合同法》、《中华人民共和国建筑法》、《中华人民共和国招标投标法》以及相关法律法规，住房城乡建设部、工商总局对《建设工程设计合同（一）（民用建设工程设计合同）》（GF-2000-0209）和《建设工程设计合同（二）（专业建设工程设计合同）》（GF-2000-0210）进行了修订，制定了《建设工程设计合同示范文本（房屋建筑工程）》（GF-2015-0209）和《建设工程设计合同示范文本（专业建设工程）》（GF-2015-0210），自2015年7月1日起执行。原《建设工程设计合同（一）（民用建设工程设计合同）》（GF-2000-0209）和《建设工程设计合同（二）（专业建设工程设计合同）》（GF-2000-0210）同时废止。

（一）《建设工程设计合同示范文本（专业建设工程）》

《建设工程设计合同示范文本（专业建设工程）》（GF-2015-0210）适用于房屋建筑工程以外各行业建设工程项目的主体工程和配套工程（含厂/矿区内的自备电站、道路、专用铁路、通信、各种管网管线和配套的建筑物等全部配套工程）以及与主体工程、配套工程相关的工艺、土木、建筑、环境保护、水土保持、消防、安全、卫生、节能、防雷、抗震、照明工程等工程设计活动。

房屋建筑工程以外的各行业建设工程统称为专业建设工程，具体包括煤炭、化工石化医药、石油天然气（海洋石油）、电力、冶金、军工、机械、商物粮、核工业、电子通信广电、轻纺、建材、铁道、公路、水运、民航、市政、农林、水利、海洋等工程。

（二）《建设工程设计合同示范文本（房屋建筑工程）》

《建设工程设计合同示范文本（房屋建筑工程）》（GF-2015-0209）适用于建设用地规划许可证范围内的建筑物、构筑物设计、室外工程设计、民用建筑修建的地下工程设计及住宅小区、工厂厂前区、工厂生活区、小区规划设计及单体设计等，以及所包含的相关专业的设计内容（总平面布置、竖向设计、各类管网管线设计、景观设计、室内外环境设计及建筑装饰、道路、消防、智能、安保、通信、防雷、人防、供配电、照明、废水治理、抗震加固等）的工程设计活动。

三、建设工程勘察、设计合同的订立

《建设工程勘察设计合同管理办法》第五条规定："签订勘察设计合同，应当采用书面形式，参照文本的条款，明确约定双方的权利义务。对文本条款以外的其他事项，当事人认为需要约定的，也应采用书面形式。对可能发生的问题，要约定解决办法和处理原则。双方协商同意的合同修改文件、补充协议均为合同的组成部分。"

（一）《建设工程设计合同（专业建设工程）》的订立

依据示范文本订立专业建设工程合同时，双方通过协商，根据工程项目的特点，在相应条款内明确以下方面的具体内容。

1．发包人应提供的勘察依据文件和资料

发包人应提供的勘察依据文件和资料的主要内容有以下几方面：

（1）提供本工程批准文件（复印件），以及用地（附红线范围）、施工、勘察许可等批件（复印件）。

（2）提供工程勘察任务委托书、技术要求和工作范围的地形图以及建筑总平面布置图。

（3）提供勘察工作范围已有的技术资料及工程所需的坐标与标高资料。

（4）提供勘察工作范围地下已有埋藏物的资料（如电力、电讯电缆、各种管道、人防设施、洞室等）及具体位置分布图。

（5）其他必要的相关资料。

2．委托任务的工作范围

委托任务的工作范围主要包括以下几方面：

（1）工程勘察任务（内容）。工程勘察任务可能包括：自然条件观测、地形图测绘、资源探测、地震安全性评价、工程水文地质勘察、环境评价、模型试验等。

（2）技术要求。

（3）预计的勘察工作量。

（4）勘察成果资料提交的份数。

3．合同工期

合同工期是指合同约定的勘察工作开始和终止时间。

4．勘察费用

勘察费用的主要内容包括以下两方面：

（1）勘察费用的预算金额。

（2）勘察费用的支付程序和每次支付的百分比。

5．发包人应为勘察人提供的现场工作条件

根据项目的具体情况，双方可以在合同内约定由发包人负责保证勘察工作顺利开展应提供的条件主要有以下内容：

（1）落实土地征用、青苗树木赔偿。

（2）拆除地上地下障碍物。

（3）处理施工扰民及影响施工正常进行的有关问题。

（4）平整施工现场。

（5）修好通行道路、接通电源水源、挖好排水沟渠以及水上作业用船等。

6．违约责任

违约责任应该涵盖以下几方面内容：

（1）承担违约责任的条件。

（2）违约金的计算方法等。

（3）合同争议的最终解决方式、约定仲裁委员会的名称。

（二）《建设工程设计合同（房屋建筑工程）》的订立

依据示范文本订立房屋建筑工程合同时，双方通过协商，根据工程项目的特点，在相应条款内明确以下方面的具体内容。

1．设计依据文件和资料

发包人应提供的设计依据文件和资料主要有以下内容：

（1）经批准的项目可行性研究报告或项目建议书。

（2）城市规划许可文件。

（3）工程勘察资料等。

发包人应向设计人提交的有关资料和文件在合同内需约定资料和文件的名称、份数、提交的时间和有关事宜。

2．项目设计要求

通常，项目设计要求的内容主要有以下几方面：

（1）工程的范围和规模。

（2）限额设计的要求。

（3）设计依据的标准。

（4）法律、法规规定应满足的其他条件。

3．委托任务的工作范围

委托任务的工作范围主要包括以下内容：

（1）设计范围。合同内应当明确建设规模，详细列出工程分项的名称、层数和建筑面积。

（2）建筑物的合理使用年限设计要求。

（3）委托的设计阶段和内容。委托的设计阶段和内容可能包括方案设计、初步设计和施工图设计的全过程，也可以是其中的某几个阶段。

（4）设计深度要求。设计标准可以高于国家规范的强制性规定，发包人不得要求设计人违反国家有关标准进行设计。方案设计文件应当满足编制初步设计文件和控制概算的需要；初步设计文件应当满足编制施工招标文件、主要设备材料订货和编制施工图设计文件的需要；施工图设计文件应当满足设备材料采购、非标准设备制作和施工的需要，并注明建设工程合理使用年限。具体内容要根据项目的特点在合同内约定。

（5）设计人配合施工工作的要求。设计人配合施工工作的要求包括向发包人和施工承包人进行设计交底；处理有关设计问题；参加重要隐蔽工程部位验收和竣工验收等事项。

【引例分析】

本案中，设计合同的主体是 A 厂和 B 市建筑设计院，施工合同的主体是 A 厂和 B 市 C 建筑公司。由于设计图纸所依据的资料不准使地基不均匀沉降，是最终导致墙壁裂缝事故的原因，所以事故所涉及的是设计合同中的责权关系，而与施工合同无关，即 B 市 C 建筑公司没有责任。在设计合同中，提供准确的资料是委托方的义务之一，而且要对资料的可靠性负责，所以委托方提供假地质资料是事故的根源。委托方 A 厂是事故的主要责任者。B 市建筑设计院接受对方提供的资料设计似乎没有过错，但是直到事故发生前设计院仍不知道资料虚假，说明在整个设计过程中设计院并未对地质资料认真审查，防患于未然，使假资料滥竽充数，导致事故，所以，设计院也是责任者之一。由此

可知，在此事故中，委托方（A 厂）为直接责任者、主要责任者，承担方（B 市建筑设计院）为间接责任者、次要责任者。

【本章小结】

本章对建设工程勘察设计法规基础知识、建设工程勘察设计标准、建设工程勘察设计管理、建设工程设计文件的编制、施工图设计文件的审查、建设工程勘察设计合同进行了比较详细的阐述。

本章的主要内容包括建设工程勘察设计的原则，建设工程勘察、设计法规的立法现状，建设工程标准的分类及特点，建设工程标准的制定与实施，建设工程勘察、设计资质管理，建设工程勘察质量管理，建设工程勘察、设计文件的编制与实施，建设工程设计的原则，建设工程设计的阶段和内容，建设工程设计深度，抗震设防，设计文件的审批与修改，施工图审查的范围及内容，施工图审查机构，施工图审查的程序，施工图审查各方的责任，建设工程勘察、设计合同的特点，分类和订立。通过学习本章，读者可以了解建设工程勘察设计的概念及原则；掌握建设工程勘察设计的标准；熟练掌握建设工程勘察设计管理、设计文件的编制与施工图设计文件的审查；通晓建设工程勘察、设计合同的特点与订立。

【思考题】

1．什么是工程勘察和工程设计？
2．建设工程勘察设计有哪些分类？
3．建设工程勘察设计的原则有哪些？
4．简述建设工程勘察设计标准。
5．建设工程设计文件的编制有哪些要求？
6．施工图设计文件审查的主要内容有哪些？
7．建设工程勘察、设计合同的特点是什么？

第五章　建设工程发包与承包法规

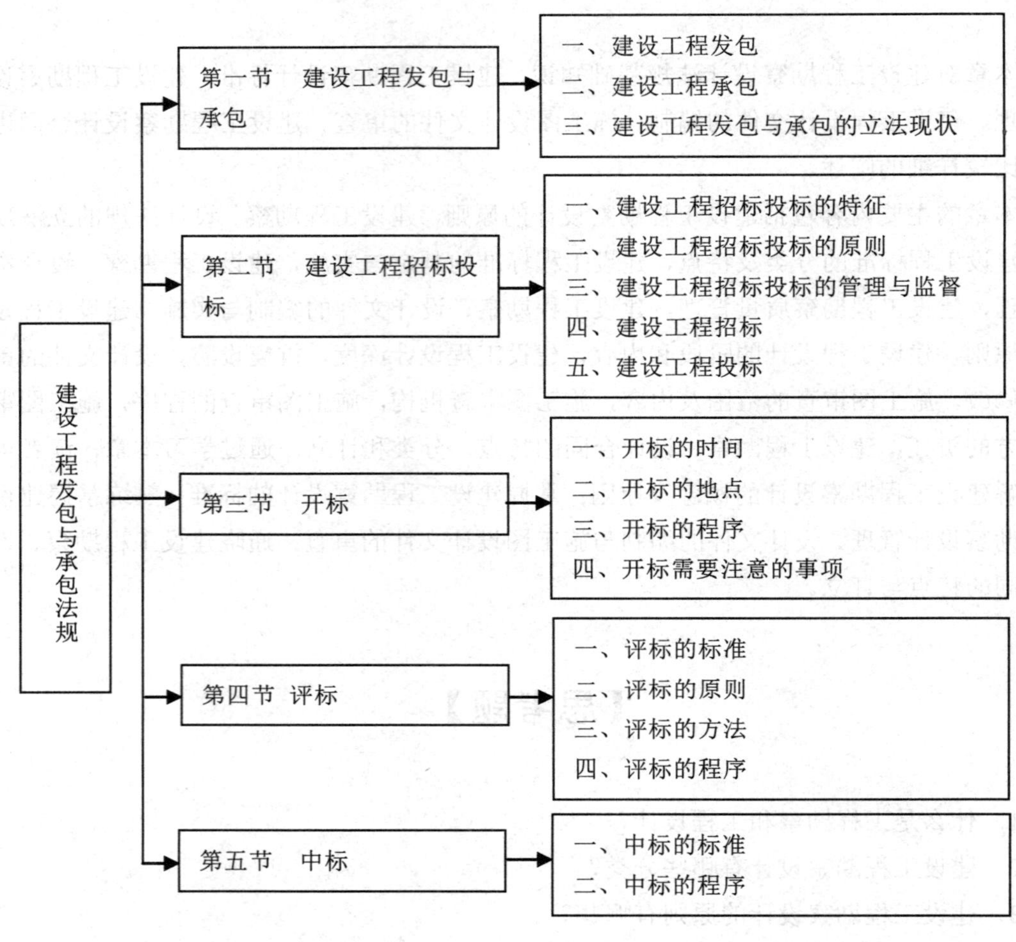

本章结构图

【学习目标】

- 了解建设工程发包与承包的概念；
- 掌握建设工程发包与承包的特点及原则；
- 掌握建设工程招标投标的一般程序；
- 熟悉开标、评标和中标。

【本章引例】

某承包商A通过资格预审后，对招标文件进行了仔细分析，编制了投标文件，该承包商将技术标和商务标分别封装，在封口处加盖本单位公章和项目经理签字后，在投标截止日期前1天上午将投标文件报送业主。次日（即投标截止日当天下午，在规定的开标时间前1小时，该承包商又递交了一份补充材料，其中声明将原报价降低4%。但是，招标单位的有关工作人员认为，根据国际上“一标一投”的惯例，一个承包商不得递交两份投标文件，因而拒收承包商的补充材料。开标会由C市招投标办的工作人员主持，C市公证处有关人员到会，各投标单位代表均到场。开标前，C市公证处人员对各投标单位的资质进行审查，并对所有投标文件进行审查，确认所有投标文件均有效后正式开标，宣读投标单位名称、投标价格、投标工期和有关投标文件的重要说明。

【问题】从所介绍的背景资料来看，在该项目招标程序中存在哪些问题？

第一节　建设工程发包与承包

建设工程发包与承包，是指发包方通过合同委托承包方为其完成某一建设工程的全部或其中一部分工作的交易行为。建设工程发包方一般为建设单位或工程总承包单位，工程承包方则一般为工程勘察设计单位、施工单位、工程设备供应或制造单位等。

建设工程发包与承包制度能够鼓励竞争，防止垄断，有效提高工程质量，严格控制工程造价和工期，对市场经济的建设与发展起到了良好的促进作用。

一、建设工程发包

建筑工程的发包是指建筑工程的建设单位（或总承包单位）将建筑工程任务（勘察、设计、施工等）的全部或一部分通过招标或其他方式，交付给具有从事建筑活动的法定从业资格的单位完成，并按约定支付报酬的行为。

（一）建筑工程的发包单位

建筑工程的发包单位，通常为建筑工程的建设单位，即投资建设该项建筑工程的单位（即“业主”）。按照国家计委1996年4月发布的《关于实行建设项目法人责任制的暂行规定》，国有单位投资的经营性基本建设大中型建设项目，在建设阶段必须组建项目法人。项目法人可按《公司法》的规定设立有限责任公司（包括国有独资公司）和股份有限公司，由项目法人对项目的策划、资金筹措、建设实施、生产经营、债务偿还和资产保值增值实行全过程负责。据此规定，由国有单位投资建设的经营性的房屋建筑工程（如用做生产经营设施的工商业用房和作为房地产项目的商品房等），由依法设立的项目法人作为建设单位，负责建设工程的发包。国有单位投资建设的非经营性的房屋建筑工程，应由建设单位作为发包方负责工程的发包。此外，建筑工程实行总承包的，总承包单位经建设单位同意，在法律规定的范围内对部分工程项目进行分包的，工程的总承包单位即成为分包工程的发包单位。

（二）建设工程发包的方式

建设工程发包的方式有两种：招标投标和直接发包。建设工程招标与投标是发包方事先标明其拟建工程的内容和要求，由具有相应资质愿意承包的单位递送标书，明确其承包工程的价格、工期、质量等条件，再由发包方从中择优选择工程承包方的交易方式。而建设工程直接发包是发包方与有相应资质的承包方直接进行协商，以约定工程建设的价格、工期和其他条件的交易方式。发包方与承包方的权利、义务都由双方签订的合同加以规定。

在法律法规没有特殊要求的前提下，发包人可以选择使用这两种方式中的一种。但是《中华人民共和国招标投标法》及相关的法规规定了必须进行招标的项目范围，在这个范围之内的项目必须通过招标方式来选择承包单位。

（三）必须进行招标的项目范围

《中华人民共和国招标投标法》（以下简称“招标投标法”）第三条规定：“在中华人民共和国境内进行下列建设工程项目包括项目的勘察、设计、施工、监理以及与建设工程有关的重要设备、材料等的采购，必须进行招标：

（1）大型基础设施、公用事业等关系社会公共利益、公众安全的项目。

（2）全部或者部分使用国有资金投资或者国家融资的项目。

（3）使用国际组织或者外国政府贷款、援助资金的项目。”

上述项目具体范围和规模标准，在原国家计委发布的《建设工程项目招标范围和规模标准规定》中作了详细的分类规定。

1．基础设施项目的范围

关系社会公共利益、公众安全的基础设施项目的范围主要包括以下几方面：

（1）铁路、公路、管道、水运、航空以及其他交通运输业等交通运输项目。

（2）煤炭、石油、天然气、电力、新能源等能源项目。

（3）邮政、电信枢纽、通信、信息网络等邮电通信项目。

（4）道路、桥梁、地铁和轻轨交通、污水排放及处理、垃圾处理、地下管道、公共停车场等城市设施项目。

（5）防洪、灌溉、排涝、供水、滩涂治理、水土保持、水利枢纽等水利项目。

（6）生态环境保护项目。

（7）其他基础设施项目。

2．公用事业项目的范围

关系社会公共利益、公众安全的公用事业项目的范围主要包括以下几方面：

（1）供水、供电、供气、供热等市政工程项目。

（2）商品住宅，包括经济适用住房。

（3）科技、教育、文化等项目。

（4）卫生、社会福利等项目。

（5）体育、旅游等项目。

（6）其他公用事业项目。

3．国有资金投资项目的范围

使用国有资金投资项目的范围主要包括以下几方面：

（1）使用各级财政预算资金的项目。

（2）使用纳入财政管理的各种政府性专项建设基金的项目。

（3）使用国有企业单位自有资金，并且国有资产投资者实际拥有控制权的项目。

4．国家融资项目的范围

国家融资项目的范围主要包括以下几方面：

（1）使用国家发行债券所筹资金的项目。

（2）使用国家对外借款或者担保所筹资金的项目。

（3）使用国家政策性贷款的项目。

（4）国家授权投资主体融资的项目。

（5）国家特许的融资项目。

项目的勘察、设计、施工、监理以及与建设工程有关的重要设备、材料等的采购，达到下列标准之一的，必须进行招标：

（1）重要设备、材料等货物的采购，单项合同估算价在100万元人民币以上的。

（2）施工单项合同估算价在200万元人民币以上的。

（3）勘察、设计、监理等服务的采购，单项合同估算价在50万元人民币以上的。

（4）单项合同估算价低于第（1）、（2）、（3）项规定的标准，但项目总投资额在3000万元人民币以上的。

（四）可以不进行招标的项目范围

《招标投标法》规定了可以不进行招标的项目，即可以采用直接发包方式来进行发包的项目。它主要有以下几类：

（1）涉及国家安全、国家秘密、抢险救灾或者属于利用扶贫资金实行以工代赈、需要使用农民工等特殊情况，不适宜进行招标的项目，按照国家规定可以不进行招标。

（2）建设项目的勘察、设计采用特定专利或者专有技术的，或者其建筑艺术造型有特殊要求的，经项目主管部门批准，可以不进行招标。

（3）法律法规规定的其他情形。

二、建设工程承包

建筑工程的承包即建筑工程发包的对称，是指具有从事建筑活动的法定从业资格的单位，通过投标或其他方式，承揽建筑工程任务，并按约定取得报酬的行为。

建筑工程的承包单位，即承揽建筑工程的勘察、设计、施工等业务的单位，包括对建筑工程实行总承包的单位和承包分包工程的单位。建设工程承包的方式可以按很多种方法分类，如对应于上述发包的方式，可以分为直接发包承包和招标投标承包。

原建设部于 2001 年 4 月发布的《建筑业企业资质管理规定》和《建筑业企业资质等级标准》中规定：建筑业企业分为施工总承包、专业承包、劳务分包三个序列。另外，《建筑法》、《招标投标法》中还特别规定了联合体承包方式。通常将把工程承包的方式按以下方式分类。

（一）按承包范围划分承包方式

1．建设全过程承包

建设全过程承包也叫“统包”，或“一揽子承包”，即通常所说的“交钥匙”。采用这种承包方式，建设单位一般只要提出使用要求和竣工期限，承包单位即可对项目建议书、可行性研究、勘察设计、设备询价与选购、材料订货、工程施工、生产职工培训、直至竣工投产，实行全过程、全面的总承包，并负责对各项分包任务进行综合管理、协调和监督工作。为了有利于建设和生产的衔接，必要时也可以吸收建设单位的部分力量，在承包单位的统一组织下，参加工程建设的有关工作。

这种承包方式要求承发包双方密切配合，涉及决策性质的重大问题仍应由建设单位或其上级主管部门做最后的决定。这种承包方式主要适用于各种大中型建设项目。它的好处是可以积累建设经验和充分利用已有的经验节约投资，缩短建设周期并保证建设的质量，提高经济效益。当然，也要求承包单位必须具有雄厚的技术经济实力和丰富的组织管理经验。为适应这种要求，国外某些大承包商往往和勘察设计单位组成一体化的承包公司，或者更进一步扩大到若干专业承包商和器材生产供应厂商，形成横向的经济联合体。这是近几十年来建筑业一种新的发展趋势。改革开放以来，我国各部门和地方建立的建设工程总承包公司即属于这种性质的承包单位。

2．阶段承包

阶段承包的内容是建设过程中某一阶段或某些阶段的工作。例如可行性研究、勘察设计、建筑安装施工等。在施工阶段，还可根据承包内容的不同，细分为三种方式：

（1）包工包料。即承包工程施工所用的全部人工和材料。这是国际上采用较为普遍的施工承包方式。

（2）包工部分包料。即承包者只负责提供施工的全部人工和一部分材料，其余部分则由建设单位或总包单位负责供应。我国改革开放前曾实行多年的施工单位承包全部用工和地方材料，建设单位负责供应统配和部管材料以及某些特殊材料，就属于这种承包方式。改革后已逐步过渡到包工包料方式。

（3）包工不包料。即承包人仅提供劳务而不承担供应任何材料的义务。在国内外的建筑工程中都存在这种承包方式。

3．专项承包

专项承包的内容是某一建设阶段中的某一专门项目，由于专业性较强，多由有关的专业承包单位承包，故称专业承包。例如可行性研究中的辅助研究项目，勘察设计阶段的工程地质勘察、供水水源勘察、基础或结构工程设计、工艺设计、供电系统、空调系统及防灾系统的设计，建设准备过程中的设备选购和生产技术人员培训，以及施工阶段的基础施工、金属结构制作和安装、通风设备和电梯安装等。

4．“建造—经营—转让”承包

国际上通称为BOT方式，即建造—经营—转让的英文（Build—Operate—Transfer）缩写。这是20世纪80年代新兴的一种带资承包方式。其程序一般是由某一个大承包商或开发商牵头，联合金融界组成财团，就某一工程项目向政府提出建议和申请，取得建设和经营该项目的许可。这些项目一般是大型公共工程和基础设施，如隧道、港口、高速公路、电厂等。政府若同意建议和申请，则将建设和经营该项目的特许权授予财团。财团即负责资金筹集、工程设计和施工的全部工作；工程竣工后，在特许期内经营该项目，通过向用户收取费用，回收投资，偿还贷款并获取利润；特许期满即将该项目无偿地移交给政府经营管理。

对项目所在国来说，采取这种方式可解决政府建设资金短缺的问题，且不形成债务，又可解决本地缺少建设、经营管理能力等困难，而且不用承担建设、经营中的风险。因此，在许多发展中国家得到欢迎和推广，并有向某些发达国家和地区扩展的趋势。对承包商来说，则跳出了设计、施工的小圈子，实现工程项目由前期至后期的全过程总承包，竣工后并参与经营管理，利润来源也就不限于施工阶段，而是向前后延伸到可行性研究、规划设计、器材供应及项目建成后的经营管理，从坐等招标的经营方式转向主动为政府、业主和财团提供超前服务，从而扩大了经营范围。当然，这也不免会增加风险，所以要求承包商有高超的融资能力和技术经济管理水平，包括风险防范能力。

（二）按承包者所处地位划分承包方式

在工程承包中，一个建设项目上往往有不止一个承包单位。承包单位与建设单位之间,以及不同承包单位之间的关系不同、地位不同，也就形成不同的承包方式。常见的承包方式有以下几种。

1．总承包

一个建设项目建设全过程或其中某个阶段（例如施工阶段）的全部工作，由一个承包单位负责组织实施。这个承包单位可以将若干专业性工作交给不同的专业承包单位去完成，并统一协调和监督它们的工作。在一般情况下，建设单位仅同这个承包单位发生直接关系，而不同各专业承包单位发生直接关系。这样的承包方式叫做总承包。承担这种任务的单位叫做总承包单位，或简称总包，通常有咨询设计机构，一般为土建公司以及设计施工一体化的大建筑公司等。我国的工程总承包公司就是总包单位的一种组织形式。

2．分承包

分承包简称分包，是相对总承包而言的，即承包者不与建设单位发生直接关系，而是从总承包单位分包某一分项工程（例如土方、模板、钢筋等）或某种专业工程（例如钢结构制作和安装、卫生设备安装、电梯安装等），在现场由总包统筹安排其活动，并对总包负责。分包单位通常为专业工程公司，例如工业炉窑公司、设备安装公司、装饰工程公司等。国际上通行的分包方式主要有两种：一种是由建设单位指定分包单位，与总包单位签订分包合同；一种是由总包单位自行选择分包单位签订分包合同。

3．独立承包

独立承包是指承包单位依靠自身的力量完成承包任务，而不实行分包的承包方式。通常仅适用于规模较小、技术要求比较简单的工程以及修缮工程。

4．联合承包

联合承包是相对于独立承包而言的承包方式，即由两个以上承包单位组成联合体承包一项工程任务，由参加联合的各单位推定代表统一与建设单位签订合同，共同对建设单位负责，并协调它们之间的关系。但参加联合的各单位仍是各自独立经营的企业，只是在共同承包的工程项目上，根据预先达成的协议，承担各自的义务和分享共同的收益，包括投入资金数额、工人和管理人员的派遣、机械设备和临时设施的费用分摊、利润的分享以及风险的分担等。

这种承包方式由于多家联合，资金雄厚，技术和管理上可以取长补短，发挥各自的优势，有能力承包大规模的工程任务。同时多家共同协作，在报价及投标策略上互相交

流经验，也有助于提高竞争力，较易得标。在国际工程承包中，外国承包企业与工程所在国承包企业联合经营，也有利于对当地国情民俗、法规条例的了解和适应，便于工作的开展。

5．直接承包

直接承包就是在同一工程项目上，不同的承包单位分别与建设单位签订承包合同，各自直接对建设单位负责。各承包商之间不存在总分包关系，现场的协调工作可由建设单位自己去做，或委托一个承包商牵头去做，也可聘请专门的项目经理来管理。

（三）按获得承包任务的途径划分承包方式

根据承包单位获得任务的不同途径，承包方式可划分为以下四种。

1．计划分配

在计划经济体制下，由中央和地方政府的计划部门分配建设工程任务，由设计、施工单位与建设单位签订承包合同。在我国，计划分配曾是多年来采用的主要方式，随着改革的深化已不多见。

2．投标竞争

通过投标竞争，优胜者获得工程任务，与建设单位签订承包合同。这是国际上通行的获得承包任务的主要方式。我国实行社会主义市场经济体制，建筑业和基本建设管理体制改革的主要内容之一，就是从以计划分配工程任务为主逐步过渡到以在政府宏观调控下实行投标竞争为主的承包方式。

3．委托承包

委托承包也称协商承包，即不需经过投标竞争，而由建设单位与承包单位协商，签订委托其承包某项工程任务的合同。

4．获得承包任务的其他途径

《招标投标法》第六十六条规定："涉及国家安全、国家机密、抢险救灾或者属于利用扶贫资金实行以工代赈、需要使用农民工等特殊情况，不适宜进行招标的项目，按照国家规定可以不进行招标。"此外，依国际惯例，由于涉及专利权、专卖权等原因，只能从一家厂商获得供应的项目，也属于不适宜进行招标的项目。对于此类项目的实施，可视不同情况，由政府主管部门以行政命令指派适当的单位执行承包任务；或由主管部门授权项目主办单位（业主）或听其自主，与适当的承包单位协商，将项目委托其承包。

三、建设工程发包与承包的立法现状

我国自 1982 年开始推行建设工程发包与承包制度，现行的与建设工程承、发包有关的主要法规有《中华人民共和国建筑法》、《中华人民共和国招标投标法》两部法律及《建筑工程设计招标投标管理法》(2000 年)、《建设工程项目招标范围和规模标准规定》(2000 年)、《建设工程项目自行招标试行办法》(2000 年)、《房屋建筑和市政基础设施工程施工招标投标管理办法》(2001 年)、《建设工程项目施工招标投标办法》(2003 年)、《工程建设项目勘察设计招标投标办法》(2003 年)、《建设工程施工专业分包合同(示范文本)》(2003 年)、《建设工程施工劳务分包合同(示范文本)》(2003 年)、《最高人民法院关于审理建设工程施工合同纠纷案件适用法律问题的解释》(2005 年)、《工程建设项目招标代理机构资格认定办法》(2007 年)、《建设工程工程量清单计价规范》(2013 年)等部门规章制度和规范性文件。

第二节 建设工程招标投标

一个完整的招标投标过程，包括招标、投标、开标、评标和定标五个环节。招标是招标人利用报价手段择优采购产品或服务的行为。投标是指投标人利用报价手段销售自己的产品或服务的行为。

一、建设工程招标投标的特征

建设工程招标投标是最富有竞争力的一种采购方式。对于约束双方的交易行为，创造公平竞争的市场环境，提高采购质量，起到了积极的作用。

相对于一般的交易活动，建设工程招标投标具有以下几个特征：

(1)程序规范。在整个招标投标活动中，从招标、投标、开标、定标到最终签订合同，这些环节都必须依照《招标投标法》及相关的程序、规则规定。这些程序和规则具有法律效力，当事人不能随意改动。

(2)公正客观，透明度高。招标投标将建设工程的采购活动置于透明的环境中，防止腐败行为的发生。采用公开招标时，招标人首先要在指定的报刊或者其他媒体上发布招标通告，邀请所有潜在的投标人参加投标，在招标文件中详细说明拟采购的工程、服务或货物的技术规格，评价和比较投标文件以及选定中标者的标准，在提交投标文件截止时间的同一时间公开开标。在确定中标人之前，招标人不得与投标人就投标价格、投标方案等实质性内容进行谈判。这样，招标投标活动可以防止不正当的交易行为。邀请招标的透明度相对要低，但是在被邀请的范围内是公开、透明的，也要严格遵循招标投标的程序。

(3)交易双方一次成交。中标人确定后，双方应当按照招标文件和中标人的投标文件签订合同，不得另行签订背离合同实质性内容的其他协议。也就是说，投标人只能

一次报价，不能与招标人讨价还价，并以此报价作为签订合同的基础。

二、建设工程招标投标的原则

招投标活动应遵循以下基本原则。

（一）公开原则

招标投标活动的公开原则，首先要求进行招标活动的信息要公开。采用公开招标方式，应当发布招标公告，依法必须进行招标的项目的招标公告，必须通过国家指定的报刊、信息网络或者其他公共媒介发布。无论是招标公告、资格预审公告，还是投标邀请书，都应当载明能大体满足潜在投标人决定是否参加投标竞争所需要的信息。另外开标的程序、评标的标准和程序、中标的结果等都应当公开。

（二）公正原则

在招标投标活动中招标人行为应当公正，对所有的投标竞争者都应平等对待，不能有特殊。特别是在评标时，评标标准应当明确、严格，对所有在投标截止日期以后送到的投标书都应拒收，与投标人有利害关系的人员都不得作为评标委员会的成员。招标人和投标人双方在招标投标活动中的地位平等，任何一方不得向另一方提出不合理的要求，不得将自己的意志强加给对方。

（三）公平原则

招标投标活动的公平原则，要求招标人严格按照规定的条件和程序办事，同等地对待每一个投标竞争者，不得对不同的投标竞争者采用不同的标准。招标人不得以任何方式限制或者排斥本地区、本系统以外的法人或者其他组织参加投标。

（四）诚实信用原则

诚实信用是民事活动的一项基本原则，招标投标活动是以订立采购合同为目的的民事活动，当然也适用这一原则。诚实信用原则要求招标投标各方都要诚实守信，不得有欺骗、背信的行为。

三、建设工程招标投标的管理与监督

建设工程的招标与投标，由县以上各级人民政府建设行政主管部门或其授权机构负责管理与监督。住建部负责全国建设工程招标投标的管理工作，其主要职责有以下几个方面：

（1）贯彻执行国家有关建设工程投标的法律、法规和方针、政策，制定招标投标的规定和办法。

（2）指导、检查各地区、各部门的招标投标工作。

（3）维护国家利益，监督重大工程的招标投标活动。

（4）总结交流招标投标工作的经验，提供相应的服务。

（5）审批全国范围内建设工程招标投标的代理机构。

各省、自治区、直辖市的建设行政主管部门负责管理本行政区域内的建设工程招标投标活动，其主要职责有以下几个方面：

（1）贯彻执行国家有关建设工程投标的法律、法规和方针、政策，制定招标投标的规定和办法。

（2）监督、检查本行政区域内的有关招标投标活动。

（3）审批咨询、监理等单位代理建设工程招标投标的资格。

（4）交接招标投标解纷。

（5）否决违反招标投标规定的定标结果。

四、建设工程招标

建设工程招标是一种采购行为，是指工程项目的招标人利用报价手段采购工程、服务或货物的行为。

（一）建设工程招标方式

根据《招标投标法》的规定，招标可分为公开招标和邀请招标两种方式。

（1）公开招标是指招标人以招标公告的方式邀请不特定的法人或其他组织投标。

（2）邀请招标是指招标人以投标邀请书的方式邀请特定的法人或其他组织投标。

公开招标和邀请招标的区别主要有以下几个方面：

（1）竞争的范围和程度不同。公开招标是面向社会的，一切潜在的对招标项目感兴趣的法人和其他组织都可以参加投标竞争，其竞争性体现得最为充分，招标人拥有绝对的选择余地，但他事先不能掌握投标人的数量。邀请招标所针对的对象是事先已了解的法人或其他组织，投标人的数目有限，其竞争性是不完全充分的，招标人的选择范围相对较小，它可能漏掉在技术上、报价上更有竞争力的承包商或供应商。

（2）发布信息的方式不同。公开招标是在国家或行业指定的报刊、电子网络或其他媒体上发布招标公告；邀请招标则采用直接发送投标邀请书的方式发布信息。

（3）公开的程序不同。公开的招标中，所有的活动都必须严格按照预先指定并为大家所知的程序及标准公开进行，其作弊的可能性大大减小；而邀请招标的公开程序就相对逊色一些，产生不法行为的机会也就多一些。

（4）时间和费用不同。由于公开招标程序比较复杂，投标人的数量没有限定，所以其时间和费用都相对较多，但是由于竞争充分，比较容易获得最优报价。而邀请招标只在有限的投标人中进行，所以其时间可大大缩短，费用也可有所减少，但是竞争不充分，不易获得最优报价。

《招标投标法》规定：国务院发展计划部门确定的国家重点项目和省、自治区、直辖市人民政府确定的地方重点项目不适宜公开招标的，经国务院发展计划部门或者省、自治区、直辖市人民政府批准，可以进行邀请招标。实质上，本条规定有两个含义：①国家重点项目和地方重点项目必须进行公开招标；②国家重点项目和地方重点项目不适宜公开招标的，经过批准可以进行邀请招标。

（二）建设工程招标方法

根据《招标投标法》的规定，建设工程招标方法有以下两种。

1．自行招标

自行招标是指招标人自身具有编制招标文件和组织评标能力，依法可以自行办理招标。招标人是指依照法律规定进行工程建设项目的勘察、设计、施工、监理以及与工程建设有关的重要设备、材料等招标的法人。

招标人自行办理招标事宜，应当具有编制招标文件和组织评标的能力，具体包括：

（1）具有项目法人资格（或者法人资格）。

（2）具有与招标项目规模和复杂程度相适应的工程技术、概预算、财务和工程管理等方面的专业技术力量。

（3）有从事同类工程建设项目招标的经验。

（4）设有专门的招标机构或者拥有 3 名以上专职招标业务人员。

（5）熟悉和掌握《招标投标法》及有关法规规章。

招标人自行招标的，项目法人或者组建中的项目法人应当在向国家计委上报项目可行性研究报告时，一并报送符合《建设工程项目自行招标试行办法》规定的书面材料。书面材料应当至少包括以下几个方面：

（1）项目法人营业执照、法人证书或者项目法人组建文件。

（2）与招标项目相适应的专业技术力量情况。

（3）内设的招标机构或者专职招标业务人员的基本情况。

（4）拟使用的专家库情况。

（5）编制过的同类工程建设项目招标文件和评标报告，以及招标业绩的证明材料。

（6）其他材料。

国家计委审查招标人报送的书面材料，核准招标人符合《建设工程项目自行招标试行办法》规定的自行招标条件的招标人可以自行办理招标事宜。任何单位和个人不得限制其自行办理招标事宜，也不得拒绝办理工程建设有关手续。

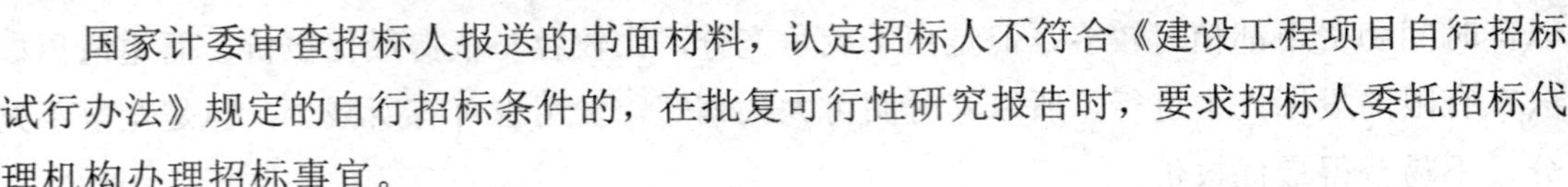

国家计委审查招标人报送的书面材料，认定招标人不符合《建设工程项目自行招标试行办法》规定的自行招标条件的，在批复可行性研究报告时，要求招标人委托招标代理机构办理招标事宜。

招标人不具备自行招标条件，不影响国家计委对项目可行性研究报告的审批。

招标人自行招标的，应当自确定中标人之日起十五日内，向国家计委提交招标投标情况的书面报告。书面报告至少应包括以下内容：

（1）招标方式和发布招标公告的媒介。

（2）招标文件中投标人须知、技术规格、评标标准和方法、合同主要条款等内容。

（3）评标委员会的组成和评标报告。

（4）中标结果。

招标人不按本办法规定要求履行自行招标核准手续的或者报送的书面材料有遗漏的，国家计委应要求其补正；不及时补正的，视同不具备自行招标条件。招标人履行核准手续中有弄虚作假情况的，视同不具备自行招标条件。

任何单位和个人非法强制招标人委托招标代理机构或者其他组织办理招标事宜的，非法拒绝办理工程建设有关手续的，或者以其他任何方式非法干预招标人自行招标活动的，由国家计委依据《招标投标法》的有关规定处罚或者向有关行政监督部门提出处理建议。

2．委托招标

委托招标是指招标人委托招标代理机构，在招标代理权限范围内，以招标人的名义组织招标工作。作为一种民事法律行为，委托招标属于委托代理的范畴。其中，招标人为委托人，招标代理机构为受托人。这种委托代理关系的法律意义在于，招标代理机构的代理行为以双方约定的代理权限为限，招标人因此将对招标代理机构的代理行为及其法律后果承担民事责任。《招标投标法》规定：招标人有权自行选择招标代理机构，委托其办理招标事宜。任何单位和个人不得以任何方式为招标人制定招标代理机构。

根据《招标投标法》的规定，招标代理机构必须具备以下几方面的条件：

（1）有从事招标代理业务的营业场所和相应资金。

（2）有能够编制招标文件和组织评标的相应专业力量。

（3）有符合《招标投标法》规定条件，可以作为评标委员会成员人选的技术、经济等方面的专家库。为保证评标的公正性和权威性，《招标投标法》规定：评标由招标人依法组建的评标委员会负责。依法必须进行招标的项目，其评标委员会由招标人的代表和有关技术、经济等方面的专家组成，成员人数为五人以上单数，其中技术、经济等方面的专家不得少于成员总数的 2/3。因此，招标代理机构应当备有依法可以作为评标委员会成员人选的技术、经济等方面的专家库，其中所储备的专家均应当从事相关领域工作 8 年以上并具有高级职称或者具有同等专业水平。

招标代理机构应当在招标人委托的范围内办理招标事宜。招标代理实质是代理制度中的一种委托代理。代理制度规定代理人在代理权限范围内进行代理活动，超出代理权限范围的为无权代理。无权代理结果是有效或无效取决于代理人的追认或拒绝。

（三）建设工程招标的的种类

按照工程建设程序，可以将建设工程招标分为建设项目前期咨询招标、工程勘察设计招标、材料设备采购招标、施工招标。

（1）建设项目前期咨询招标。建设项目前期咨询招标是指对建设项目的可行性研究任务进行的招标。投标方一般为工程咨询企业。中标的承包方要根据招标文件的要求，向发包方提供拟建工程的可行性研究报告，并对其结论的准确性负责。承包方提供的可行性研究报告，应获得发包方的认可。认可的方式通常为专家组的评估鉴定。

项目投资者有的缺乏建设管理经验，通过招标选择项目咨询者及建设管理者，即工程投资方在缺乏工程实施管理经验时，通过招标方式选择具有专业的管理经验工程咨询单位，为其制定科学、合理的投资开发建设方案，并组织控制方案的实施。这种集项目咨询与管理于一体的招标类型的投标人一般也为工程咨询单位。

（2）工程勘察设计招标。勘察设计招标是指根据批准的可行性研究报告，择优选择勘察设计单位的招标。勘察和设计是两种不同性质的工作，可由勘察单位和设计单位分别完成。勘察单位最终提出施工现场的地理位置、地形、地貌、地质、水文等在内的勘察报告。设计单位最终提供设计图纸和成本预算结果。设计招标还可以进一步分为建筑方案设计招标和施工图设计招标。当施工图设计不是由专业的设计单位承担，而是由施工单位承担时，一般不进行单独招标。

（3）材料设备采购招标。材料设备采购招标是指在工程项目初步设计完成后，对建设项目所需的建筑材料和设备（如电梯、供配电系统、空调系统等）采购任务进行的招标。投标方通常为材料供应商、成套设备供应商。

（4）工程施工招标。在工程项目的初步设计或施工图设计完成后，用招标的方式选择施工单位的招标。施工单位最终向业主交付按招标设计文件规定的建筑产品。

（四）建设工程招标的一般程序

建设工程具备必要条件后，招标人可向当地建设行政主管部门或其招标办事机构提出招标申请，经审查批准后方可开展招标活动。建设工程招标流程图如图 5-1 所示。

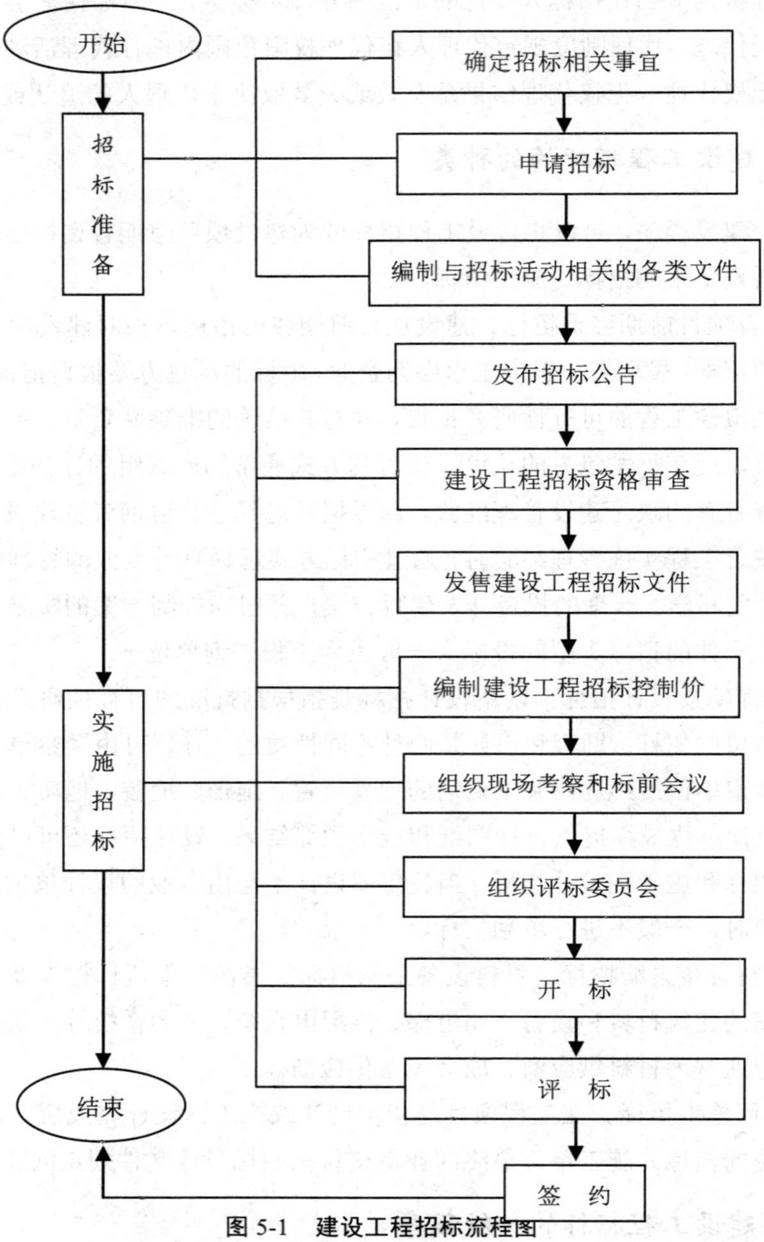

开始

招标准备

确定招标相关事宜

申请招标

编制与招标活动相关的各类文件

发布招标公告

建设工程招标资格审查

发售建设工程招标文件

编制建设工程招标控制价

实施招标

组织现场考察和标前会议

组织评标委员会

开　标

评　标

签　约

结束

图 5-1　建设工程招标流程图

1．建设工程招标准备阶段

建设工程招标准备阶段的主要工作有以下几方面：

（1）确定招标相关事宜。建设工程招标准备阶段需要确定的招标相关事宜主要有以下几方面：

① 根据工程特点和招标人的管理能力确定发包范围。

② 根据建设工程总进度计划来确定项目建设过程中的招标次数和每次招标的工作

内容。

③ 依据每次招标前准备工作的完成情况，选择合同的计价方式。

④ 依据工程项目的特点、招标前准备工作的完成情况、合同类型等因素的影响，最终决定招标方式。

（2）申请招标。招标人向建设行政主管部门办理申请招标手续。招标人准备的申请文件应说明：招标工作的范围、招标方式、计划工期、对招标人的资质要求、招标项目的前期准备工作完成情况等内容。在获得批准认可后才能开展招标工作。

（3）编制与招标活动相关的各类文件。招标准备阶段应编制好招标过程中可能涉及的相关文件，保证招标活动的正常进行。这些文件大致包括：招标广告、资格预审文件、招标文件、合同协议书及资格预审和评标的方法等。

2．发布建设工程招标公告

根据《招标投标法》的规定，采用公开招标方式的应当发布招标公告，依法必须招标的项目，其招标公告必须通过国家指定的报刊、信息网络或其他媒介发布。招标公告应当载明如下事项：

（1）招标人的名称和地址。

（2）招标项目的性质、数量、实施地点和时间。

（3）获取招标文件的办法。

采用邀请招标方式的应当发出投标邀请书。采用邀请招标方式的前提是对市场供给状况比较了解，对潜在投标人的情况比较了解。

3．建设工程招标资格审查

资格审查是指招标人对资格预审申请人或投标人的经营资格、专业资质、财务状况、技术能力、管理能力、业绩、信誉等方面评估审查，以判定其是否具有参与项目投标和履行合同的资格及能力的活动。资格审查既是招标人的权利，也是招标项目的必要程序，它对于保障招标人和投标人的利益具有重要作用。通常情况下，资格审查分为资格预审和资格后审。

（1）资格预审。资格预审是招标人通过发布资格预审公告，向不特定的潜在投标人发出投标邀请，由招标人或者由其依法组建的资格审查委员会按照资格预审文件确定的审查方法、资格条件以及审查标准，对资格预审申请人的经营资格、专业资质、财务状况、类似项目业绩、履约信誉等条件进行评审，以确定通过资格预审的申请人。未通过资格预审的申请人，不具有投标的资格。资格预审的方法包括合格制和有限数量制。一般情况下应采用合格制，潜在投标人过多的，可采用有限数量制。

（2）资格后审。资格后审是在开标后由评标委员会对投标人进行的资格审查。采用资格后审时，招标人应当在开标后由评标委员会按照招标文件规定的标准和方法对投标人的资格进行审查。资格后审是评标工作的一个重要内容。对资格后审不合格的投标人，评标委员会应否决其投标。

资格预审与资格后审在时间点上的区别，在于资格审查是在招标文件发售前组织的，还是在招标文件发售后组织的。在招标文件发售前组织的，可以视作资格预审；在招标文件发售后组织的，可以一概划归资格后审范畴，须在开标后由评标委员会对其资格进行审查，因为未通过资格预审的潜在投标人不具有投标资格，不能购买招标文件投标

招标项目采用资格预审还是资格后审，应当根据招标项目的特点需要，结合潜在投标人的数量和招标的时间等因素综合考虑，选择适用的资格审查办法。无论是资格预审还是后审，潜在投标人都应符合以下条件：

（1）具有独立签订合同的能力。

（2）具有圆满履行合同的能力。

（3）是否承担过类似的项目。

（4）未处于责令停业，财产被接管、冻结破产等状态。

（5）近几年内没有与骗取合同相关的犯罪或严重违法行为。

一份完整的资格预审文件的主要内容应当包括以下几方面：

（1）资格预审公告。

（2）申请人须知。

（3）资格审查标准和方法。

（4）资格预审申请文件格式。

（5）招标项目概况。

4．发售建设工程招标文件

招标文件是招标人向潜在投标人发出并告知项目需求、招标投标活动规则和合同条件等信息的要约邀请文件，是项目招标投标活动的主要依据，对招标投标活动各方均具有法律约束力。招标文件按照功能作用可以分成三部分：

（1）招标公告或投标邀请书、投标人须知、评标办法、投标文件格式等，主要阐述招标项目需求概况和招标投标活动规则，对参与项目招标投标活动各方均有约束力，但一般不构成合同文件。

（2）工程量清单、设计图纸、技术标准和要求、合同条款等，全面描述招标项目需求，既是招标投标活动的主要依据，也是合同文件构成的重要内容，对招标人和中标人具有约束力。

（3）参考资料，供投标人了解分析与招标项目相关的参考信息，如项目地址、水文、地质、气象、交通等参考资料。

招标文件的目的是通知潜在的投标人有关所要采购的货物和服务、合同的条款和条

件及交货的时间安排。起草的招标文件应该保证所有的投标人具有同等的公平竞争机会。根据单一项目招标文件的范围和内容，文件中一般应包含：项目的概括信息；保证技术规格客观性的设计文件；投标的样本表格；合同的一般和特殊条款；技术规格和数量清单；在一些特殊情况，还应附有性能规格、投标保证金保函、预付款保函和履约保函的标准样本。

招标文件应在招标公告或投标邀请书中规定的时间、地点按规定的价格发售给各个投标人。投标人根据招标文件编制投标文件。招标人在招标文件中应明确提交投标文件的截止时间，即确定投标人编制投标文件所需要的合理时间，给投标人充分的时间准备投标文件。《招标投标法》规定：依法必须进行招标的项目，自招标文件开始发售之日起至投标人提交投标文件之日为止，最短不得少于20天。

5．编制建设工程招标控制价

招标控制价是指招标人根据国家或省级、行业建设主管部门颁发的有关计价依据和办法，按设计施工图纸计算，在招标过程中向投标人公示的工程项目总价格的最高限额，也是招标人期望价格的最高标准，要求投标人投标报价不得超过它，否则视为废标。

当国有资金投资的工程进行招标时，根据《招标投标法》规定："招标人设有标底的，标底必须保密。"但实行工程量清单招标后，由于招标方式的改变，标底保密这一法律规定已不能起到有效遏制哄抬标价的作用。因此，为有利于客观、合理地评审投标报价和避免哄抬标价，造成国有资产流失，招标人应编制招标控制价，作为招标人能够接受的最高交易价格。招标控制价体现了招标人的主观意愿，明确表达了招标人购买建筑产品的品质要求及其经济承受能力。招标控制价应根据下列依据编制：

（1）《建设工程工程量清单计价规范》。

（2）国家或省级、国务院有关建设主管部门颁发的计价定额和计价办法。

（3）建设工程设计文件及相关资料。

（4）招标文件中的工程量清单及有关要求。

（5）与建设项目相关的标准、规范和技术资料。

（6）工程造价管理机构发布的工程造价信息，工程造价信息中没有发布的参照市场价。

（7）其他的相关资料，主要指施工现场情况、工程特点及常规施工方案等。

招标控制价的编制内容主要有以下几方面：

（1）分部分项工程费。分部分项工程费的计算应以招标文件中提供的分布分项工程量清单为依据。

（2）措施项目费。措施项目费的计算应以招标文件中提供的措施项目清单为依据。

（3）其他项目费。其他项目费由暂列金额、暂估价、计日工及总承包服务费组成。

（4）规费和税金。规费和税金应按国家或省级建设行业主管部门的规定计算，不得作为竞争性费用。

6．组织现场考察和标前会议

（1）现场考察。招标人在投标须知中规定的时间组织投标人进行现场考察。其目的有两点：一方面是让投标人了解工程项目的现场情况、自然条件、施工条件以及周围的环境条件，以便于编制投标书；另一方面要求投标人通过实地考察确定投标的原则和策略，避免在合同履行过程中投标人以不了解现场情况为理由推卸应承担的责任。

（2）标前会议。标前会议也称为投标预备会或招标文件交底会，是招标人按投标须知规定的时间和地点召开的会议，也是招标投标前一次非常重要的会议，一般由参与现场考察的人员参加标前会议。

标前会议是招标人给所有投标人提供的一次质疑的机会。在标前会议前，应消化吸收从招标文件中得到的各类问题，整理成书面文件，及时寄往招标单位指定地点要求答复，或在标前会议上要求澄清。招标人在回答问题的同时，展示工程勘察资料，供投标单位参考。标前会议上提出的问题和解答的概要情况，应记录作为招标文件的组成部分发给所有投标人。

为保证投标人之间的公平竞争，《招标投标法》还有以下规定：

（1）招标人不得强制投标人组成联合体投标，不得限制投标人之间的竞争。投标时，投标人是否与他人组成联合体，与谁组成联合体，都由投标人自行决定，任何人都不得干涉。招标人不得向他人透漏已获取招标文件的潜在投标人的名称、数量以及可能影响公平竞争的有关招标投标的其他情况。招标人设有标底的，标底必须保密。

（2）招标人不得以不合理的条件限制或排斥潜在投标人，不得对投标的潜在投标人实行歧视性待遇。招标文件不得要求或表明特定的生产供应者以及含有倾向或排斥潜在投标人的其他内容。

五、建设工程投标

投标是指投标人从填写资格预审调查表开始到将正式投标文件送交业主到最后中标签订承包合同为止所进行的全部工作。建设工程投标流程图如图 5-2 所示。

（一）投标前的准备工作

正式投标前，承包商在了解招标信息后，根据招标广告或投标邀请书，分析招标工程的条件，依据自身的实力，选择投标工程，向招标人提出投标申请，并提交有关资料，接受招标人的资质审查。审查通过后，购买招标文件及有关技术资料。在上述工作基础上，承包商还应从以下几方面进行准备工作。

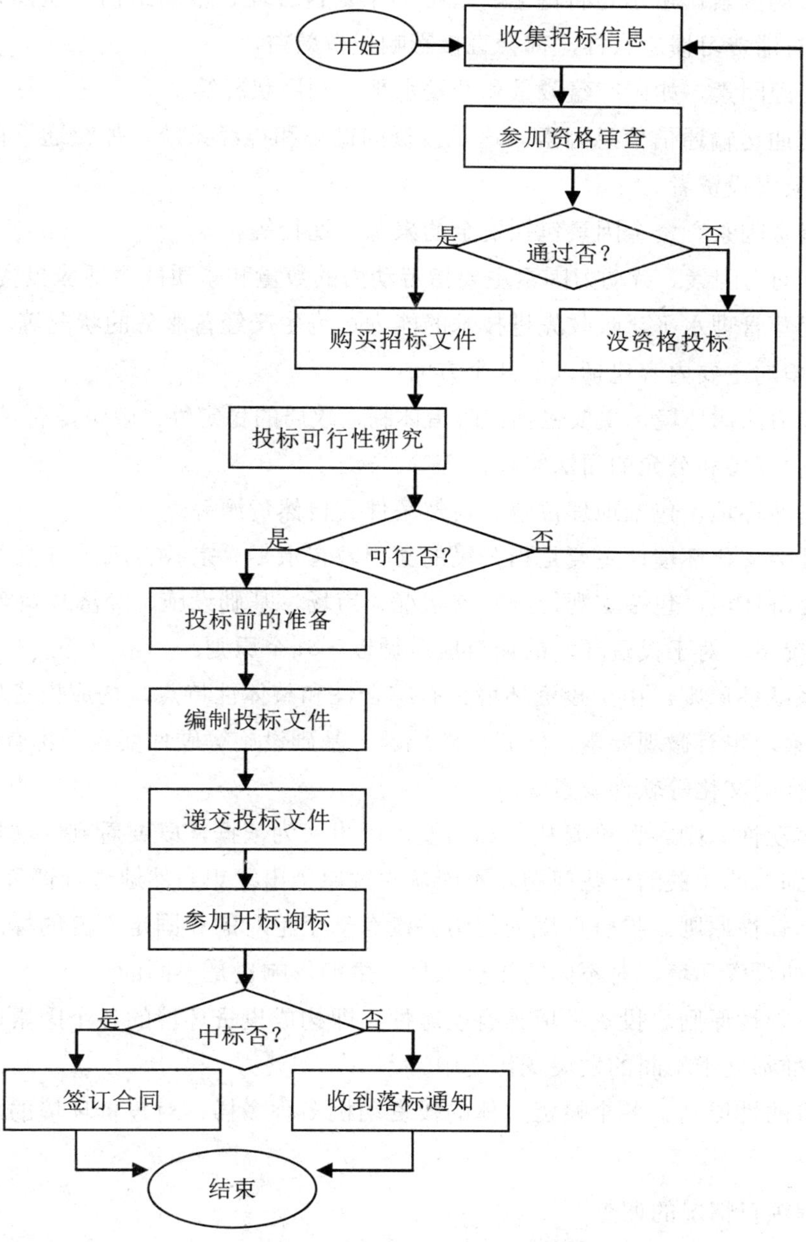

开始
收集招标信息
参加资格审查
通过否？
是
否
购买招标文件
没资格投标
投标可行性研究
可行否？
是
否
投标前的准备
编制投标文件
递交投标文件
参加开标询标
中标否？
是
否
签订合同
收到落标通知
结束

图 5-2　建设工程投标流程图

1．投资环境的调查

投资环境是指投资经营者所面对的客观条件。影响和决定投资环境的因素有很多，具体包括以下几个方面：

（1）社会政治因素。国家安定、国泰民安的国家和地区，因为投资风险小，自然会吸引投资者。

（2）市场因素。市场是否健全、价格体系是否合理、市场结构与规模如何、居民的消费能力与消费习惯怎么样，都会直接影响投资效益。

（3）资源因素。如矿产蕴藏量和开发水平、利用状况等。

（4）交通运输通信信息因素。这是投资的循环和神经系统，如交通不便、通信闭塞，就不能吸引投资者。

（5）资金因素。资金因素包括资金的来源、途径等。

（6）劳动力因素。劳动力因素主要指劳动力的数量和素质能否适应投资者的需要。

（7）经营管理水平、吸收先进技术的能力、为生产经营服务的状况等。

投资环境的主要内容包括以下几个方面：

（1）政治法律环境，主要包括：政治体制、政局的稳定性；政策是否具有连续性；法律法规是否齐备和公允的司法实践；等等。

（2）自然环境，包括地理位置、自然条件、自然资源等。

（3）社会文化环境，主要是指公民的文化教育水平、宗教、风俗习惯等。

（4）经济环境，包括宏观经济发展状况、市场、基础设施、经济政策等。

通常情况下，对于投资环境的调查应遵循以下几个原则：

（1）系统性原则。由于投资环境具有综合性和整体性特点，构成投资环境的要素既有宏观要素，也有微观要素；既有自然地理、基础设施等硬件要素，也有法律法规、经济政策、社会文化等软件要素。

（2）客观性原则。评价要从实际出发，以事实为依据，既要看到区域投资环境现状，又要看到与此相关的一些问题。不能从主观愿望出发想当然地进行评价。

（3）比较性原则。投资环境的优劣并没有一个绝对的和固定不变的标准。而且，即使是同样的投资环境，对不同的投资项目产生的影响也是不同的。

（4）时效性原则。投资环境具有动态性，即构成投资环境的各个因素以及评价投资环境的标准都处于不断的发展变化之中。

（5）目的性原则。各个投资主体的投资动机多种多样，对投资环境的要求也不完全相同。

2．工程项目情况的调查

招标投标工程项目本身的具体情况如何，是决定投标报价的微观因素，在投标之前必须尽可能详细地了解，调查的内容主要包括：

（1）工程的性质、规模、发包范围。

（2）工程的技术规模和对材料性能及工人技术水平的要求。

（3）对总工期和分批竣工交付使用的要求。

（4）工程所在地的气象和水文资料。

（5）工程项目的资金来源和业主的资信状况。

（6）施工现场的地形、地下水、交通运输、给水排水、供电、通信条件等情况。

（7）工程价款的支付方式。

（8）业主、监理工程师的资历和工作作风等。

（9）其他，如竞争对手的状况、数量、竞争能力等。

这些情况主要通过研究招标文件、查看现场、参加招标交底会或向业主询问等方式来了解。承包商通过上述调查获取信息后，应结合自身的状况，例如技术水平、管理水平、工程经验、在手工程数量、资金状况等决定是否参加投标。对于技术水平、管理水平、财务能力和竞争能力勉为其难或根本达不到的工程，应予以否决。

（二）投标文件的编制和投送

投标文件是指具备承担招标项目能力的投标人，按照招标文件的要求编制的文件。在投标文件中应当对招标文件提出的实质性要求和条件做出响应，这里所指的实质性要求和条件，一般是指招标文件中有关招标项目的价格、招标项目的计划、招标项目技术规范方面的要求和条件、合同的主要条款（包括一般条款和特殊条款）。投标文件需要在这些方面做出回答，或称响应，响应的方式是投标人按照招标文件进行填报，不得遗漏或回避招标文件中的问题。交易的双方，只能就交易的内容也就是围绕招标项目来编制招标文件和投标文件。

1．投标文件的内容及要求

投标文件是衡量一个施工企业的资历、质量和技术水平、管理水平的综合文件，也是审标和决标的主要依据。承包商做出投标决策之后，就应着手按照招标文件的要求编制投标书，对招标文件提出的实质性要求和条件做出响应。投标书一般应包括下列内容：

（1）投标函。

（2）投标函附录。

（3）投标保证金。

（4）法定代表人资格证明书。

（5）法定代表人授权委托书。

（6）具有标价的工程量清单与报价表。

（7）辅助资料表。

（8）资格审查表。

（9）对招标文件中的合同协议内容、协议条款的确认和响应。

（10）项目管理规划。

（11）招标文件要求提交的其他内容。

在编制投标文件时，应注意做好校核工程量、编制施工规划以及报价计算等工作。除此之外，承包商还应向招标单位提供以下材料：

（1）企业营业执照和资质证书。

（2）企业简介。

（3）自有资金情况。

（4）全员职工人数，包括技术人员、技术工人数量及平均技术等级等，企业自有的主要施工机械设备一览表。

（5）近三年承建的主要工程及其质量情况。

（6）现有主要施工任务，包括在建和尚未开工工程一览表等。

投标人编制好投标文件后，应在招标文件要求提交投标文件的截止时间前，将投标文件送达投标地点。招标单位收到投标文件后，应当签收保存，不得开启。在招标文件要求提交投标文件的截止时间后送达的投标文件，招标人应当拒收。

2．编制及投送投标书时应注意的事项

在编制投标书的时候，有一些项目很细小，也很容易做，但稍一粗心大意，就会影响全局，导致全盘皆输。这些细小项目主要有以下几方面：

（1）投标书未按照招标文件的有关要求封记的。

（2）未全部加盖法人或委托授权人印签的，如未在投标书的每一页上签字盖章，或未在所有重要汇总标价旁签字盖章，或未将委托授权书放在投标书中。

（3）投标者单位名称或法人姓名与登记执照不符的。

（4）未在投标书上填写法定注册地址的。

（5）投标保证金未在规定的时间内缴纳的。

（6）投标书的附件资料不全，如设计图纸漏页，有关表格填写漏项等。

（7）投标书字迹不端正，无法辨认的。

（8）投标书装订不整齐，或投标书上没有目录，没有页码，或文件资料装订前后颠倒等。

投送投标书时应严格执行各项规定，不得行贿、营私舞弊，不得泄露自己的标价或串通其他投标者哄抬标价，不得隐瞒事实真相，不得有损害国家和他人利益的行为。否则将被取消投标或承包资格以及受到经济和法律的制裁。

根据契约自由原则，我国法律也规定，投标文件送交后，投标人可以进行补充、修改或撤回，但必须以书面形式通知招标人。投标人对投标文件的补充、修改、撤回通知，也必须密封，并在所规定的投标文件的截止时间前，送至规定地点。补充或修改的材料构成原投标文件的组成部分，而不是另外一份投标文件，招标人不得以此为理由拒收补充或修改材料。

第三节　开标

开标是指在招标投标活动中，由招标人主持、邀请所有投标人和行政监督部门或公证机构人员参加的情况下，在招标文件预先约定的时间和地点当众对投标文件进行开启的法定流程。

一、开标的时间

《招标投标法》规定："开标应当在招标文件确定的提交投标文件截止时间的同一时间公开进行，开标地点应当为招标文件中预先确定的地点。"

开标时间应与提交投标文件的截止时间相一致。将开标时间规定为提交投标文件截止时间的同一时间，目的是为了防止招标人或者投标人利用提交投标文件的截止时间以后与开标时间之前的一段时间间隔做手脚，进行暗箱操作。比如，有些投标人可能会利用这段时间与招标人或招标代理机构串通，对投标文件的实质性内容进行更改等。关于开标的具体时间，实践中可能会有两种情况，如果开标地点与接受投标文件的地点相一致，则开标时间与提交投标文件的截止时间应一致；如果开标地点与提交投标文件的地点不一致，则开标时间与提交投标文件的截止时间应有一合理的间隔。

《招标投标法》关于开标时间的规定，与国际通行作法大体是一致的。如《联合国采购示范法》规定，开标时间应为招标文件中规定作为投标截止日期的时间。《世界银行采购指南》规定，开标时间应该和招标通告中规定的截标时间相一致或随后马上宣布。其中"马上"的含义可理解为需留出合理的时间把投标书运到公开开标的地点。

二、开标的地点

为了使所有投标人都能事先知道开标地点，并能够按时到达，开标地点应当在招标文件中事先确定，以便使每一个投标人都能事先为参加开标活动做好充分的准备，如根据情况选择适当的交通工具，并提前做好机票、车票的预订工作，等等。招标人如果确有特殊原因，需要变动开标地点，则应当按照《招标投标法》第二十三条规定："招标人对已发出的招标文件进行必要的澄清或者修改的，应当在招标文件要求提交投标文件截止时间至少十五日前，以书面形式通知所有招标文件收受人。该澄清或者修改的内容为招标文件的组成部分。"

三、开标的程序

一个完整的开标过程主要有以下几个步骤：

（1）由投标人或者其推选的代表检查投标文件的密封情况，也可以由招标人委托的公证机构检查并公证。投标人数较少时，可由投标人自行检查；投标人数较多时，也可以由投标人推举代表进行检查。招标人也可以根据情况委托公证机构进行检查并公证。所谓公证，是指国家专门设立的公证机构根据法律的规定和当事人的申请，按照法定的程序证明法律行为、有法律意义的事实和文书的真实性、合法性的非诉讼活动。公证机构是国家专门设立的，依法行使国家公证职权，代表国家办理公证事务，进行公证证明活动的司法证明机构。按照《公证暂行条例》的规定，公证处是国家公证机关。是否需要委托公证机关到场检查并公证，完全由招标人根据具体情况决定。招标人或者其推选的代表或者公证机构经检查发现密封被破坏的投标文件，应当予以拒收。

（2）经确认无误的投标文件，由工作人员当众拆封。投标人或者投标人推选的代表或者公证机构对投标文件的密封情况进行检查以后，确认密封情况良好，没有问题，则可以由现场的工作人员在所有在场的人的监督之下进行当众拆封。

（3）宣读投标人名称、投标价格和投标文件的其他主要内容。即拆封以后，现场的工作人员应当高声唱读投标人的名称、每一个投标的投标价格以及投标文件中的其他主要内容。其他主要内容，主要是指投标报价有无折扣或者价格修改等。如果要求或者允许报替代方案的话，还应包括替代方案投标的总金额。比如建设工程项目，其他主要内容还应包括：工期、质量、投标保证金等。这样做的目的在于使全体投标者了解各家投标者的报价和自己在其中的顺序，了解其他投标的基本情况，以充分体现公开开标的透明度。

四、开标需要注意的事项

招标人在招标文件要求提交投标文件的截止时间前收到的所有投标文件，开标时都应当当众予以拆封，不能遗漏，否则就构成对投标人的不公正对待。如果是招标文件所要求的提交投标文件的截止时间以后收到的投标文件，则应不予开启，原封不动地退回。按照本法的规定，对于截止时间以后收到的投标文件应当拒收。如果对于截止时间以后收到的投标文件也进行开标的话，则有可能造成舞弊行为，出现不公正，也是一种违法行为。

开标过程应当记录，并存档备查。这是保证开标过程透明和公正，维护投标人利益的必要措施。要求对开标过程进行记录，可以使权益受到侵害的投标人行使要求复查的权利，有利于确保招标人尽可能自我完善，加强管理，少出漏洞。此外，还有助于有关行政主管部门进行检查。开标过程进行记录，要求对开标过程中的重要事项进行记载，包括开标时间，开标地点，开标时具体参加单位、人员，唱标的内容和开标过程是否经过公证等都要记录在案。记录以后，应当作为档案保存起来，以方便查询。任何投标人要求查询，都应当允许。对开标过程进行记录、存档备查，是国际上的通行作法，《联合国采购示范法》、《世界银行采购指南》、《亚行采购准则》以及瑞士和美国的有关法律

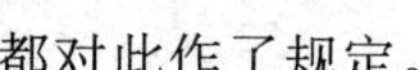

都对此作了规定。

第四节　评标

评标是指按照规定的评标标准和方法，对各投标人的投标文件进行评价、比较和分析，从中选出最佳投标人的过程。评标是招标投标活动中十分重要的阶段，评标是否真正做到公开、公平、公正，决定着整个招标投标活动是否公平和公正；评标的质量决定着能否从众多投标竞争者中选出最能满足招标项目各项要求的中标者。

一、评标的标准

一般包括价格标准和价格标准以外的其他有关标准（又称“非价格标准”），以及如何运用这些标准来确定中选的投标。非价格标准应尽可能客观和定量化，并按货币额表示，或规定相对的权重（即“系数”或“得分”）。通常来说，在货物评标时，非价格标准主要有运费和保险费、付款计划、交货期、运营成本、货物的有效性和配套性、零配件和服务的供给能力、相关的培训、安全性和环境效益等。在服务评标时，非价格标准主要有投标人及参与提供服务人员的资格、经验、信誉、可靠性、专业和管理能力等。在工程评标时，非价格标准主要有工期、质量、施工人员和管理人员的素质、以往的经验等。

二、评标的原则

在整个评标活动过程中必须遵循以下几点原则：

（1）公平、公正。

（2）依法评标。

（3）严格按照招标文件评标。只要招标文件未违反现行的法律、法规和规章，没有前后矛盾的规定，就应严格按照招标文件及其附件、修改纪要、答疑纪要进行评审。

（4）合理、科学、择优。

（5）对未提供证明资料的评审原则。凡投标人未能提供的证明材料（包括资质证书、业绩证明、职业资格或证书等），若属于招标文件强制性要求的，评委均不予确认，应否决其投标；若属于分值评审法或价分比法的评审因素，则不计分，投标人不得进行补正。

（6）做有利于投标人的评审。若招标文件表述不够明确，应做出对投标人有利的评审，但这种评审结论不应导致对招标人的具有明显因果关系的损害。

（7）反不正当竞争。评审中应严防串标、挂靠围标等不正当竞争行为。若无法当场确认，那么事后可向监管部门报告。

（8）记名表决。一旦评审出现分歧，则应采用少数服从多数的表决方式，表决时必须署名，但应保密，即不应让投标人知道谁投赞成票、谁投反对票。

（9）保密原则。评委必须对投标文件的内容、评审的讨论细节进行保密。

三、评标的方法

按照定标所采用的排序依据，评标的方法可以分为四类，即分值评审法（以分值排序，包括综合评分法、性价比法）、价格评审法（以价格排序，包括最低评标价法、最低投标价法、价分比法等）、综合评议法（以总体优劣排序）、分步评审法（先以技术分和商务分为衡量标准确定入围的投标人，再以他们的报价排序），具体介绍如下：

（1）综合评分法。综合评分法是指在满足招标文件实质性要求的条件下，依据招标文件中规定的各项因素进行综合评审，以评审总得分最高的投标人作为中标（候选）人的评标方法。

（2）性价比法。性价比法是指在满足招标文件实质性要求的条件下，依据招标文件中规定的除价格以外的各项因素进行综合评审，以所得总分除以该投标人的投标报价，所得商数（评标总得分）最高的投标人为中标（候选）人的评标方法。

（3）最低评标价法。最低评标价法是指在满足招标文件实质性要求的条件下，评委对投标报价以外的商务因素、技术因素进行量化并折算成相应的价格，再与报价合并计算得到评标价，从中确定评标价最低的投标人作为中标（候选）人的评审方法。

（4）最低投标价法。最低投标价法是指在满足招标文件实质性要求的条件下，投标报价最低的投标人作为中标（候选）人的评审方法。

（5）价分比法。价分比法是指在满足招标文件实质性要求的条件下，依据招标文件中规定的除价格以外的各项因素进行综合评审，以该投标人的投标报价除以所得总分，所得商数（评标价）最低的投标人为中标（候选）人的评标方法。

（6）综合评议法。综合评议法是指在满足招标文件实质性要求的条件下，评委依据招标文件规定的评审因素进行定性评议，从而确定中标（候选）人的评审方法。

（7）经评审的最低投标价法。经评审的最低投标价法是指在满足招标文件实质性要求的条件下，评委对投标报价以外的价值因素进行量化并折算成相应的价格，再与报价合并计算得到折算投标价，从中确定折算投标价最低的投标人作为中标（候选）人的评审方法。

四、评标的程序

评标的目的是根据招标文件中确定的标准和方法，对每个投标商的标书进行评价和比较，评出最低投标价的投标商。评标必须以招标文件为依据，不得采用招标文件规定以外的标准和方法进行评标，凡是评标中需要考虑的因素都必须写入招标文件中。评标的一般程序流程图如图 5-3 所示。

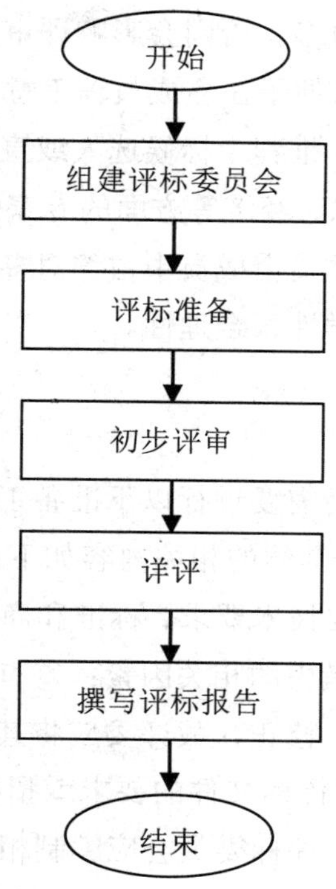

图 5-3 评标的一般程序流程图

（一）组建评标委员会

评标委员会须由下列人员组成：

（1）招标人的代表。招标人的代表参加评标委员会，以在评标过程中充分表达招标人的意见，与评标委员会的其他成员进行沟通，并对评标的全过程实施必要的监督。

（2）相关技术方面的专家。由招标项目相关专业的技术专家参加评标委员会，对投标文件所提方案在技术上的可行性、合理性、先进性和质量可靠性等技术指标进行评审比较，以确定在技术和质量方面确能满足招标文件要求的投标。

（3）经济方面的专家。由经济方面的专家对投标文件所报的投标价格、投标方案的运营成本、投标人的财务状况等投标文件的商务条款进行评审比较，以确定在经济上对招标人最有利的投标。

（4）其他方面的专家。根据招标项目的不同情况，招标人还可聘请除技术专家和经济专家以外的其他方面的专家参加评标委员会。比如，对一些大型的或国际性的招标采购项目，还可聘请法律方面的专家参加评标委员会，以对投标文件的合法性进行审查把关。

评标委员会成员人数须为 5 人以上单数。评标委员会成员人数过少，不利于集思广益，从经济、技术各方面对投标文件进行全面的分析比较，以保证评审结论的科学性、合理性。

评标委员会成员人数也不宜过多，否则会影响评审工作效率，增加评审费用。要求评审委员会成员人数须为单数，以便于在各成员评审意见不一致时，可按照多数通过的原则产生评标委员会的评审结论，推荐中标候选人或直接确定中标人。

评标委员会成员中，有关技术、经济等方面的专家的人数不得少于成员总数的 2/3，以保证各方面专家的人数在评标委员会成员中占绝对多数，充分发挥专家在评标活动中的权威作用，保证评审结论的科学性、合理性。

（二）评标准备

在开始评标活动前评标委员会需要进行以下准备工作：

（1）了解和熟悉相关内容，具体的相关内容如下：①招标目标；②招标项目范围和性质；③招标文件中规定的主要技术要求、标准和商务条款；④招标文件规定的评标标准、评标方法和在评标过程中考虑的相关因素；⑤有的招标文件（主要是工程项目）发售后，进行了数次的书面答疑、修正，故评委应将其全部汇集装订。

（2）分工、编制表格。根据招标文件的要求或招标内容的评审特点，确定评委分工；招标文件未提供评分表格的，评标委员会应编制相应的表格；此外，若评标标准不够细化时，应先予以细化。

（3）暗标编码。对需要匿名评审的文本进行暗标编码。

（三）初步评审

评标委员会应根据招标文件，结合清标过程中发现的问题，对所有投标文件进行审查并逐项列出每一份投标文件的全部投标偏差，并以此为基础，结合《招标投标法》规定的废标条件，审定每份投标文件是否响应招标文件的实质性要求和条件。

初步评标工作相对比较简单，但却是非常重要的一步。初步评标的主要内容包括以下几方面：

（1）投标人是否具有投标的资格。

（2）投标人的投标保证是否具有有效性。

（3）投标人报送的资料是否完整。

（4）投标书与招标文件的要求是否有实质性的背离。

（5）投标人报价计算的正确性。

（四）详评

在完成初步评标以后，下一步就进入到详细评定和比较阶段。只有在初评中确定为

基本合格的投标，才有资格进入详细评定和比较阶段。具体的评标方法取决于招标文件中的规定，并按评标价的高低，由低到高，评定出各投标的排列次序。在评标时，当出现最低评标价远远高于标底或缺乏竞争性等情况时，应废除全部投标。

（五）撰写评标报告

评标结束后，评标委员会应向招标人提出书面评标报告，评标报告应包括评标情况说明、对各个合格投标书的评价、经评审的投标人排序、废标情况说明、推荐合格的中标人等内容。

第五节　中标

中标是指投标人被招标人按照法定流程确定为招标项目合同签订对象，一般情况下，投标人中标的，应当收到招标人发出的中标通知书。

一、中标的标准

根据相关法律的规定，投标人中标的标准主要有以下两方面：

（1）能够最大限度地满足招标文件中规定的各项综合评价标准，这里所谓的综合评价标准，就是对投标文件进行总体评估和比较，既按照价格标准又将非价格标准尽量量化成货币计算，评价最佳者中标。

（2）能够满足招标文件的实质性要求，并且经评审的投标价格最低，但是投标价格低于成本的除外，这项标准是与市场经济原则相适应的，体现了优胜劣汰的原则。经评审的投标价格最低，仍然是以投标报价最低的中标作为基础，但又不是简单地去比较价格，而是对投标报价进行评审，在评审的基础上进行比较，这样较为可靠、合理。

二、中标的程序

（1）评标委员会完成评标后，应当向招标人提出书面评标报告，并推荐合格的中标候选人。

（2）招标人根据评标委员会的书面评标报告和推荐的中标候选人确定中标人，招标人也可以授权评标委员会直接确定中标人。

（3）中标人确定后，招标人应当向中标人发出中标通知书，中标通知书对招标人和中标人具有法律效力，中标后招标人改变中标结果的，或者中标人放弃中标项目，应当依法承担法律责任。

（4）招标人和中标人应当在中标通知书发出后的法定期限内，按照招标文件和中标人的投标文件订立书面合同，招标人和中标人不得再行订立背离合同实质性内容的其他协议，这项规定是要用法定的形式肯定招标的成果，或者说招标人、中标人双方都必须尊重竞争的结果，不得任意改变。

（5）招标文件要求中标人提交履约保证金的，中标人应当提交，这是采用法律形式促使中标人履行合同义务的一项特定的经济措施，也是保护招标人利益的一种有效的保证措施。

（6）中标人应当按照合同约定履行义务，完成中标项目，中标人不得向他人转让中标项目，也不得将中标项目肢解后分别向他人转让，这是规定中标人的履约义务，它是招标投标的落脚点，为此中标人要承担相应的法律责任。如果中标人可以任意毁约，背弃合同，招标投标便成为一种没有实际结果的交易形式。同时，要禁止中标人转让中标项目的行为，谁中标只能由谁来完成中标项目，中标人是一个特定的市场主体，并不能由他人代替，更要防止在转让时产生的种种弊端，所以禁止转让中标项目。

（7）中标人按照合同约定或者经招标人同意，可以将中标项目的部分非主体、非关键性工作分包给他人完成，但不得再次分包，分包项目由中标人向招标人负责，接受分包的人承担连带责任，这项规定表明，分包是允许的，但是有严格的条件和明确的责任，有分包行为的应当注意这些规定。

【引例分析】

该项目招标程序中存在以下几个问题：

（1）招标单位的有关工作人员不应拒收承包商A的补充文件，因为承包商A在投标截止时间之前所递交的任何正式书面文件都是有效文件，都是投标文件的有效组成部分。也就是说，补充文件与原投标文件共同构成一份完整的投标文件，而不是两份相互独立的投标文件。

（2）根据《中华人民共和国招标投标法》，开标会应由招标人（招标单位）主持，而不应由C市招投标办工作人员主持。

（3）资格审查应在投标之前进行（背景资料说明了承包商A已通过资格预审），C市公证处人员无权对承包商资格进行审查，其到场的作用在于确认开标的公正性和合法性（包括投标文件的合法性）。

（4）C市公证处人员宣布所有投标文件均为有效标书是错误的。因为承包商A的投标文件仅有单位公章和项目经理的签字，而无法定代表人或其代理人的印鉴，应作为废标处理。即使承包商A的法定代表人赋予该项目经理有合同签字权，若没有正式的委托书，该投标文件仍应作废标处理。

【本章小结】

本章对建设工程发包与承包；建成过程招标投标；开标、评标和中标进行比较详细的阐述。本章的主要内容有建设工程发包与承包的含义；建设工程发包；建设工程承包；建设工程招标投标的特征、原则及监督管理；建设工程招标；建设工程投标；开标、评标和中标。通过本章学习，读者可以了解建设工程发包与承包的含义；掌握发包与承包的特征及原则；熟悉建设工程招标投标的过程。

【思考题】

1．什么是建设工程发包与承包？
2．建设工程发包与承包的方式有哪些？
3．什么是建设工程招标投标？
4．建设工程招标投标的特征及原则有哪些？
5．建设工程招标的方式有哪些？
6．初步评审的主要内容有哪些？
7．中标的标准是什么？

第六章　建设工程合同法规

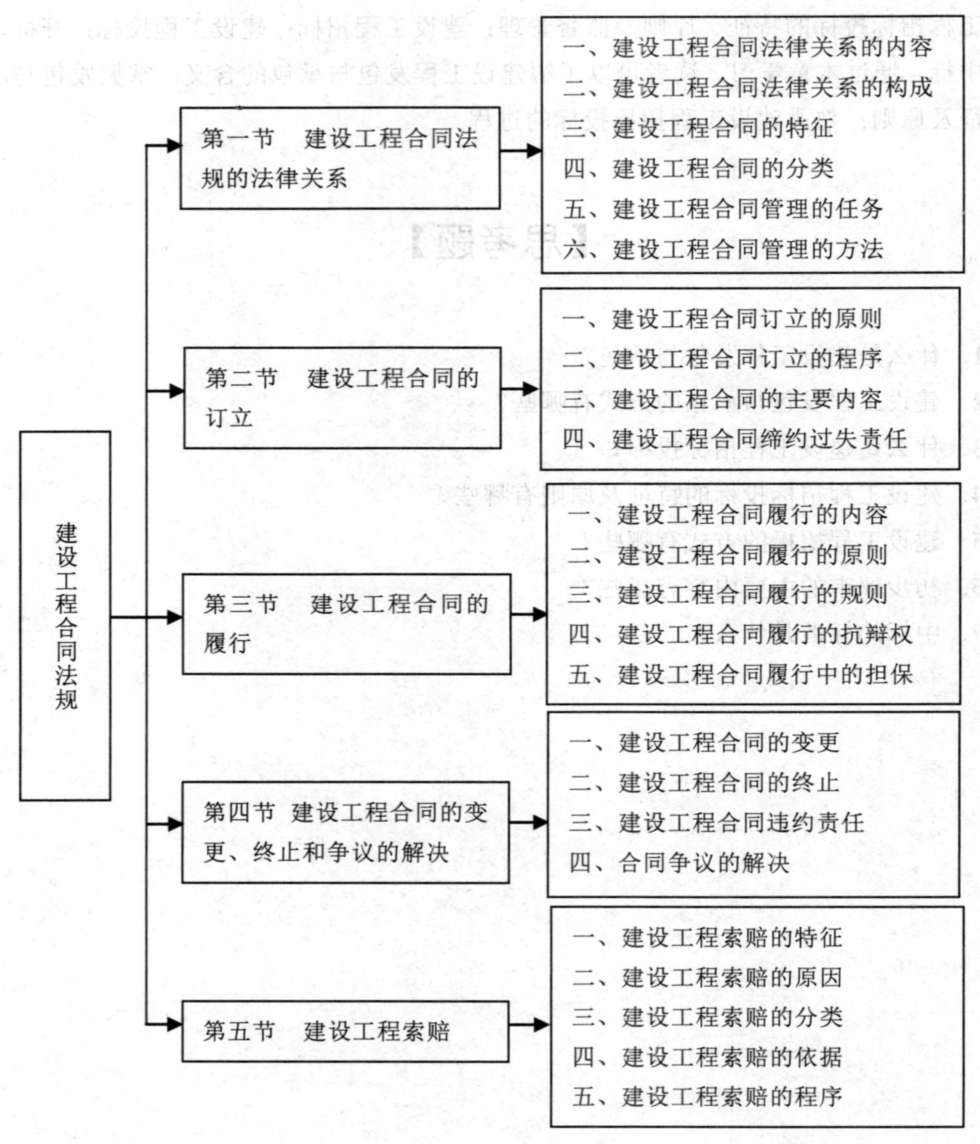

本章结构图

【学习目标】

- ➢ 了解合同、建设工程合同的概念；
- ➢ 掌握建设工程合同的法律关系的构成，建设工程合同的特征及分类；
- ➢ 掌握建设工程合同订立的原则及程序；
- ➢ 熟悉建设工程合同的变更、终止和争议的解决；
- ➢ 熟悉建设工程索赔的原因、类型、依据及程序。

【本章引例】

A 幕墙施工企业中标承包了华南地区某高层建筑的幕墙工程，在 20××年签订了施工合同。在幕墙工程施工前，建设单位已委托主体结构施工单位按照幕墙施工图完成了预埋件的埋设工作。在幕墙工程施工过程中，该施工单位陆续向建设单位提出下列索赔要求：

【要求 1】幕墙施工队进场后，对主体结构进行了实地测量，发现主体结构局部施工偏差较大，超过了规范规定的允许偏差，导致预埋件埋设位置偏离。经统计，需要采取焊接等补救措施的预埋件有 332 块，漏埋、错埋需要加做后置埋件的有 60 块。还有部分混凝土构件施工偏差妨碍幕墙施工安装，需要会同业主和土建承建商采取相应措施。由于上述情况，施工单位向业主提出索赔。

【要求 2】业主要求对施工单位进场的花岗石板材的抗冻性进行复验；同时考虑到本工程采用的 6063-T6 铝合金型材，以前使用较少，要求对其强度进行复验。施工单位同意进行复验，但要求建设单位支付费用。经过复验，花岗石抗冻性合格，铝合金型材强度未达到标准要求。

【要求 3】对现场后置埋件的锚栓，已由具有相应资质的检测机构，按照规定的比例进行现场拉拔力随机抽检合格，监理工程师参加检测。幕墙面板安装后，监理工程师对某一转角节点的锚栓有疑问，要求打开重新检验，检验结果合格。施工单位提出索赔，要求业主支付幕墙面板拆除、安装工料和锚栓检测等费用。

【要求 4】合同规定由业主供应的中空玻璃，因玻璃生产厂的原因延误 20 天到场。由于中空玻璃板块制作、安装是幕墙工程网络计划中关键线路上的工作，为此施工单位要求顺延工期 20 天并索赔窝工损失。

【问题 1】施工单位提出的第一项索赔要求是否合理？为什么？它的索赔主要应包括哪些内容？

【问题 2】花岗石和铝合金型材两项材料复验费用应当由谁承担？

【问题 3】施工单位是否可以拒绝监理工程师重新检验的要求？为什么？

【问题 4】施工单位提出的第四项索赔要求是否合理？为什么？

第一节　建设工程合同法规的法律关系

合同又称为契约、协议，是平等的当事人之间设立、变更、终止民事权利义务关系的协议。合同作为一种民事法律行为，是当事人协商一致的产物，是意思表示相一致的协议。只有当事人所做出的意思表示合法，合同才具有法律约束力。依法成立的合同从成立之日起生效，具有法律约束力。

一、建设工程合同法律关系的内容

建设工程合同法律关系的内容，即是合同主要条款所规范的主体的权利和义务。

1．权利

权利，是指权利主体依据法律规定和约定，有权按照自己的意志做出某种行为，同时要求义务主体做出某种行为或者不得做出某种行为，以实现合法权益。当权利受到侵犯时，法律将予以保护。一方面，权利受到国家保护，如果一个人的权利因他人干涉而无法实现或受到他人侵害时，可以请求国家协助实现其权利或保护其权利；另一方面，权利是有行为界限的，超出法律规定，非分的或过分的要求就是不合法的或不被视为合法的权利。权利主体不能以实现自己的权利为目的而侵犯他人的合法权利或侵犯国家和集体的利益。

2．义务

义务，是指义务主体依据法律规定和权利主体的合法要求，必须做出某种行为或不得做出某种行为，以保证权利主体实现其权益，否则要承担法律责任。一方面，义务人履行义务是权利人享有权利的保障，所以，法律规范都针对保障权利人的权利规定了具体的法律义务。尤其是强制性规范，更是侧重了对义务的规定，而不是对权利的规定。另一方面，法律义务对义务人来说是必须履行的，如果不履行，国家就要依法强制执行，因不履行造成后果的，还要追究其法律责任。

二、建设工程合同法律关系的构成

法律关系是在法律规范调整社会关系的过程中所形成的人们之间权利与义务的关系。如企业与职工依法订立劳动合同后，就构成了双方的劳动法律关系。

建设工程合同法律关系包括合同法律关系主体、合同法律关系客体和合同法律关系内容三个要素。这三要素缺少任何一个都不能构成合同法律关系。合同法律关系客体是指合同法律关系主体享有的权利和承担的义务所共同指向的对象，主要包括物、行为、智力成果。合同法律关系内容是指合同约定和法律规定的权利和义务。

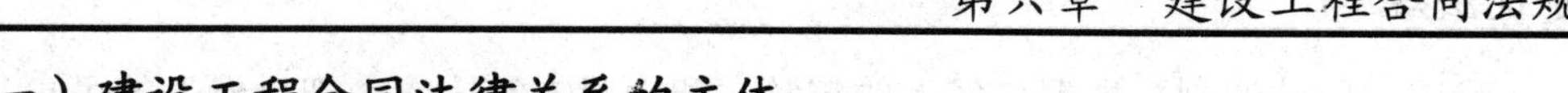

（一）建设工程合同法律关系的主体

建设工程合同法律关系的主体是参加建设工程合同法律关系，享有相应权利、承担相应义务的当事人，可以是自然人、法人、其他组织。

1．自然人

自然人是指生物学意义上的基于出生而取得民事主体资格的人。自然人作为合同法律关系的主体必须具备相应的民事权利能力和民事行为能力。

自然人的民事权利能力是指自然人依法享有民事权利和承担民事义务的资格。自然人从出生时起到死亡时止，具有民事权利能力，依法享有民事权利和承担民事义务。自然人的民事权利能力具有下列特点：

（1）自然人的民事权利能力是自然人参与民事法律关系，并在其中享有民事权利和承担民事义务的可能性和基本条件。有了这种资格，自然人就可以取得权利或者承担义务，但权利能力本身还只是抽象的可能性，不是现实的权利义务。

（2）权利能力既是享有权利的能力，又是承担义务的能力，所以也可以称为民事义务能力，只不过习惯上不这样称呼罢了。

（3）民事权利能力是民法赋予的。在现代社会，凡自然人都具有权利能力，这种权利能力是经过法律确认的。

（4）民事权利能力与自然人本身具有不可分性，即自然人生下来就享有民事权利，随死亡而终止，无法转让，他人也无权限制和剥夺。

自然人的民事行为能力是指法律确认的自然人通过自己的行为从事民事活动、参加民事法律关系、取得民事权利和承担民事义务的能力。民事行为能力既包括民事主体实施合法的民事行为，并取得民事权利和承担民事义务的能力，也包括民事主体因实施违法行为而承担相应民事责任的能力。自然人的民事行为能力具有如下法律特征：

（1）民事行为能力由国家法律加以确认。这是国家法律维护自然人的合法权益和保障社会正常秩序的需要。自然人是否具有独立从事民事活动的能力，不取决于自然人的主观意愿。

（2）民事行为能力与自然人的年龄和智力状态直接相联系。只有达到一定年龄，智力状态正常的自然人才能正确地理解其行为的社会意义，独立完成某一民事行为，取得民事权利，承担民事义务。因此，法律对不同年龄和智力状态的自然人规定不同的民事行为能力。

（3）民事行为能力非依法定条件和程序不受限制或取消。由于民事行为能力是国家法律赋予自然人从事民事活动的资格，因此，除非法律规定的应当限制或取消自然人民事行为能力的情形出现，否则，任何个人和组织均不得限制或取消自然人的民事行为能力。

我国《民法通则》根据自然人的年龄、智力状态等因素，把自然人的民事行为能力分为完全民事行为能力、限制民事行为能力和无民事行为能力三类：

（1）完全民事行为能力。完全民事行为能力是指法律赋予达到一定年龄和智力状态正常的自然人通过自己的独立行为进行民事活动的能力。《民法通则》第十一条规定："十八周岁以上的自然人是成年人，具有完全民事行为能力，可以独立进行民事活动，是完全民事行为能力人。十六周岁以上不满十八周岁的自然人，以自己的劳动收入为主要生活来源的，视为完全民事行为能力人。"

（2）限制民事行为能力。限制民事行为能力又称为不完全民事行为能力或部分民事行为能力，是指法律赋予那些已经达到一定年龄但尚未成年和虽已成年但精神不健全，不能完全辨认自己行为后果的自然人所享有的可以从事与自己的年龄、智力和精神健康状况相适应的民事活动的能力。对享有限制民事行为能力的自然人，可称为限制民事行为能力人。

（3）无民事行为能力，是指完全不具有以自己的行为从事民事活动以取得民事权利和承担民事义务的资格。对无民事行为能力的公民，可称为无民事行为能力人。

2．法人

法人是在法律上人格化了的、依法具有民事权利能力和民事行为能力并独立享有民事权利、承担民事义务的社会组织。法人作为民事法律关系的主体，是与自然人相对称的，两者有以下不同的特点：

（1）法人是社会组织在法律上的人格化，是法律意义上的"人"，而不是实实在在的生命体，其依法产生、消亡。自然人是基于自然规律出生、生存的人，具有一国国籍的自然人称为该国的公民。自然人的生老病死依自然规律进行，具有自然属性，而法人不具有这一属性。

（2）虽然法人、自然人都是民事主体，但法人是集合的民事主体，即法人是一些自然人的集合体。例如大多数国家（包括我国）的《公司法》都规定，公司法人必须由两人以上的股东组成。对比之下，自然人则是以个人本身作为民事主体的。

（3）法人的民事权利能力、民事行为能力与自然人也有所不同。根据《民法通则》第三十七条规定，法人必须同时具备以下四个条件，缺一不可。

①依法成立。即法人必须是经国家认可的社会组织。在我国，成立法人主要有两种方式：一是根据法律法规或行政审批而成立。如机关法人一般都是由法律法规或行政审批而成立的。二是经过核准登记而成立。如工商企业、公司等经工商行政管理部门核准登记后，成为企业法人。

②有必要的财产和经费。法人必须拥有独立的财产，作为其独立参加民事活动的物质基础。独立的财产，是指法人对特定范围内的财产享有所有权或经营管理权，能够按照自己的意志独立支配，同时排斥外界对法人财产的行政干预。

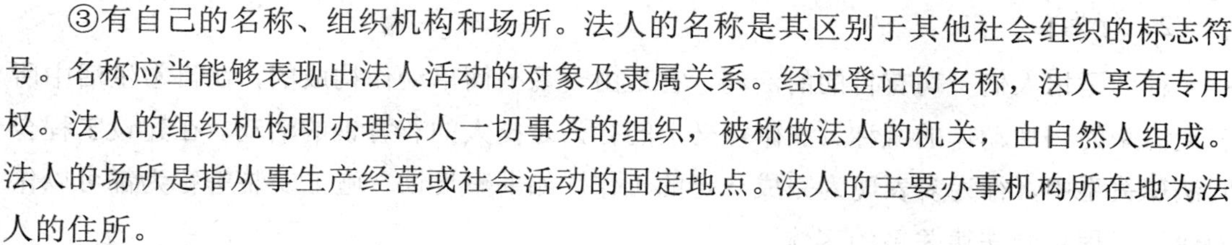

③有自己的名称、组织机构和场所。法人的名称是其区别于其他社会组织的标志符号。名称应当能够表现出法人活动的对象及隶属关系。经过登记的名称，法人享有专用权。法人的组织机构即办理法人一切事务的组织，被称做法人的机关，由自然人组成。法人的场所是指从事生产经营或社会活动的固定地点。法人的主要办事机构所在地为法人的住所。

④能够独立承担民事责任。能够独立承担民事责任是指法人对自己的民事行为所产生的法律后果承担全部法律责任。除法律有特别规定外，法人的组成人员及其他组织不对法人的债务承担责任，同样，法人也不对除自身债务外的其他债务承担民事责任。

3．其他组织

法人以外的其他组织也可以成为合同法律关系主体，主要包括：法人的分支机构，不具备法人资格的联营体、合伙企业、个人独资企业等。

（二）建设工程合同法律关系的客体

建设工程合同法律关系的客体是指参加建设工程合同法律关系主体享有的权利和承担的义务所共同指向的对象，主要包括物、行为和智力成果。

1．物

物是指民事主体实际能够支配或控制的具有一定经济价值的物质资料，可分为动产与不动产、流通物与限制物、消耗物与非消耗物等。

（1）动产与不动产。根据物是否具有可移动性，物可分为动产与不动产。动产是指能够移动并且移动后不会改变或不会损害其价值的物。不动产则是指不能移动或者移动后会改变其性质或者降低其价值的物。依我国法律的规定，土地及房屋、林木等地上定着物为不动产，不动产以外的物为动产。

（2）流通物与限制物。根据其流通性，物可分为流通物和限制物。流通物是指法律允许在民事主体之间自由转让的物体。限制物是指限定在特定主体之间或特定范围内流通的物。限制物是由法律规定的。依现行法规定，文物、外币、麻醉药品、运动枪支、弹药等属于限制物。限制物以外的物为流通物。流通物可以自由流通；限制物只能在限定的范围内流通，否则其交易无效。

（3）消耗物与非消耗物。根据经使用后形态的变化性，物可分为消耗物与非消耗物。消耗物又称消费物，是指经一次性使用就归于消灭或改变形态和性质的物，如米、糖、茶。非消耗物又称非消费物，是指可长期多次使用而并不会改变形态和性质的物，如房屋、电视机。消耗物不能成为转移标的物使用权的债的标的物；非消耗物则可成为转移使用权的债的标的物。

2．行为

行为是指人们一切有目的的活动，它是由一系列简单动作构成的，在日常生活中所表现出来的一切动作的统称。法律意义上的行为是指人的有意识的活动。在建设工程合同法律关系中，行为多表现为完成一定的工作，如勘察设计、施工安装等行为都可以作为建设工程合同法律关系的客体。

3．智力成果

智力成果是指人们通过智力劳动创造的精神财富或精神产品，依靠智力成果产生的权利叫知识产权，是由智力劳动者对其成果依法享有的一种权利。智力成果权又称知识产权，是指对科学、技术、文化、艺术等领域从事智力活动创造的精神财富所享有的权利。智力成果通常具有以下几点特征：

（1）创造性。创造性是指以前未曾出现过的智力劳动成果，具有创新和突破的特点。人类的智力成果虽具有继承性，但智力成果要成为权利标的应具有创造性。各项具体的智力成果要求的创造性不同。一般而言，专利发明要求的创造性最高。一项发明要得到专利保护，必须具备新颖性、先进性等条件；它必须是该技术领域中先进的、前所未有的科学技术成就，它所体现的技术思想、技术解决方案，必须使某一领域的技术发生质的飞跃。著作成果要求的创造性次之，它要求文学艺术作品具有独创性，必须是作者创造性劳动成果。商标标记要求的创造性再次之，仅达到易于区别的程度即可。

（2）非物质性。智力成果是一种非物质化的知识形态的劳动产品。人们对其的占有不是具体实在的控制，而是表现为认识和利用。但智力成果总要以一定的形式表现出来，如文学作品表现为小说、诗歌、散文等；商标表现为一定的文字、图形或者其组合。

（3）公开性。权利主体在对其智力成果取得专有权或者专用权前应将该成果向社会公开（商业秘密除外）。就专利产品而言，公开是指将申请专利的发明创造的全部构思和技术方案以公告的形式进行公布。商标专用是为了使自己的商标与他人商标区别开来，就必须公开使用自己的商标。至于作品，作者创作目的之一，就是为了使之传播。

三、建设工程合同的特征

建设工程合同也称建设工程承发包合同，是指由承包人进行工程建设、发包人支付价款的合同。

建设工程合同实际上是一类特殊的加工承揽合同，只是因为建设工程一般具有投资大、回收期长、风险大等特点，在合同的履行和管理中有较大的特殊性，涉及的法律问题比一般的承揽合同要复杂繁多，所以《合同法》将建设工程合同从加工承揽合同中分离出来，单独进行规定。

建设工程合同除具有一般合同共有的特征之外，还具有以下特征：

（1）建设工程合同的主体只能是法人。“法人”是相对于“自然人”而言的，它是指具有独立民事权利能力和民事行为能力、能依法独立承担民事义务的组织。发包人应是经过批准能够进行建设工程的法人，必须有国家批准的项目建设文件，并具有相应的组织协调能力。承包人必须具备法人资格，同时具有从事相应工程勘察、设计、施工的资质条件。建设工程合同的标的是建设工程，它具有投资大、建设周期长、质量要求高、技术力量要求全面等特点，作为公民个人(自然人)是不能够独立完成的。同时，作为法人，也并不是每个法人都可以成为建设工程合同的主体，而是需经过批准并加以限制。因此，建设工程合同的主体不仅是法人，而且必须是具有某种资格的法人。

（2）建设工程合同主体之间经济法规关系错综复杂。在一个建设工程中，涉及发包人、勘察设计单位、施工单位、监理单位、材料设备供应商等多个单位，各单位之间的经济法规关系非常复杂，一旦出现工程法律责任，往往出现连带责任。所以建设工程合同应当采用书面形式，并且为法定要式合同，这是由建设合同履行的特点所决定的。

（3）建设工程合同的标的仅限于建设工程。建设工程合同的标的只能是建设工程，而不能是其他物。这里所说的建设工程主要是指土木工程、建筑工程、线路管道和设备安装工程及装修工程等。

（4）合同的多变性与风险性。工程项目投资大，周期长，因而在建设中相应地受地区、环境、气候、地质、政治、经济及市场等各种因素变化的影响比较大，在项目实施过程中经常出现设计变更及进度计划的修改，以及对合同某些条款的变更。因此，在项目管理中，要有专人及时做好设计或施工变更洽谈记录，明确因变更而产生的经济责任，并妥善保存好相关资料，作为索赔、变更或终止合同的依据。由于上述原因，建设工程合同的风险相对一般合同来说要大得多，在合同的订立、变更以及履行的过程中，要慎重分析研究各种风险因素，做好风险管理。

（5）合同履行周期长且具有连续性。由于建设工程结构复杂，体积大，材料类型多，工作量大，使得合同履行周期长，而且，建设工程合同的订立和履行一般都需要较长的准备期，在合同履行过程中，可能因不可抗力、工程变更等原因导致合同期限顺延。在建设工程合同管理中，确保建设工程项目从可行性研究、工程项目报建、工程项目招标投标、工程承发包、工程施工到竣工验收的连续性，保证建设工程项目的全部活动依据法律和合同办事。

四、建设工程合同的分类

按照《中华人民共和国合同法》（以下简称“合同法”）的规定，建设工程合同包括三种：即建设工程勘察合同、建设工程设计合同和建设工程施工合同。

（1）建设工程勘察合同。建设工程勘察合同是承包方进行工程勘察、发包人支付价款的合同。建设工程勘察单位称为承包方，建设单位或者有关单位称为发包方（也称为委托方）。建设工程勘察合同是为建设工程需要而作的勘察成果。工程勘察是工程建设的第一个环节，也是保证建设工程质量的基础环节。为了确保工程勘察的质量，勘察合同的承包方必须是经国家或省级主管机关批准，持有《勘察许可证》，具有法人资格的勘察单位。

建设工程勘察合同必须符合国家规定的基本建设程序，勘察合同由建设单位或有关单位提出委托，经与勘察部门协商，双方取得一致意见，即可签订，任何违反国家规定的建设程序的勘察合同均是无效的。

（2）建设工程设计合同。建设工程设计合同是承包方进行工程设计、委托方支付价款的合同。建设单位或有关单位为委托方，建设工程设计单位为承包方。

建设工程设计合同为建设工程需要而作的设计成果。工程设计是工程建设的第二个环节，是保证建设工程质量的重要环节。工程设计合同的承包方必须是经国家或省级主要机关批准，持有《设计许可证》，具有法人资格的设计单位。只有具备了上级批准的设计任务书，建设工程设计合同才能订立；小型单项工程必须具有上级机关批准的文件方能订立。如果单独委托施工图设计任务，应当同时具有经有关部门批准的初步设计文件方能订立。

（3）建设工程施工合同。建设工程施工合同是工程建设单位与施工单位，也就是发包方与承包方以完成商定的建设工程为目的，明确双方相互权利义务的协议。建设工程施工合同的发包方可以是法人，也可以是依法成立的其他组织或公民，而承包方必须是法人。

五、建设工程合同管理的任务

建设工程合同管理的任务主要包括以下几个。

（一）发展和完善建筑市场

作为社会主义市场经济的重要组成部分，建筑市场需要不断发展和完善。市场经济与计划经济的主要区别在于：市场经济主要是依靠合同来规范当事人的交易行为，而计划经济主要是依靠行政手段来规范财产流转关系，因此，发展和完善建筑市场，必须有严格的建设工程合同管理制度。

在市场经济条件下，由于主要依靠合同来规范当事人的交易行为，合同的内容将成为开展建筑活动的主要依据。依法加强建设工程合同管理，可以保障建筑市场的资金、材料、技术、信息、劳动力等的管理，发展和完善建筑市场。

（二）推动建筑领域的改革

我国在建设领域推行项目法人责任制、招标投标制、工程监理制和合同管理制。在这些改革制度中，核心内容是合同管理制度。因为项目法人责任制是要建立能够独立承担民事责任的主体制度，而市场经济中民事责任主要是基于合同义务的合同责任。招标投标制实际上要确立一种公平、公正、公开的合同订立制度。工程监理法规关系也是依靠合同来规范发包人、承包人、监理单位相互之间的关系，因此，建设领域的各项改革实际上是互相推进的，建设工程合同管理的建设完善无疑有助于推进建筑领域的其他各项改革。

（三）避免和克服建筑领域的经济违法和犯罪

建筑领域是我国经济犯罪的高发领域。出现这样的情况主要是由于建设工程中的公开、公正、公平做得不够好。而加强建设工程合同管理能够有效地做到公开、公正、公平。特别是健全重要的建设工程合同的订立方式——招标投标，能够将建筑市场的交易行为置于公开的环境之中，约束权力滥用的行为，有效地避免和克服建筑领域的受贿行贿行为。加强建设工程合同履行的管理也有助于政府行政管理部门对合同的监管，避免和克服建筑领域的经济违法和犯罪。

（四）提高建设工程的管理水平

建设工程管理水平的提高体现在工程质量、进度和投资的三大控制目标上，这三大控制目标的水平主要体现在合同中。在合同中规定三大控制目标后，要求合同当事人在工程管理中细化这些内容，在建设工程过程中严格执行这些规定。同时，如果能够严格按照合同的要求进行管理，工程的质量能够有效地得到保障，进度和投资的控制目标也能够实现。因此，建设工程合同管理能够有效地提高建设工程的管理水平。

六、建设工程合同管理的方法

建设工程合同管理的方法主要包括以下内容。

（一）严格执行建设工程管理法律法规

随着《民法通则》、《合同法》、《招标投标法》、《建筑法》和《安全法》的颁布，建设工程合同管理法律已基本健全。市场经济条件下，要求我们在管理建设工程合同时要严格依法进行。这样，管理行为才能有效，才能提高建设工程合同管理的水平，才能解决建设领域的诸多问题。

（二）普及相关法律知识，培训合同管理人才

在市场经济条件下，建设工程领域的从业人员应当增强合同观念和合同意识，这就要求我们普及相关法律知识，培训合同管理人才。不论是施工合同中的工程师，还是建

设工程合同的当事人，以及涉及有关合同的各类人员，都应当熟悉合同的相关法律知识，增强合同观念和合同意识，努力做好建设工程合同管理工作。

（三）设立合同管理机构，配备合同管理人员

加强建设工程合同管理，应当设立合同管理机构，配备合同管理人员。建设工程合同管理工作，应当作为建设行政管理部门的管理内容之一。建设工程合同当事人内部也要建立合同管理机构，还应当配备合同管理人员，建立合同台账、统计、检查和报告制度，提高建设工程合同管理的水平。

（四）建立合同管理目标制度

合同管理目标，是指合同管理活动应当达到的预期结果和最终目的。建设工程合同管理需要设立管理目标，并且可以分解为管理的各个阶段的目标。合同的管理目标应当落到实处。为此，还应当建立建设工程合同管理的评估制度。这样，才能有效地督促合同管理人员提高合同管理的水平。

（五）推行合同示范文本制度

推行合同示范文本制度，一方面有助产当事人了解、掌握有关法律、法规，使具体实施项目的建设工程合同符合法律法规的要求，避免缺款少项，防止出现显失公平的条款，也有助于当事人熟悉合同的运行；另一方面，有利于行政管理机关对合同的监督，有助于仲裁机构或者人民法院及时裁判纠纷，维护当事人的利益。使用标准化的范本订立合同，对完善建设工程合同管理制度起到了极大的推动作用。

第二节　建设工程合同的订立

合同的订立，在《合同法》中具有重要的意义。合同的订立解决的是合同是否存在的问题，如果合同不存在，之后的合同履行也就不存在了。

一、建设工程合同订立的原则

建设工程合同的签订直接关系到合同的履行和实现，关系到合同当事人各方的利益和信誉，因此在签订建设工程合同时，双方必须采取严格认真的态度，必须遵循《合同法》所规定的基本原则：平等原则、自愿原则、公平原则、诚实信用原则和不损害社会公共利益的原则。

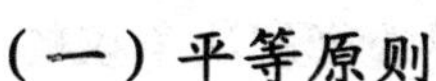

（一）平等原则

《合同法》第三条规定："合同当事人的法律地位平等，一方不得将自己的意志强加给另一方。"

平等原则是指地位平等的合同当事人，在权利义务对等的基础上，经充分协商达成一致，以实现互利互惠的经济利益目的的原则。这一原则包括以下三方面的内容：

（1）合同当事人的法律地位一律平等。在法律上，合同当事人是平等主体，没有高低、从属之分，不存在命令者与被命令者、管理者与被管理者。这意味着不论所有制性质，也不问单位大小和经济实力的强弱，其地位都是平等的。

（2）合同中的权利义务对等。所谓"对等"，是指享有权利，同时就应承担义务，而且，彼此的权利、义务是相应的。这要求当事人所取得的财产、劳务或工作成果与其履行的义务大体相当；要求一方不得无偿占有另一方的财产，侵犯他人权益。

（3）合同当事人必须就合同条款充分协商，取得一致，合同才能成立。合同是双方当事人意思表达一致的结果，是在互利互惠的基础上充分表达各自意见，并就合同条款取得一致后达成的协议。因此，任何一方都不得凌驾于另一方之上，不得把自己的意志强加给另一方，更不得以强迫命令、胁迫等手段签订合同。同时还意味着凡协商一致的过程、结果，任何单位和个人不得非法干涉。

（二）自愿原则

《合同法》第四条规定："当事人依法享有自愿订立合同的权利，任何单位和个人不得非法干预。"

自愿原则是合同法的重要基本原则，合同当事人通过协商，自愿决定和调整相互权利义务关系。自愿原则体现了民事活动的基本特征，是民事关系区别于行政法律关系、刑事法律关系的特有原则。民事活动除法律强制性的规定外，由当事人自愿约定。

自愿原则意味着合同当事人即市场主体自主自愿地进行交易活动，让合同当事人根据自己的知识、认识和判断，以及直接所处的相关环境去自主选择自己所需要的合同，去追求自己最大的利益。自愿原则保障了合同当事人在交易活动中的主动性、积极性和创造性，而市场主体越活跃，活动越频繁，市场经济才越能真正得到发展，从而提高效率，增进社会财富积累。自愿原则是贯彻合同活动全过程的，主要包括以下几个方面：

（1）是否订立合同自愿，当事人依自己意愿自主决定是否签订合同。

（2）与谁订合同自愿，在签订合同时，有权选择对方当事人。

（3）合同内容由当事人在不违法的情况下自愿约定。

（4）在合同履行过程中，当事人可以协议补充、协议变更有关内容。

（5）双方也可以协议解除合同。

（6）可以约定违约责任，在发生争议时，当事人可以自愿选择解决争议的方式。总之，只要不违背法律、行政法规强制性的规定，合同当事人有权自愿决定。

（三）公平原则

《合同法》第五条规定："当事人应当遵循公平原则确定各方的权利和义务。"

公平原则要求合同双方当事人之间的权利义务要公平合理，要大体上平衡，强调一方给付与对方给付之间的等值性，合同上的负担和风险的合理分配。其主要内容包括以下几方面：

（1）在订立合同时，要根据公平原则确定双方的权利和义务，不得滥用权利，不得欺诈，不得假借订立合同恶意进行磋商。

（2）根据公平原则确定风险的合理分配。

（3）根据公平原则确定违约责任。

公平原则作为合同法的基本原则，其意义和作用是：公平原则是社会公德的体现，符合商业道德的要求。公平原则是合同当事人的行为准则，可以防止当事人滥用权力，有利于保护当事人的合法权益，维护和平衡当事人之间的利益。

（四）诚实信用原则

《合同法》第六条规定："当事人行使权利、履行义务应当遵循诚实信用原则。"

诚实信用原则要求当事人在订立、履行合同，以及合同终止后的全过程中，都要诚实，讲信用，相互合作。诚实信用原则的主要内容有以下几方面：

（1）在订立合同时，不得有欺诈或其他违背诚实信用的行为。

（2）在履行合同义务时，当事人应当遵循诚实信用原则，根据合同的性质、目的和交易习惯，履行及时通知、协助、提供必要的条件、防止损失扩大、保密等义务。

（3）合同终止后，当事人也应当遵循诚实信用原则，根据交易习惯履行及时通知、协助、保密等义务，称为后契约义务。

诚实信用原则作为合同法的基本原则，其主要作用有以下几方面：

（1）将诚实信用原则作为指导合同当事人订立合同、履行合同的行为准则，有利于保护合同当事人的合法权益，更好地履行合同的义务。

（2）合同没有约定或约定不明确且法律有没规定的，可以根据诚实信用原则来进行解释。

（五）不损害公共利益原则

《合同法》第七条规定："当事人订立、履行合同，应当遵守法律、行政法规，尊重社会公德，不得扰乱社会经济秩序，损害社会公共利益。"

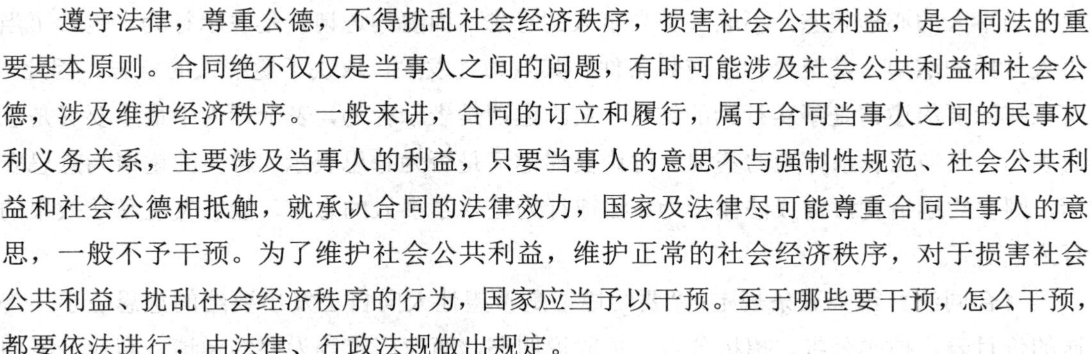

遵守法律，尊重公德，不得扰乱社会经济秩序，损害社会公共利益，是合同法的重要基本原则。合同绝不仅仅是当事人之间的问题，有时可能涉及社会公共利益和社会公德，涉及维护经济秩序。一般来讲，合同的订立和履行，属于合同当事人之间的民事权利义务关系，主要涉及当事人的利益，只要当事人的意思不与强制性规范、社会公共利益和社会公德相抵触，就承认合同的法律效力，国家及法律尽可能尊重合同当事人的意思，一般不予干预。为了维护社会公共利益，维护正常的社会经济秩序，对于损害社会公共利益、扰乱社会经济秩序的行为，国家应当予以干预。至于哪些要干预，怎么干预，都要依法进行，由法律、行政法规做出规定。

二、建设工程合同订立的程序

在我国订立一般的经济合同要经过要约与承诺两个步骤，而订立建设工程合同则不同，订立建设工程合同需要经过要约邀请、要约和承诺三个步骤。

（一）要约邀请

要约邀请又称为“要约引诱”，根据《合同法》的规定，它是指希望他人向自己发出要约的意思表示。

要约邀请是当事人订立合同的预备行为，只是引诱他人发出要约，不能因相对人的承诺而成立合同。在发出要约邀请以后，要约邀请人撤回其邀请，只要没给善意相对人造成信赖利益的损失，要约邀请人一般不承担责任。

如寄送的价目表、拍卖公告、招标公告、招股说明书、商业广告等为要约邀请。如商品广告的内容符合要约规定的，则视为要约。因为要约邀请只是做出希望别人向自己发出要约的意思表示。因此，要约邀请可以向不特定的任何人发出，也不需要在要约邀请中详细表示，无论对于发出邀请人还是接受邀请人，都没有约束力。

要约邀请表达的意思主要有以下几方面：

（1）要约邀请是一种预备行为、当事人处于订约的准备阶段，这并不是要约邀请是事实行为的理由。判断一个行为是事实行为还是意思表示不是看它在事实上处于什么阶段而是要看它的法律效果。

（2）对要约邀请而言，行为人并非一概无须承担责任，行为人在要约邀请中有欺诈等违法行为时，仍然要承担合同法上的责任。

（3）要约邀请的法律意义正在于要约邀请的内容，比如拍卖公告是要约邀请，拍卖公告中的拍卖标的物，拍卖时间、地点的规定能够随便改变吗？上述内容的效力，实际上是意思表示内容的效力，其实，学者们主张要约邀请是事实行为，并没有什么站住脚的理由，只不过是惯性思维而已。

事实行为与表示行为是相对应的概念。事实行为是非表示行为，效力之发生，不取决于当事人的心理状态，不取决于当事人的意志；而要约邀请，是表示行为，包含了当事人订约的愿望，甚至包含了交易条件，其效力之发生，取决于邀请人的意志。因此，可以排除要约邀请是事实行为的结论。要约邀请是表示行为，表示行为中最重要者是意思表示。应当在表示行为的基础上讨论要约邀请是否为意思表示。若要约邀请为意思表示，则要约邀请就可构成法律行为。法律行为是依当事人的意思，能够发生私法效果的行为。

《合同法》第十五条规定："要约邀请是希望他人向自己发出要约的意思表示。寄送的价目表、拍卖公告、招标公告、招股说明书、商业广告等为要约邀请。商业广告的内容符合要约规定的，视为要约。"从该条的规定来看，要约邀请的意义被限制在使他人能够向自己发出要约，仅仅是一种缔约意向信息的传递，要约邀请只不过使"自己"（受要约人）特定化、明确化了。我国《合同法》关于要约邀请的规定，秉承传统理论，认为要约邀请仅仅是缔约的准备，仅仅是向相对人发出的要求提供要约的呼唤，而忽视了要约邀请的另一个法律意义——提出交易条件甚至使交易条件具有拘束力。

（二）要约

要约，是当事人一方向对方发出的希望与对方订立合同的意思表示。发出要约的一方称要约人，接受要约的一方称受要约人。要约的成立必须满足以下条件：

（1）要约人应是具有缔约能力的特定人。

（2）要约的内容须具体、确定。

（3）要约具有缔结合同的目的，并表示要约人受其约束。

（4）要约必须发给要约人希望与其订立合同的受要约人。

（5）要约应以明示方式发出。

（6）要约必须送达于受要约人。

通常，要约具有以下几个特点：

（1）要约是由具有订约能力的特定人做出的意思表示。要约的提出旨在与他人订立合同，并且唤起相对人的承诺，所以要约人必须是订立合同一方的当事人。由于要约人欲以订立某种合同为目的而发出某项要约，因此他应当具有订立合同的行为能力。我国《合同法》第九条规定："当事人订立合同，应当具有相应的民事权利能力和民事行为能力。"无民事能力人或依法不能独立实施某种行为的限制行为能力人发出欲订立合同的要约，不应产生行为人预期的效果。

（2）必须具有订立合同的目的。要约人发出要约的目的在于订立合同，而这种订约的意图一定要由要约人通过其发出的要约充分表达出来，才能在受要约人承诺的情况下产生合同。根据我国《合同法》第十四条规定，要约是希望和他人订立合同的意思表示，要约中必须表明要约经受要约人承诺，要约人即受该意思表示的约束。

（3）必须向要约人希望与之缔约合同的受约人发出。要约人向谁发出要约也就是希望与谁订立合同，要约原则上是向特定的相对人来说的，但也有向不特定人发出，此时要约应具有以下两个条件：①必须明确表示其做出的建议是一项要约而不是要约邀请；②必须明确承担向多人发送要约的责任，尤其是要约人发出要约后，必须具有向不特定的相对人做出承诺以后履行合同的能力。

（4）内容必须具体确定。根据《合同法》第十四条规定，要约内容必须具体。所谓具体是指要约内容必须具有足以使合同成立的主要条款。合同的主要条款，应当根据合同的性质和内容来加以判断。合同的性质不同，它所要求的主要条款是不同的。所谓确定，是指要约内容必须明确，而不能含糊不清。要约应当使受要约人理解要约人的真实意思，否则无法承诺。

（5）要约必须送达到受要约人。要约人只有在送达受要约人以后才能为受要约人所知悉，才能对受要约人产生实际拘束力，我国《合同法》第十六条规定："要约到达受要约人时生效。"如果要约在发出以后，因传达要约的信件丢失或没有传达，不能认为要约已经送达。

（三）承诺

依据《合同法》第二十一条的规定，承诺是受要约人同意要约的意思表示。即受要约人同意接受要约的全部条件而与要约人成立合同。承诺应当以通知的方式做出，但根据交易习惯或者要约表明可以通过行为做出承诺的除外。承诺的法律效力在于，承诺一经做出，并送达要约人，合同即告成立，要约人不得加以拒绝。

1．承诺的构成要件

任何有效的承诺，都必须具备以下条件：

（1）承诺必须由受要约人做出。要约和承诺是一种相对人的行为。因此，承诺必须由被要约人做出。被要约人以外的任何第三者即使知道要约的内容并对此做出同意的意思表示，也不能认为是承诺。被要约人，通常指的是受要约人本人，但也包括其授权的代理人。无论是前者还是后者，其承诺都具有同等效力。

（2）承诺必须是在有效时间内做出。要约在其存续期间内才有效力，一旦受要约人承诺便可成立合同，因此承诺必须在此期间内做出。如果要约未规定存续期间，在对话人之间，承诺应立即做出；在非对话人之间，承诺应在合理的期间做出（《合同法》第二十三条）。凡在要约的存续期间届满后承诺的，是迟到的承诺，不发生承诺的效力。

（3）承诺必须与要约的内容完全一致。即承诺必须是无条件地接受要约的所有条件。因此，凡是第三者对要约人所作的"承诺"，凡是超过规定时间的承诺，凡是内容与要约不相一致的承诺，都不是有效的承诺，而是一项新的要约或反要约，必须经原要约人承诺后才能成立合同。关于承诺有效要件，大陆法系各国要求较严，非具备以上三要件者则不能有效。

承诺可以书面方式进行，也可以口头方式进行。通常，它须与要约方式相应，即要约以什么方式进行，其承诺也应以什么方式进行。对于口头要约的承诺，除要约有期限外，沉默不能作为承诺的方式，承诺的效力表现为要约人收到受要约人的承诺时，合同即为成立。口头承诺，要约人了解时即发生效力。非口头承诺生效的时间应以承诺的通知到达要约人时为准。一般认为，承诺和要约一样准许在送到对方之前或同时撤回。但迟到的撤回承诺的通知，不发生撤回承诺的效力。

2．承诺的生效

《合同法》规定，承诺应当在要约确定的期限内到达要约人。承诺不需要通知的，根据交易习惯或者要约的要求做出承诺的行为时生效。

采用数据电文形势订立合同的，收件人指定特定系统接收数据电文的，该数据电文进入该特定系统的时间，视为到达时间；未知道特定系统的，该数据电文进入收件人的任何系统的首次时间，视为到达时间。要约没有确定承诺期限的，承诺应当依照下列规定到达：

（1）要约以对话方式做出的，应当即时做出承诺，但当事人另有约定的除外。

（2）要约以非对话方式做出的，承诺应当在合理期限内到达。

3．承诺的迟延

承诺迟延又称为迟到的承诺，是指受要约人未在承诺期限内发出的承诺。承诺出现迟延有两种情况：一是超过要约规定的承诺期限做出，因而出现了迟延；二是在要约规定的承诺期限内做出，但由于邮政等其他原因，没有及时到达要约人。在第一种情况下，由于承诺本应在承诺期限内做出，超过有效的承诺期限，要约已经失效，对于失效的要约发出承诺，不能发生承诺的效力，应视为新要约。对于第二种情况，受要约人在要约的有效期限内发出承诺通知，依通常情形可于有效期限内到达要约人而迟到的。对这样的承诺，如果要约人不愿意接受，即负有对承诺人发迟到通知的义务。要约人及时发出迟到通知后，该迟到的承诺不生效力、合同不成立。如果要约人怠于发迟到通知，则该迟到的承诺视为未迟到的承诺，具有承诺的效力，合同成立。

4．承诺的撤回

承诺的撤回是阻止承诺发生法律效力的一种意思表示。由于承诺通知一经收到，合同即告成立。因此，撤回承诺的通知应当在承诺通知到达邀约人之前或者与承诺同时到达要约人。

（四）合同的订立

我国法律规定，“承诺生效时合同成立”，也就是说承诺生效的时间即为合同成立的

时间。所以凡是合同不以承诺生效时成立，而以双方当事人在合同书上签字或盖章时成立的，当事人应当事先在要约或承诺中做出明确规定。否则只要已有承诺，未签合同书不能再作为合同不成立的依据。

如果当事人约定采用合同书形式订立合同的，自双方当事人签字或盖章时成立。如果双方当事人未同时在合同书上签字或盖章，则以当事人中最后一方签字或盖章的时间为合同的成立时间。建设工程合同属于要式合同，法律法规要求其采用书面形式，所以应在双方签署书面协议时成立。

三、建设工程合同的主要内容

建设工程合同的主要内容也就是建设工程合同的主要条款。

（1）合同文件的组成部分。在这一条款中应明确建设工程合同除合同本身外，还包括洽商、变更、明确双方权利义务的备忘录、纪要和协议。中标通知书、招标投标文件、工程量清单或确定工程造价的工程预算书和图纸以及有关的技术资料和技术要求也都是合同的组成部分。同时还应明确各组成部分的解释顺序。

（2）建设工程项目的概况。这一条款应明确写出工程的名称、详细地址、工程内容、承包范围和方式、建筑面积、建设工期、质量等级等内容。在表述这些内容时应尽可能地确切，如订立合同时确切的开工时间无法确定，则应明确如何确定开工日期，如表示为“以甲方下达书面开工令载明的日期为正式开工日期”等。同时，明确提前竣工、延误工期的奖惩办法。

（3）职权范围及职责。这一条款包含两部分内容：

① 甲、乙双方驻工地代表的职权范围。这一条款直接关系到建设工程过程中签证的有效性问题。一般应在合同中明确甲、乙双方驻工地代表的姓名及其授权范围，还可以在合同中明确驻工地代表签证的限额，这样有利于发生问题后能够按双方约定的职权范围及时解决，不至于因权限不明、互相推诿影响工程工期。

② 甲、乙双方的职责。这一条款尽量制定得详细，明确划分双方的职责范围，使双方能够各司其职，将建设工程顺利完成。一旦发生任何一方不履行合同规定的义务的情况，也可以按合同规定的方式处理。

（4）建设工程合同与支付。这一条款中应写明约定工程造价的依据、确定工程造价的方式、约定工程造价的调整方式（是实行固定价格还是可调价格，如有可调价格，还应明确可调因素，如工程量增减、甲方认可的设计变更、材料的价格调整等）。同时应约定调整工程造价的方法、程序和时间。这一点无论对于哪一方都是非常重要的。

（5）竣工与决算。这一条款对承包方的利益有较大的关系，直接影响到承包方工程款的取得。在实践中，因为这一条款约定不明确产生纠纷的情况很多。因此在本条款中应约定最后决算的含义，即明确是以经甲方认可的乙方提交的结算报告书为准，还是以审价单位的结果为准，同时还应明确双方对决算价格发生争议后，解决的方式、时间，明确由审价单位进行审价的程序和方法以及审价的约束力。

除了上述条款外，建设工程合同还有其他重要条款，如违约责任条款、变更和解除合同财务条款、工程保险条款等。

四、建设工程合同缔约过失责任

缔约过失责任，是指在合同缔结过程中，当事人一方或双方因自己的过失而致合同不成立、无效或被撤销，应对信赖其合同为有效成立的相对人赔偿基于此项信赖而发生的损害。缔约过失责任既不同于违约责任，也有别于侵权责任，是一种独立的责任。

（一）缔约过失责任的构成要件

由于缔约过失责任采取的是过错责任原则，所以其构成要件应当包括客观要件和主观要件这两个方面。具体来说，缔约过失责任的构成要件有以下四个：

（1）缔约一方当事人有违反法定附随义务或先合同义务的行为。在缔约阶段，当事人为缔结契约而接触协商之际，已由原来的普通关系进入到一种特殊的关系（即信赖关系），双方均应依诚实信用原则互负一定的义务，一般称之为附随义务，即互相协助、互相照顾、互相告知、互相诚实等义务。若当事人违背了其所负有的附随义务，并破坏了缔约关系，就构成了缔约过失，才有可能承担责任。

（2）该违反法定附随义务或先合同义务的行为给对方造成了信赖利益的损失。如果没有损失，就不会存在赔偿问题，而所谓信赖利益损失，指相对人因信赖合同会有效成立却由于合同最终不成立或无效而受到的利益损失，这种信赖利益必须是基于合理的信赖而产生的利益，即在缔约阶段因为一方的行为已使另一方足以相信合同能成立或生效。若从客观的事实中不能对合同的成立或生效产生信赖，即使已经支付了大量费用，这是因为缔约人自身判断失误造成的，不能视为信赖利益的损失。

（3）违反法定附随义务或先合同义务一方缔约人在主观上必须存在过错。这里的过错既包括故意也包括过失。无论是故意还是过失，只要在缔约阶段违反了附随义务，并对合同最终不能成立或被确认无效或被撤销负有过错，就应当承担缔约过失责任。并且，责任的大小与过错的形式没有任何关系，这是因为缔约过失责任以造成他人信赖利益损失为承担责任的条件，其落脚点在于行为的最终结果，而非行为的本身。

（4）缔约人一方当事人违反法定附随义务或先合同义务的行为与对方所受到的损失之间必须存在因果关系。即相对方的信赖利益损失是由行为人的缔约过失行为造成的，而不是其他行为造成的。如果这二者之间不存在因果关系，则不能让其承担缔约过失责任，这是该责任制度的内在要求。

以上这四个要件缺一不可，否则就不能产生缔约过失责任。同时四要件间又是彼此

联系的有机整体，缔约过失责任的认定必须严格按照这四个构成要件来进行。

（二）缔约过失责任的行为类型

依照我国《合同法》第四十二、四十三条规定，缔约过失行为主要有以下四种类型：

（1）假借订立合同，恶意进行磋商。所谓“假借”就是根本没有与对方订立合同的意思，与对方进行谈判只是个借口，目的是损害订约对方当事人的利益。此处所说的“恶意”，是指假借磋商、谈判，而故意给对方造成损害的主观心理状态。恶意必须包括两个方面内容，一是行为人主观上并没有谈判意图，二是行为人主观上具有给对方造成损害的目的和动机。恶意是此种缔约过失行为构成的最核心的要件。

（2）故意隐瞒与订立合同有关的重要事实或者提供虚假情况。此种情况属于缔约过程中的欺诈行为。欺诈是指一方当事人故意实施某种欺骗他人的行为，并使他人陷入错误而订立的合同。而且无论何种欺诈行为都具有两个共同的特点：

① 欺诈方故意陈述虚假事实或隐瞒真实情况。

② 欺诈方客观上实施了欺诈行为。《民通意见》第六十八条规定：“一方当事人故意告知对方虚假情况，或者故意隐瞒事实情况，诱使对方当事人做出错误意思表示的，可以认定为欺诈行为。”

（3）泄露或不正当地使用商业秘密。所谓泄露是指将商业秘密透露给他人，包括在要求对方保密的条件下向特定人、少部分人透露商业秘密，以及以不正当的手段获取的，其披露当然是违背权利人的意思的。所谓不正当使用是指未经授权而使用该秘密或将该秘密转让给他人。如将商业秘密用于自己的生产经营，由自己直接利用商业秘密的使用价值的行为或状态，或非法允许他人使用。无论行为人是否因此而获取一定的利益，都有可能构成缔约过失责任。

（4）有其他违背诚实信用原则的行为。其他违背诚实信用原则的行也即包括除了前三种情形以外的违背先契约义务的行为。在缔约过程中常表现为，一方当事人未尽到通知、协助、告知、照顾等义务而造成对方当事人人身或财产损失的情形。

第三节　建设工程合同的履行

合同的履行指的是合同规定义务的执行。任何合同规定义务的执行，都是合同的履行行为；相应地，凡是不执行合同规定义务的行为，都是合同的不履行。因此，合同的履行，表现为当事人执行合同义务的行为。当合同义务执行完毕时，合同也就履行完毕。

一、建设工程合同履行的内容

（1）合同履行是当事人的履约行为。由于合同的类型不同，履行的表现形式也不尽一致。但任何合同的履行，都必须有当事人的履约行为，这是合同债权得以实现的一般条件，也是债权与所有权在实现方式上的基本区别。合同的履行通常表现为义务人的作为，由于合同大多是双务合同，当事人双方一般均须为一定的积极作为，以实现对方的权利。但在极少数情况下，合同的履行也表现为义务人的不作为。无论是作为还是不作为，都是义务人的履约行为。

（2）履行合同的标准。履行合同，就其本质而言，是指合同的全部履行。只有当事人双方按照合同的约定或者法律的规定，全面、正确地完成各自承担的义务，才能使合同债权得以实现，也才使合同法律关系归于消灭。因而，当事人全面、正确地完成合同义务，是对当事人履约行为的基本要求。只完成合同规定的部分义务，就是没有完全履行；任何一方或双方均未履行合同规定的义务，则属于完全没有履行。无论是完全没有履行，或是没有完全履行，均与合同履行的要求相悖，当事人均应承担相应的责任。

（3）履行合同的行为过程。当事人完成合同义务的整个行为过程，不仅包括当事人的依约交付行为，而且还应包括当事人为完成最终交付行为所实施的一系列准备行为。尽管在通常情况下，准备行为并非合同义务，但绝不能因此得出准备行为不是合同履行行为的结论。准备行为是最终履行行为的基础或前提，甚至可以说没有准备行为即没有最终的履行行为。合同的履行是一个过程，这其中包括执行合同义务的准备、具体合同义务的执行、义务执行的善后等。在这一过程中，具体合同义务的执行是合同履行的核心内容，传统意义上的合同履行，指的就是这一阶段的合同履行。然而，为执行合同义务所作的准备和义务执行完毕后的善后义务，固然不是合同规定的义务，但因其与第二阶段意义上的合同履行具有密切的联系，也是合同履行的内容。这同时也是现代合同法发展的趋势所在。

二、建设工程合同履行的原则

合同履行的原则，是指法律规定的所有种类合同的当事人在履行合同的整个过程中所必须遵循的一般准则。对于依法生效的合同而言，在其履行期限届满以后，债务人应当根据合同的具体内容和合同履行的基本原则实施履行行为。债务人在履行的过程中，应当遵守一些合同履行的基本规则。

根据中国合同立法及司法实践，合同的履行除应遵守平等、公平、诚实信用等民法基本原则外，还应遵循以下合同履行的特有原则，即适当履行原则、协作履行原则、经济合理原则和情势变更原则。以下就这些合同履行的特有原则加以介绍。

（一）适当履行原则

适当履行原则是指当事人应依合同约定的标的、质量、数量，由适当主体在适当的期限、地点，以适当的方式，全面完成合同义务的原则。这一原则有以下几点要求：

（1）履行主体适当。即当事人必须亲自履行合同义务或接受履行，不得擅自转让合同义务或合同权利让其他人代为履行或接受履行。

（2）履行标的物及其数量和质量适当。即当事人必须按合同约定的标的物履行义务，而且还应依合同约定的数量和质量来给付标的物。

（3）履行期限适当。即当事人必须依照合同约定的时间来履行合同，债务人不得迟延履行，债权人不得迟延受领；如果合同未约定履行时间，则双方当事人可随时提出或要求履行，但必须给对方必要的准备时间。

（4）履行地点适当。即当事人必须严格依照合同约定的地点来履行合同。

（5）履行方式适当。履行方式包括标的物的履行方式以及价款或酬金的履行方式，当事人必须严格依照合同约定的方式履行合同。

（二）协作履行原则

协作履行原则是指在合同履行过程中，双方当事人应互助合作共同完成合同义务的原则。合同是双方民事法律行为，不仅仅是债务人一方的事情，债务人实施给付，需要债权人积极配合受领给付，才能达到合同目的。由于在合同履行的过程中，债务人比债权人更多地应受诚实信用、适当履行等原则的约束，协作履行往往是对债权人的要求。协作履行原则也是诚实信用原则在合同履行方面的具体体现。

协作履行原则具有以下几个方面的要求：

（1）债务人履行合同债务时，债权人应适当受领给付。

（2）债务人履行合同债务时，债权人应创造必要条件、提供方便。

（3）债务人因故不能履行或不能完全履行合同义务时，债权人应积极采取措施防止损失扩大，否则，应就扩大的损失自负其责。

（三）经济合理原则

经济合理原则是指在合同履行过程中，应讲求经济效益，以最少的成本取得最佳的合同效益。在市场经济社会中，交易主体都是理性地追求自身利益最大化的主体，因此，如何以最少的履约成本完成交易过程，一直都是合同当事人所追求的目标。由此，交易主体在合同履行的过程中应遵守经济合理原则是必然的要求。该原则一直为我国的立法所认可，如《纺织品、针织品、服装购销合同暂行办法》规定，供需双方应商定选择最快、最合理的运输方法。

（四）情势变更原则

合同有效成立以后，若非因双方当事人的原因而构成合同基础的情势发生重大变更，致使继续履行合同将导致显失公平，则当事人可以请求变更和解除合同。

所谓情势，是指合同成立后出现的不可预见的情况，即“影响及于社会全体或局部之情势，并不考虑原来法律行为成立时，为其基础或环境之情势”。所谓变更，是指“合同赖以成立的环境或基础发生异常变动。”我国学者一般认为，变更指的是构成合同基础的情势发生根本的变化。在合同有效成立之后、履行之前，如果出现某种不可归责于当事人原因的客观变化会直接影响合同履行结果时，若仍然要求当事人按原来合同的约定履行合同，往往会给一方当事人造成显失公平的结果，这时，法律允许当事人变更或解除合同而免除违约责任的承担。这种处理合同履行过程中情势发生变化的法律规定，就是情势变更原则。

情势变更原则实质上是诚实信用原则在合同履行中的具体运用，其目的在于消除合同因情势变更所产生的不公平后果。自上世纪第二次世界大战后，由于战争的破坏，战后物价暴涨，通货膨胀十分严重。为了解决战前订立的合同在战后的纠纷，各国学者特别是德国学者借鉴历史上的“情势不变条款”理论，提出了情势变更原则，并经法院采用为裁判的理由，直接具有法律上的效力。经过长期的发展，这一原则已成为当代合同法中的一个极富特色的法律原则，为各国法所普遍采用。我国法律虽然没有规定情势变更原则，但在司法实践中，这一原则已为司法裁判所采用。因此，情势变更原则，既是合同变更或解除的一个法定原因，更是解决合同履行中情势发生变化的一项具体规则。

三、建设工程合同履行的规则

建设工程合同履行的规则主要包括以下几个。

（一）履行主体

合同履行主体不仅包括债务人，也包括债权人。因为，合同全面适当地履行实现，不仅主要依赖于债务人履行债务的行为，同时还要依赖于债权人受领履行的行为。因此，合同履行的主体是指债务人和债权人。除法律规定、当事人约定、性质上必须由债务人本人履行的债务以外，履行也可以由债务人的代理人进行，但是代理只有在履行行为是法律行为时方可适用。同样，在上述情况下，债权人的代理人也可以代为受领。此外，必须注意的是，在某些情况下，合同也可以由第三人代替履行，只要不违反法律的规定或者当事人的约定，或者符合合同的性质，第三人也是正确的履行主体。不过，由第三人代替履行时，该第三人并不取得合同当事人的地位，第三人仅仅只是居于债务人的履行辅助人的地位。

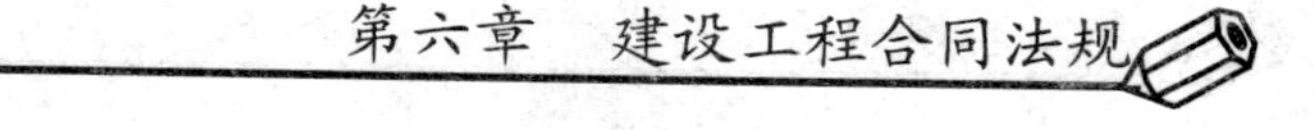

（二）履行标的

合同的标的是合同债务人必须实施的特定行为，是合同的核心内容，是合同当事人订立合同的目的所在。合同标的不同，合同的类型也就不同。如果当事人不按照合同的标的履行合同，合同利益就无法实现。因此，必须严格按照合同的标的履行合同就成为了合同履行的一项基本规则。合同标的的质量和数量是衡量合同标的的基本指标，因此，按照合同标的履行合同，在标的的质量和数量上必须严格按照合同的约定进行履行。如果合同对标的的质量没有约定或者约定不明确的，当事人可以补充协议，协议不成的，按照合同的条款和交易习惯来确定。如果仍然无法确定的，按照国家标准、行业标准履行；没有国家标准、行业标准的，按照通常标准或者符合合同目的的特定标准履行。在标的数量上，全面履行原则的基本要求便是全部履行，而不应当部分履行，但是在不损害债权人利益的前提下，也允许部分履行。

（三）履行期限

合同履行期限是指债务人履行合同义务和债权人接受履行行为的时间。作为合同的主要条款，合同的履行期限一般应当在合同中予以约定，当事人应当在该履行期限内履行债务。如果当事人不在该履行期限内履行，则可能构成迟延履行而应当承担违约责任。履行期限不明确的，根据《合同法》第六十一条的规定，双方当事人可以另行协议补充，如果协议补充不成的，应当根据合同的有关条款和交易习惯来确定。如果还无法确定的，债务人可以随时履行，债权人也可以随时要求履行，但应当给对方必要的准备时间。这也是合同履行原则中诚实信用原则的体现。不按履行期限履行有两种情形：迟延履行和提前履行。在履行期限届满后履行合同为迟延履行，当事人应当承担迟延履行责任，此为违约责任的一种形态；在履行期限届满之前所为之履行为提前履行，提前履行不一定构成不适当履行。

（四）履行地点

履行地点是债务人履行债务、债权人受领给付的地点，履行地点直接关系到履行的费用和时间。在国际经济交往中，履行地点往往是纠纷发生以后用来确定适用法律的根据。如果合同中明确约定了履行地点的，债务人就应当在该地点向债权人履行债务，债权人应当在该履行地点接受债务人的履行行为。如果合同约定不明确的，依据《合同法》的规定，双方当事人可以协议补充，如果不能达成补充协议的，则按照合同有关条款或者交易习惯确定。如果履行地点仍然无法确定的，则根据标的的不同情况确定不同的履行地点。如果合同约定给付货币的，在接受货币一方所在地履行；如果交付不动产的，在不动产所在地履行；其他标的，在履行义务一方所在地履行。

（五）履行方式

履行方式是合同双方当事人约定以何种形式来履行义务。合同的履行方式主要包括运输方式、交货方式、结算方式等。履行方式由法律或者合同约定或者根据合同性质来确定，不同性质、内容的合同有不同的履行方式。根据合同履行的基本要求，在履行方式上，履行义务人必须首先按照合同约定的方式进行履行。如果约定不明确的，当事人可以协议补充；协议不成的，可以根据合同的有关条款和交易习惯来确定；如果仍然无法确定的，按照有利于实现合同目的的方式履行。

（六）履行费用

履行费用是指债务人履行合同所支出的费用。如果合同中约定了履行费用，则当事人应当按照合同的约定负担费用。如果合同没有约定履行费用或者约定不明确的，则按照合同的有关条款或者交易习惯确定；如果仍然无法确定的，则由履行义务一方负担。因债权人变更住所或者其他行为而导致履行费用增加时，增加的费用由债权人承担。

四、建设工程合同履行的抗辩权

在双务合同中，合同当事人都承担义务，往往一方的权利与另一方的义务之间具有相互依存、互为因果的关系。为了保证双务合同中当事人利益关系的公平，法律作出了相关规定："当事人一方在对方未履行或者不能保证履行时，一方可以行使不履行的保留性权利。"

抗辩权是指当事人一方依法对抗对方要求和权利主张的权利。合同履行中的抗辩权，就是在双务合同中，在满足一定法定条件时，合同当事人一方可以对抗对方当事人的履行要求，暂时拒绝履行合同约定义务的权利。合同履行中的抗辩权有下列几种：

（1）同时履行抗辩权。当事人互负债务没有先后履行顺序的，应当同时履行。一方在对方履行之前或对方履行债务不符合约定时，有权拒绝其履行的要求。同时履行抗辩权的适用条件有以下几种：① 由同一双务合同产生的互负债务，且双方债务有对价关系；② 债务同时到期，可以同时履行；双方的对等给付是可能履行的义务；③ 当事人一方的履行不符合约定，即瑕疵履行的另一方可对有瑕疵的履行部分行使抗辩权。

（2）先履行抗辩权。当事人互负债务，有先后履行顺序，先履行一方未履行的，后履行一方有权拒绝其履行的要求；先履行一方不符合约定的，后履行一方有权拒绝其相应的履行要求。先履行抗辩权的适用条件有以下几种：① 由同一双务合同产生的互负债务；② 债务有先后履行顺序，这种顺序一般由当事人在合同中约定，或按交易习惯能够确定，应先履行的债务有履行可能；③应先履行一方未履行或履行不符合约定，即全部或部分瑕疵履行。

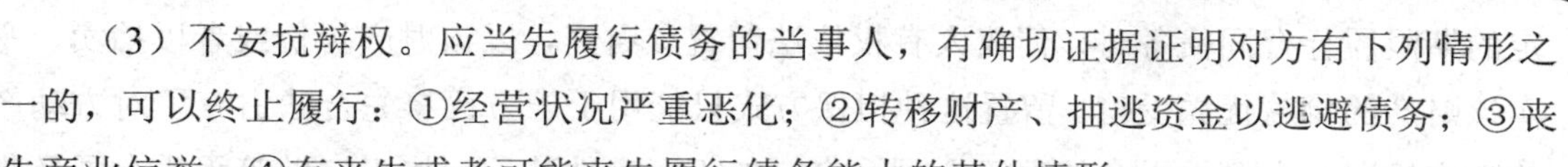

（3）不安抗辩权。应当先履行债务的当事人，有确切证据证明对方有下列情形之一的，可以终止履行：①经营状况严重恶化；②转移财产、抽逃资金以逃避债务；③丧失商业信誉；④有丧失或者可能丧失履行债务能力的其他情形。

当事人没有确切证据中止履行的，应当承担违约责任。

由上述规定可见，不安抗辩权的使用条件为：①双务合同，且后履行债务的一方当事人的债务尚未至履行期限；②后履行债务的当事人有丧失或者可能丧失履行债务能力的情形。

不安抗辩权是预防性的保护措施，当一方情况发生变化，另一方先履行会造成损失时，法律依据公平原则作出上述规定。为防止不安抗辩权的滥用，法律规定当事人在行使此项权力时，一定要有确切的证据。

五、建设工程合同履行中的担保

合同的担保，即合同债的担保，它是为了促使债权人履行债务，保障债权人的权利得以实现而设立的法律措施。担保合同是从合同，被担保合同是主合同。担保合同将随着被担保合同的履行而消灭。而当被担保人不履行其义务且不承担相应的责任时，担保人则应承担其担保责任。建设工程合同的担保形式主要有保证、抵押、定金和留置四种。

（1）保证。保证是指保证人与债权人约定，当债务人（被保证人）不履行债务时，由保证人按照约定代为履行或代为承担责任的担保方式。保证人是合同当事人（被保证人与债权人）以外的第三人，一旦担保成立，他就成为被保证人所负债务的从债务人，当被保证人不履行自己的债务时，保证人就有代为履行的义务，而当他代为履行或代为赔偿后，就成为被担保人的债权人，可对被保证人行使追偿权。

（2）抵押。抵押是指合同当事人一方或者当事人以外的第三人向另一方当事人提供一定的财产抵押，以保证合同履行的担保方式。交出财产进行抵押的一方为抵押人，接受财产抵押的一方为抵押权人。当合同当事人一方不履行合同义务时，当事人另一方(抵押人)就有权依照法律规定以抵押物折价或将抵押物变卖，并从中优先受偿。

（3）定金。定金是合同订立后，但还没有履行前，当事人一方向另一方支付一定数额的金钱或其他有价代替物，以保证合同履行的担保方式。应注意的是，定金与预付款在形式上好像完全一样，但它们的性质是不同的，定金起担保作用，而预付款只是起资助作用。当当事人违约时，定金不起着制裁违约方、补偿违约方的作用，而预付款则无此作用，无论哪一方违约，均不得采取扣留预付款或要求双倍返还预付款的行为。

定金也不同于违约金，定金是合同的一种担保方式，而违约金只是对违约的一种制裁手段，违约金并不事先支付，被违约方只能通过事后请求支付的方式才能真正获得违约金。

（4）留置。留置是指债权人按照合同约定占有债务人的动产，债务人未按合同约定的期限履行合同债务时，债权人有权依法留置该财产，以该财产折价或者以拍卖、变卖该财产的价款优先受偿。留置这种担保方式只能用于一方已事先合法占有了对方动产的特定情况，它多用于仓储保管合同，来料加工、来件装配、加工定做等承揽合同及货物运输合同中。

第四节　建设工程合同的变更、终止和争议的解决

通常情况下建设工程合同履行的期限都比较长，涉及范围广，影响因素多，因此，一份建设工程合同订立得再好，签约时考虑得再全面周详，履行时也免不了因工程实施条件及环境的变化而对合同约定的事项进行修正，即对合同的内容进行变更。在履行合同的过程中随时可能终止合同，并可能产生合同纠纷和合同的违约责任及争议。

一、建设工程合同的变更

合同变更是指当事人约定的合同内容发生变化和更改，即权利和义务变化的民事法律行为。合同变更有广义与狭义之分。广义的合同变更，包括合同内容的变更与合同主体的变更。前者是指当事人不变，合同的权利义务予以改变的现象。狭义的合同变更是指合同关系保持同一性，仅改换债权人或债务人的现象。不论是改换债权人，还是改换债务人，都发生合同权利义务的移转，移转给新的债权人或者债务人，因此合同主体的变更实际上是合同权利义务的转让。

合同变更是合同关系的局部变化（如标的数量的增减，价款的变化，履行时间、地点、方式的变化），而不是合同性质的变化（如买卖变为赠与，合同关系失去了同一性，此为合同的更新或更改）。合同标的的变更是否属于合同变更，理论界有不同看法（关键在于变更协议是否以原合同的主要权利义务为基础）。

合同变更的要件须具备以下条件：

（1）原已存在有效的合同关系。合同变更是在原合同的基础上，通过当事人双方的协商或者法律的规定改变原合同关系的内容。因此，无原合同关系就无变更的对象，合同的变更离不开原已存在合同关系这一前提条件。同时，原合同关系若非合法有效，如合同无效、合同被撤销或者追认权人拒绝追认效力未定的合同，合同便自始失去法律约束力，即不存在合同关系，也就谈不上合同变更。

（2）合同变更须依当事人双方的约定或者依法律的规定并通过法院的判决或仲裁机构的裁决发生。合同变更主要是当事人双方协商一致的结果。我国《合同法》第七十七条第一款规定：“当事人协商一致，可以变更合同。”在协商变更合同的情况下，变更合同的协议必须符合民事法律行为的有效要件，任何一方不得采取欺诈、胁迫的方式来

欺骗或强制他方当事人变更合同。如果变更合同的协议不能成立或不能生效，则当事人仍然应按原合同的内容履行。如果当事人对变更的内容约定不明确的，应视为未变更。此外，合同变更还可以依据法律直接规定而发生。例如，根据《合同法》第五十四条的规定，因重大误解订立的合同以及订立合同时显失公平的合同，当事人一方有权请求人民法院或者仲裁机构变更或者撤销；一方以欺诈、胁迫的手段或者乘人之危，使对方在违背真实意思的情况下订立的合同，不损害国家、集体或者社会利益的，受损害方有权请求人民法院或者仲裁机构变更或者撤销。

（3）合同变更必须遵守法定的方式。我国《合同法》规定："法律、行政法规规定变更合同应当办理批准、登记等手续的，依照其规定。"依此规定，如果当事人在法律、行政法规规定变更合同应当办理批准、登记手续的情况下，未遵循这些法定方式的，即便达成了变更合同的协议，也是无效的。由于法律、行政法规对合同变更的形式未作强制性规定，因此可以认为，当事人变更合同的形式可以协商决定，一般要与原合同的形式相一致。如原合同为书面形式，变更合同也应采取书面形式；如原合同为口头形式，变更合同既可以采取口头形式，也可以采取书面形式。

（4）须有合同内容的变化。合同变更仅指合同的内容发生变化，不包括合同主体的变更，因而合同内容发生变化是合同变更不可或缺的条件。当然，合同变更必须是非实质性内容的变更，变更后的合同关系与原合同关系应当保持同一性。

《合同法》规定：合同的变更仅对变更后未履行的部分有效，而对已履行的部分无溯及力。因合同的变更使当事人一方受到经济损失的，受损一方可向另一方当事人要求损失赔偿。在建设工程合同的变更中，主要表现为合同价款的调整，关于合同价款的调整方法，双方可在合同中事先规定，也可事后达成协议，根据具体的变更内容来确定。在施工合同中通常合同价款的调整按下列方法处理（采用示范文本的按此调整，不采用的可以参照）：

（1）合同中已有适用于变更工程的价格，按该价格变更合同价款。

（2）合同中只有类似于变更工程的价格，可以按照类似价格变更合同价款。

（3）上述两种情况以外的，由承包人提出适当的变更价格，经监理工程师确认后执行，与工程款同期支付。

二、建设工程合同的终止

合同终止是指合同当事人双方在合同关系建立以后，因一定的法律事实的出现，使合同确立的权利义务关系消灭。

（一）合同终止的原因

《合同法》第九十一条规定，有下列情形之一的，合同的权利义务终止：

（1）债务已经按照约定履行。

（2）合同解除。

（3）债务相互抵消。

（4）债务人依法将标的物提存。

（5）债权人免除债务。

（6）债权债务同归于一人。

（7）法律规定或者当事人约定终止的其他情形。

另外，债权人免除债务人部分或全部债务的，合同的权利义务部分或者全部终止；债权和债务同归于一人的，合同的权利义务终止，但涉及第三人利益的除外。

合同的权利义务终止后，当事人应当遵循诚信原则，根据交易习惯履行通知、协助、保密等义务。合同的权利义务终止，不影响合同中结算和清理条款的效力。

（二）合同终止产生的条件

在履行合同过程中有下列情形之一的，合同的权利义务终止：

（1）债务已经按照约定履行。

（2）合同解除。

（3）债务相互抵消。

（4）债务人依法将标的物提存。

（5）债权人免除债务（债权人免除债务人部分或全部债务的，合同将部分或全部终止）。

（6）债权债务同归于一人（但涉及第三人利益的除外）。

（7）法律规定或当事人约定终止的其他情形。

在建设工程合同履行的过程中，如有下列情形之一的，发包人和承包人可解除合同：

（1）因不可抗力因素致使合同无法履行。

（2）因一方违约致使合同无法履行，又可分以下几种情况：① 发包人违约的情况；② 承包人违约的情况；③ 双方协商一致同意解除合同的。如双方都认为没必要再继续履行，或出现合同再继续履行下去，只会导致更大损失的情况等，双方可合意解除合同；④ 承包商或业主自身破产或无力偿还债务的。

合同终止后，当事人应当遵循诚实信用的原则，根据交易习惯履行通知、协助、保密等义务。

三、建设工程合同违约责任

违约责任是违反合同的民事责任的简称，是指合同当事人一方不履行合同义务或履行合同义务不符合合同约定所应承担的民事责任。

在履行合同过程中，当事人一方不履行合同义务或者履行合同义务不符合约定的，应当承担继续履行、采取补救措施或者赔偿损失等违约责任。据此，违约责任有三种基本形式，即继续履行、采取补救措施和赔偿损失。当然，除此之外，违约责任还有其他形式，如违约金和定金责任。

（一）继续履行

继续履行的表现形态为限期履行。在拒绝履行、迟延履行、不完全履行的场合，守约方可以提出一个新的履行期限，称为宽限期或者延展期，要求违约方在该期限内履行合同义务。

1．继续履行的特征

继续履行也称强制实际履行，是指违约方根据对方当事人的请求继续履行合同规定的义务的违约责任形式。其特征为：

（1）继续履行是一种独立的违约责任形式，不同于一般意义上的合同履行。具体表现在：继续履行以违约为前提；继续履行体现了法的强制；继续履行不依附于其他责任形式。

（2）继续履行的内容表现为按合同约定的标的履行义务，这一点与一般履行相同。

（3）继续履行以对方当事人（守约方）请求为条件，法院不得径行判决。

2．继续履行的适用

继续履行的适用因债务性质的不同而不同。

（1）金钱债务。无条件适用继续履行。金钱债务只存在迟延履行，不存在履行不能。因此，应无条件适用继续履行的责任形式。

（2）非金钱债务。有条件适用继续履行。对非金钱债务，原则上可以请求继续履行，但下列情形除外：法律上或者事实上不能履行（履行不能）；债务的标的不适用强制履行或者强制履行费用过高；债权人在合理期限内未请求履行（如季节性物品之供应）。

3．继续履行的构成要件

继续履行的构成要件主要有以下几方面：

（1）存在违约行为。

（2）须有守约方请求违约方继续履行合同债务的行为。守约方的请求一般应当明示地通知违约方，但通过主张抵消等行为，一般也应视为请求违约方继续履行。

（3）须违约方能够继续履行合同。如果合同已经不能继续履行，无论是法律上不能履行还是事实上不能履行，都不可以再发生继续履行责任的承担。

4．不适用继续履行的情况

不适用继续履行的情况主要有以下几种：

（1）不能履行。金钱之债不发生不能履行问题。

（2）债务的标的不适合继续履行或者继续履行的费用过高。一般涉及的法律关系具有人身专属性的，在性质上决定了不适合继续履行；所谓履行费用过高，指对标的物若进行继续履行的话，其代价过高，可能超过合同的牟利等情况。

（3）债权人在合理期限内未提出履行的要求。以此督促债权人及时行使其权利，以平衡双方的利益。

（4）法律明文规定不得使用继续履行的，而责令违约方承担违约金责任或者损害赔偿责任的。货运合同中承运人对货物的损毁灭失承担损害赔偿责任。

（5）因不可归责于当事人双方的原因导致合同履行实在困难的。比如适用情势变更场合，如果继续要求承担继续履行责任则显失公平。

（二）采取补救措施

1．采取补救措施的含义

采取补救措施作为一种独立的违约责任形式，是指矫正合同不适当履行（质量不合格）、使履行缺陷得以消除的具体措施。这种责任形式与继续履行（解决不履行问题）和赔偿损失具有互补性。

2．采取补救措施的类型

在我国关于采取补救措施的类型作了如下规定：

（1）《合同法》第一百一十一条规定为：修理、更换、重作、退货、减少价款或报酬等。

（2）《消费者权益保护法》第四十四条规定为：修理、重作、更换、退货、补足商品数量、退还货款和服务费用、赔偿损失。

（3）《产品质量法》第四十条规定为：修理、更换、退货。

3．采取补救措施的适用

在采取补救措施的适用上，应注意以下几点：

（1）采取补救措施的适用以合同对质量不合格的违约责任没有约定或者约定不明确，而依《合同法》第六十一条仍不能确定违约责任为前提。换言之，对于不适当履行的违约责任形式，当事人有约定者应依其约定；没有约定或约定不明者，首先应按照《合同法》第六十一条规定确定违约责任；没有约定或约定不明又不能按照《合同法》第六十一条规定确定违约责任的，才适用这些补救措施。

（2）应以标的物的性质和损失大小为依据，确定与之相适应的补救方式。

（3）受害方对补救措施享有选择权，但选定的方式应当合理。

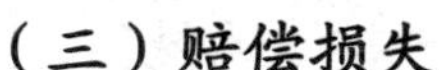

（三）赔偿损失

1．赔偿损失的特点

赔偿损失在合同法上也称违约损害赔偿，是指违约方以支付金钱的方式弥补受害方因违约行为所减少的财产或者所丧失的利益的责任形式。赔偿损失具有如下特点：

（1）赔偿损失是最重要的违约责任形式。赔偿损失具有根本救济功能，任何其他责任形式都可以转化为损害赔偿。

（2）赔偿损失是以支付金钱的方式弥补损失。金钱为一般等价物，任何损失一般都可以转化为金钱，因此，赔偿损失主要指金钱赔偿。但在特殊情况下，也可以以其他物代替金钱作为赔偿。

（3）赔偿损失是由违约方赔偿守约方因违约所遭受的损失。首先，赔偿损失是对违约行为所造成的损失的赔偿，与违约行为无关的损失不在赔偿之列。其次，赔偿损失是对守约方所遭受损失的一种补偿，而不是对违约行为的惩罚。

（4） 赔偿损失责任具有一定的任意性。违约赔偿的范围和数额，可由当事人约定。当事人既可以约定违约金的数额，也可以约定损害赔偿的计算方法。

2．法定损害赔偿

法定损害赔偿是指由法律规定的，由违约方对守约方因其违约行为而对守约方遭受的损失承担的赔偿责任。根据《合同法》的规定，法定损害赔偿应遵循以下原则：

（1） 完全赔偿原则。违约方对于守约方因违约所遭受的全部损失承担的赔偿责任。具体包括：直接损失与间接损失；积极损失与消极损失（可得利益损失）。《合同法》规定，损失“包括合同履行后可以获得的利益”，可见其赔偿范围包括现有财产损失和可得利益损失。前者主要表现为标的物灭失、为准备履行合同而支出的费用、停工损失、为减少违约损失而支出的费用、诉讼费用等；后者指的是在合同适当履行后可以实现和取得的财产利益。

（2）合理预见规则。违约损害赔偿的范围以违约方在订立合同时预见到或者应当预见到的损失为限。合理预见规则是限制法定违约损害赔偿范围的一项重要规则，其理论基础是意思自治原则和公平原则。

合理预见规则是限制包括现实财产损失和可得利益损失的损失赔偿总额的规则，不仅用以限制可得利益损失的赔偿。合理预见规则不适用于约定损害赔偿。是否预见到或者应当预见到可能的损失，应当根据订立合同时的事实或者情况加以判断。

（3）减轻损失规则。一方违约后，另一方应当及时采取合理措施防止损失的扩大，否则，不得就扩大的损失要求赔偿。其特点是：一方违约导致了损失的发生，相对方未采取适当措施防止损失的扩大，造成了损失的扩大。

3．约定损害赔偿

约定损害赔偿是指当事人在订立合同时，预先约定一方违约时应当向对方支付一定数额的赔偿金或约定损害赔偿额的计算方法。它具有预定型（缔约时确定）、从属性（以主合同的有效成立为前提）和附条件性（以损失的发生为条件）。

（四）违约金

违约金是指当事人一方违反合同时应当向对方支付的一定数量的金钱或财物。

1．违约金的性质

依不同标准，违约金可分为以下两类：

（1）法定违约金和约定违约金。

（2）惩罚性违约金和补偿性（赔偿性）违约金。《合同法》施行之前，中国的违约金制度兼容以上各种形态，《合同法》则作了全新的规定。

根据现行《合同法》的规定，违约金具有以下法律特征：

（1）是在合同中预先约定的（合同条款之一）。

（2）是一方违约时向对方支付的一定数额的金钱（定额损害赔偿金）。

（3）是对承担赔偿责任的一种约定（不同于一般合同义务）。

关于违约金的性质，一般认为，现行《合同法》所确立的违约金制度是不具有惩罚性的违约金制度，而属于赔偿性违约金制度。即使约定的违约金数额高于实际损失，也不能改变这种基本属性。关于当事人是否可以约定单纯的惩罚性违约金，《合同法》未作明确规定。通常认为此种约定并非无效，但其性质仍属违约的损害赔偿。

2．违约金的增加或减少

违约金是对损害赔偿额的预先约定，既可能高于实际损失，也可能低于实际损失，畸高和畸低均会导致不公平结果。为此，各国法律规定法官对违约金具有变更权，《合同法》第一百一十四条第二款也作了规定。其特点如下：

（1）以约定违约金“低于造成的损失”或“过分高于造成的损失”为条件。

（2）经当事人请求。

（3）由法院或仲裁机构裁量。

（4）“予以增加”或“予以适当减少”。

（五）定金责任

所谓定金，是指合同当事人为了确保合同的履行，根据双方约定，由一方按合同标的额的一定比例预先给付对方的金钱或其他替代物。对此《担保法》作了专门规定。《合同法》规定：当事人可以依照《担保法》约定一方向对方给付定金作为债权的担保。债

务人履行债务后，定金应当抵作价款或者收回。给付定金的一方不履行约定的债务的，无权要求返还定金；收受定金的一方不履行约定的债务的，应当双倍返还定金。据此，在当事人约定了定金担保的情况下，如一方违约，定金罚则即成为一种违约责任形式。

定金应当以书面形式约定，定金的数额由当事人约定，但不得超过主合同标的额的20%。

四、合同争议的解决

合同争议是指合同当事人对于自己与他人之间的权利行使、义务履行与利益分配有不同的观点、意见、请求的法律事实。

合同关系的实质是通过设定当事人的权利义务在合同当事人之间进行资源配置。而在法律设定的权利义务的框架中，权利与义务是互相对称的。一方的权利即是另一方的义务；反之亦然。一旦义务人怠于或拒绝履行自己应尽的义务，则其与权利人之间的法律纠纷势必在所难免。在某些情况下，合同法律关系当事人都无意违反法律的规定或者合同的约定；但由于他们对于引发相互间法律关系的法律事实有着不同的看法和理解，也容易酿成合同争议。在某些情况下，由于合同立法中法律漏洞的存在，也会导致当事人对于合同法律关系和合同法律事实的解释互不一致。总之，有合同活动，就会有合同争议。丝毫不产生合同争议的市场经济社会是不存在的。

（一）合同争议的特点

合同当事人之间发生争议，有时是难免的。如果争议发生了，当事人之间首先应当依据公平合理和诚实信用的原则，本着互谅互让的精神，进行自愿协商解决，或者通过调解解决争议。如果当事人不愿和解、调解不成的，可以依据“或裁或审”的规定，请求仲裁机构仲裁，或者向人民法院起诉，以求裁判彼此之间的纠纷。

通常情况下，合同的争议具有以下几个特点：

（1）合同争议发生于合同的订立、履行、变更、解除以及合同权利的行使过程之中。如果某一争议虽然与合同有关系，但不是发生于上述过程之中，就不构成合同争议。

（2）合同争议的主体双方须是合同法律关系的主体。此类主体既包括自然人，也包括法人和其他组织。

（3）合同争议的内容主要表现在争议主体对于导致合同法律关系产生、变更与消灭的法律事实以及法律关系的内容有着不同的观点与看法。

（二）合同争议的解决方法

《合同法》规定的争议解决的方法主要有四种：和解、调解、仲裁和诉讼。

1．和解

和解是指合同纠纷当事人在自愿友好的基础上，互相沟通，互相谅解，从而解决纠纷的一种方式。合同纠纷时，当事人应首先考虑通过和解解决纠纷，因为和解解决纠纷有如下优点：

（1）简便易行，能经济、及时地解决纠纷。

（2）有利于维护合同双方的合作关系，使合同能更好地得到履行。

（3）有利于和解协议的执行。

2．调解

调解是指合同当事人对合同所约定的权利、义务发生争议，经过和解后，不能达成和解协议时，在经济合同管理机关或有关机关、团体等的主持下，通过对当事人进行说服教育，促使双方互相做出适当的让步，平息争端，自愿达成协议，以求解决经济合同纠纷的方法。

3．仲裁

仲裁亦称“公断”，是当事人双方在争议发生前或争议发生后达成协议，自愿将争议交给第三者作出裁决，并负有自动履行义务的一种解决争议的方式。这种争议解决方式必须是自愿的，因此必须有仲裁协议。如果当事人之间有仲裁协议，争议发生后又无法通过和解和调解解决，则应及时将争议提交仲裁机构仲裁。

4．诉讼

诉讼是指合同当事人依法请求人民法院行使审判权，审理双方之间发生的合同争议，做出有国家强制保证实现其合法权益、从而解决纠纷的审判活动。合同双方当事人如果未约定仲裁协议，则只能以诉讼作为解决争议的最终方式。

第五节　建设工程索赔

建设工程索赔通常是指在工程合同履行过程中，合同当事人一方因对方不履行或未能正确履行合同或者由于其他非自身因素而受到经济损失或权利损害，通过合同规定的程序向对方提出经济或时间补偿要求的行为。

一、建设工程索赔的特征

索赔具有以下几个方面的特征：

（1）索赔的双向性。不仅承包商可以向业主索赔，业主同样可以向承包商索赔。由于实践中承包商向业主索赔发生的频率高，业主向承包商的索赔频率低，因此，索赔

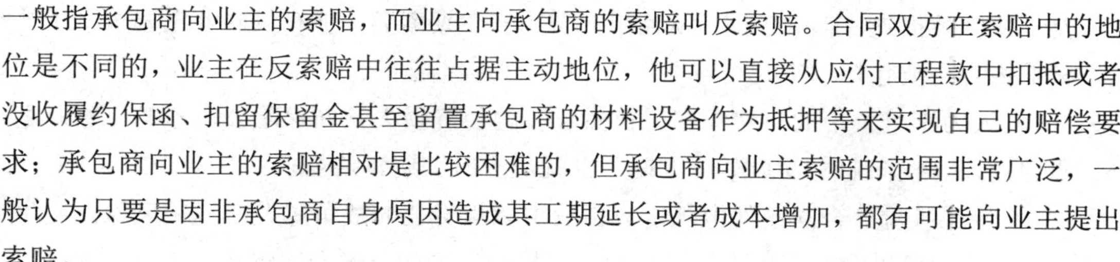

一般指承包商向业主的索赔，而业主向承包商的索赔叫反索赔。合同双方在索赔中的地位是不同的，业主在反索赔中往往占据主动地位，他可以直接从应付工程款中扣抵或者没收履约保函、扣留保留金甚至留置承包商的材料设备作为抵押等来实现自己的赔偿要求；承包商向业主的索赔相对是比较困难的，但承包商向业主索赔的范围非常广泛，一般认为只要是因非承包商自身原因造成其工期延长或者成本增加，都有可能向业主提出索赔。

（2）索赔以实际发生了经济损失或权利损害为前提。经济损失是指因对方因素造成合同外的额外支出，如人工费、材料费、机械费、管理费等额外开支。权利损害是指虽然没有经济上的损失，但造成了一方权利上的损害，如由于恶劣的气候条件对工程进度的不利影响，承包人有权要求工期延长等。经济损失与权利损害有时同时存在，有时单独存在。如发包人未及时交付合格的施工现场，既造成承包人的经济损失，又侵害了承包人的工期权利；再如发生不可抗力，承包人根据合同规定或者惯例，只能要求延长工期，不应要求经济补偿。

（3）索赔是一种未经对方确定的单方行为，对对方尚未形成约束力，其索赔能否实现，必须经过确认才能实现。索赔是一种正当的权利或要求，是合情、合理、合法的行为，是在正确履行合同的基础上争取合理的偿付，不是无中生有，无理争利。索赔同守约、合作并不矛盾。

二、建设工程索赔的原因

通常情况下，建设工程实施过程中可以提起索赔的原因主要有以下几种：

（一）合同文件引起的索赔

合同文件包括的范围很宽，最主要的是合同条件、技术规范说明等。在索赔案例中，关于合同条件、工程量和价格方面出现的问题较多。有关合同条件的索赔内容常见于以下几个方面：

（1）合同条款规定用语含糊、不够准确。

（2）合同条款存在着漏洞，对实际可能发生的情况未作预料和规定，缺少某些必不可少的条款。

（3）合同条款之间存在矛盾。

（4）双方的某些条款中隐含着较大风险，对单方面要求过于苛刻，约束不平衡，甚至发现某些条文是一种圈套。

（二）因意外风险和不可预见因素引起的索赔

合同执行过程中，如果发生意外风险和不可预见因素而引起承包商的意外损失，停工、窝工或降效损失，影响工期，从而引起费用和工期索赔，他有权向业主要求给予补偿。索赔内容主要包括以下几个方面：

（1）人力不可抗拒的自然灾害。自然灾害的经济损失该向保险公司索赔。除此之外，承包商还有权向业主要求顺延工期，也就是提出工期索赔要求。

（2）特殊风险。合同条件中规定应由业主承担责任的战争爆发等五种风险。发生风险后，承包商可以向业主提出索赔，如果因特殊风险而导致合同终止，承包商除可以获得索赔外，还有权获得施工机具、设备的撤离费和合理的人员遣返费。

（三）设计图纸或工作量表中的错误引起索赔

交给承包商的标书中，图纸或工作量表有时难免会出现错误，如果由于改正这些错误而使费用增加或工期延长，承包商有权提出索赔。这种错误主要包括以下几种：

（1）设计图纸与工作量表中的要求不符。例如设计图纸上某段混凝土的设计强度等级为C25，而工作量表中则为C20，工程报价是按工作量表计算的，如果按图纸施工就会导致成本增加。承包商在发现这个问题后应及时请监理工程师确认。

（2）现场条件与设计图纸要求相差较大，大幅度地增加了工作量。如果这种情况使工作量增大很多，承包商也应提出来，并据此向业主提出索赔。

（3）纯粹的工作量错误。即使是固定总价式合同，如果工作量有较大出入，影响到整个施工计划，承包商也应获得补偿。

（四）业主应负的责任引起索赔

项目实施过程中有时会出现业主违约或推定某一事件的发生，业主应承担部分责任，招致承包商提出索赔要求。这种索赔主要包括以下几种：

（1）拖延提供施工场地。因自然灾害影响或业主方面的原因导致没能如期向承包商移交合格的、可以直接进行施工的现场，承包商可以提出将工期顺延的工期索赔或由于窝工而直接提出经济索赔。

（2）拖延支付应付款。此时承包商不仅要求支付应得款项，而且还有权索赔利息，因为业主对应支付款的拖延将影响到承包商的资金周转。

（3）指定分包商违约。指定分包商违约常常表现为未能按分包合同规定完成应承担的工作而影响了总承包商的工作。由于指定分包商不是由总承包商选择，而是按照合同规定归他统一协调管理的分包商，因此总承包商除了根据与指定分包商签订的合同索赔窝工损失外，还有权向业主提出延长工期的索赔要求。

（4）业主提前占用部分永久工程引起的损失。工程实践中经常会出现业主从经济效益方面考虑不按合同中规定的时间，提前占用部分工程，而又对提前占用会产生的不良后果考虑不周，将会引起承包商提出索赔。

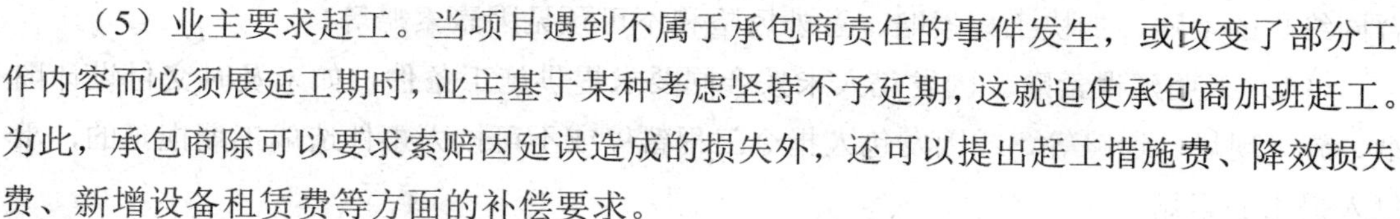

（5）业主要求赶工。当项目遇到不属于承包商责任的事件发生，或改变了部分工作内容而必须展延工期时，业主基于某种考虑坚持不予延期，这就迫使承包商加班赶工。为此，承包商除可以要求索赔因延误造成的损失外，还可以提出赶工措施费、降效损失费、新增设备租赁费等方面的补偿要求。

三、建设工程索赔的分类

通常，建设工程可以按照索赔主体、索赔目的、索赔事件的性质、索赔合同依据和索赔处理方式进行分类。

（一）按索赔主体分类

按索赔主体进行分类，建设工程索赔可以分为承包商与业主间的索赔、承包商与分包商间的索赔、承包商与供应商间的索赔，以及承包商向保险公司要求的索赔。

（1）承包商与业主间的索赔。这类索赔大多是有关工程量计算、工程变更、工期、质量和价格方面的争议，当然也有终止合同等其他违约行为的索赔。

（2）承包商与分包商间的索赔。若在承包合同中，既存在总承包合同又存在分包合同，就会涉及总承包商与分包商之间的索赔。这种索赔一般情况下体现为：分包商向总承包商索要付款和赔偿；总承包商对分包商罚款或者扣留支付款等。

（3）承包商与供应商间的索赔。这种索赔大多体现在商品买卖方面。如商品的质量不符合技术要求、商品数量上的短缺、迟延交货、运输损坏等。

（4）承包商向保险公司要求的索赔。这类索赔大多是承包商受到灾害、事故或损失，依照保险合同向其投保的保险公司索赔。

（二）按索赔目的分类

按索赔目的进行分类，建设工程索赔可以分为工期索赔和费用索赔。

（1）工期索赔。由于非承包商责任的原因导致施工进程延误，要求批准顺延合同工期的索赔，称为工期索赔。工期索赔形式上是对权利的要求，以避免在原定合同竣工日不能完工时，被发包人追究延期违约责任。一旦获得批准合同工期顺延后，承包人不仅免除了承担延期违约赔偿的风险，还可能因提前完工得到奖励。

（2）费用索赔。费用索赔的目的是要得到经济补偿。当施工的客观条件发生变化导致承包商增加开支，承包商对超出计划成本的附加开支要求给予补偿，以挽回不应由他承担的经济损失就属于费用索赔。

（三）按索赔事件的性质分类

按索赔事件的性质进行分类，建设工程索赔可以分为工期延误索赔、工程变更索赔、合同终止的索赔、加快工程索赔、意外风险和不可预见因素索赔等。

（1）工期延误索赔。因发包人未按合同要求提供施工条件，如未及时交付设计图纸、施工现场、道路等，或因发包人指令工程暂停或不可抗力事件造成工期拖延的，承包人提出的索赔。

（2）工程变更索赔。由于发包人或者监理工程师指令增加或减少工程量或附加工程、修改设计、变更工程顺序等，造成工期延长和费用增加，承包人对此提出的索赔。

（3）合同终止的索赔。由于发包人或承包人违约以及不可抗力事件等原因造成合同非正常终止，无责任的受害方因其蒙受经济损失而向对方提出的索赔。

（4）加快工程索赔。由于发包人或工程师指令承包人加快施工速度，缩短工期，引起承包人人、财、物额外开支而提出的索赔。

（5）意外风险和不可预见因素索赔。在工程实施过程中，因人力不可抗拒的自然灾害、特殊风险以及一个有经验的承包通常不能合理预见的不利施工条件或外界障碍，如地下水、地质断层、溶洞、地下障碍等引起的索赔。

另外，还有因货币贬值，汇率变化，物价，工资上涨，政策法令变化等原因引起的索赔。

（四）按索赔合同依据分类

按索赔合同依据进行分类，建设工程索赔可以分为合同中的明示索赔和合同中的默示索赔。

（1）合同中的明示索赔。合同中的明示索赔是指承包人所提出的索赔要求，在该工程项目的合同文件有文字依据，承包人可以据此提出索赔要求，并取得经济补偿。在这些合同文件中有文字规定的合同条款，称为明示条款。

（2）合同中的默示索赔。合同中默示的索赔，即承包人的该项索赔要求，虽然在工程项目的合同条款中没有专门的文字叙述，但可以根据该合同的某些条款的含义，推论出承包人有索赔权。这种经济补偿含义的条款，在合同管理工作中被称为“默示条款”或称“隐含条款”。

（五）按索赔处理方式分类

按索赔处理方式分类，建设工程索赔可以分为单项索赔和综合索赔。

（1）单项索赔。单项索赔是针对某一干扰事件提出的，在影响原合同正常运行的干扰事件发生时或者发生后，由于合同管理人员及时处理，并在合同规定的索赔有效期内向业主或监理工程师提交索赔要求和索赔报告。

（2）综合索赔。综合索赔又称一揽子索赔，一般在工程竣工前和工程移交前，承包商将工程实施过程中因各种原因未能及时解决的单项索赔集中起来进行综合分析考

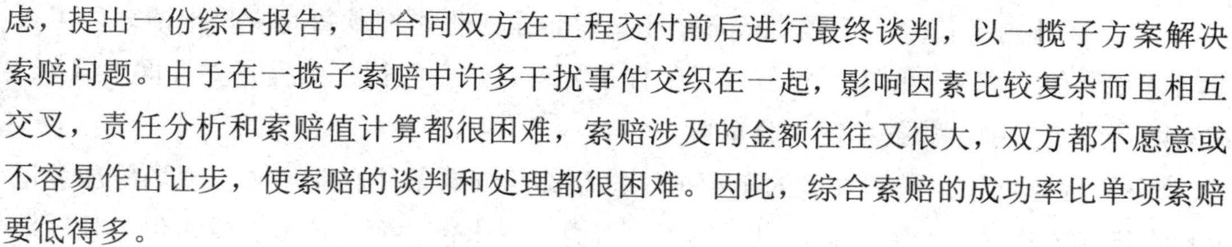

虑，提出一份综合报告，由合同双方在工程交付前后进行最终谈判，以一揽子方案解决索赔问题。由于在一揽子索赔中许多干扰事件交织在一起，影响因素比较复杂而且相互交叉，责任分析和索赔值计算都很困难，索赔涉及的金额往往又很大，双方都不愿意或不容易作出让步，使索赔的谈判和处理都很困难。因此，综合索赔的成功率比单项索赔要低得多。

四、建设工程索赔的依据

在建设工程索赔中，证据是非常重要的。当事人在履行合同过程中要特别注意证据的收集和保存。在实践中，经常会由于证据资料不足，而导致索赔失败，索赔人已经发生的损失得不到补偿。索赔的证据要有“四性”，即真实性、时效性、全面性及法律证明效力性。通常索赔的证据资料包括以下几类：

（1）招标文件。招标文件是工程项目合同文件的基础，包括通用条件、专用条件、施工技术规程、工程量表、工程范围说明、现场水文地质资料等文本，都是工程成本的基础资料。它们不仅是承包商投标报价的依据，也是索赔时计算附加成本的重要依据。

（2）投标报价文件。在投标报价文件中，承包商对各主要工种的施工单价进行了分析计算，对各主要工程量的施工效率和进度进行了分析，对施工所需的设备和材料列出了数量和价值，对施工过程中各阶段所需的资金数额提出了要求，等等。所有这些文件，在中标及签订施工协议书以后，都成为正式合同文件的组成部分，也成为施工索赔的基本依据。

（3）施工协议书及其附属文件。在签订施工协议书以前，合同双方对于中标价格、施工计划合同条件等问题的讨论纪要文件中，如果对招标文件中的某个合同条款作了修改或解释，则这个纪要就是将来索赔计价的依据。

（4）来往信件。工程来往信件主要包括：工程师（或业主）的工程变更指令、口头变更确认函、加速施工指令、施工单价变更通知、对承包商问题的书面回答等，这些信函（包括电传、传真资料）都具有与合同文件同等的效力，是结算和索赔的依据资料。

（5）会议记录。工程会议纪要在索赔中也十分重要。它包括标前会议纪要、施工协调会议纪要、施工进度变更会议纪要、施工技术讨论会议纪要、索赔会议纪要等。会议纪要要有台账，对于重要的会议纪要，要建立审阅制度，即由作纪要的一方写好纪要稿后，送交对方传阅核签，如有不同意见，可在纪要稿上修改，也可规定一个核签期限（如 7 天），如纪要稿送出后 7 天内不返回核签意见即认为同意。这对于会议纪要稿的合法性是很必要的。

（6）施工现场记录。施工现场记录主要包括施工日志、施工检查记录、工时记录、质量检查记录、设备或材料使用记录、施工进度记录或者工程照片、录像等。对于重要记录，如质量检查、验收记录，还应有工程师派遣的现场监理或现场监理员签名。

（7）工程财务记录。工程财务记录主要是记录工程进度款每月支付申请表，工人劳动计时卡和工资单，设备、材料和零配件采购单、付款收据，工程开支月报，等等。在索赔计价工作中，财务单证十分重要。

（8）现场气象记录。许多的工期拖延索赔都与气象条件有关。施工现场应注意记录和收集气象资料，如每月降水量、风力、气温、河水位、河水流量、洪水位、基坑地下水状况等。必要时还需要提供气象部门的资料作为依据。

（9）市场信息资料。对于大中型土建工程，一般工期长达数年，对物价变动等报道资料，应系统地收集整理，这对于工程款的调价计算是必不可少的，对索赔亦同等重要。如工程所在国官方出版的物价报道（包括主管部门的材料价格信息）、外汇兑换率行情、工人工资调整文件等。

（10）工程所在地的政策法令性文件。工程所在地的政策法令性文件如货币汇兑限制指令、调整工资的决定、税收变更指令、工程仲裁规则等。对于重大的索赔事项，如遇到复杂的法律问题时，承包商还需要聘请律师，专门处理这方面的问题。

五、建设工程索赔的程序

在实际工作中，索赔的程序通常有以下四个步骤。

（一）索赔的提出

索赔的提出主要包括索赔意向书和索赔申请报告。

（1）索赔意向书。承包商如要对某一事件进行索赔，他应在索赔事件发生后的28天内，向雇主和工程师提交索赔意向书，目的是要求雇主及时采取措施消除或减轻索赔起因，以减少损失，并促使合同双方重视收集索赔事件的情况和证据，以利于索赔的处理。

（2）索赔申请报告。承包商在发出索赔意向书后28天内，应向工程师提交索赔申请报告，其内容一般应包括索赔事件的发生情况与造成损害的情况、索赔的理由和根据、索赔的内容与范围、索赔额度的计算依据与方法等，并应附上必要的记录和证明材料。

如果索赔事件影响的延误时间较长，则承包商还应向工程师每隔一段时期提交中间索赔申请报告，并在索赔事件影响结束后28天内，向雇主和工程师提交最终索赔申请报告。

（二）索赔的处理

索赔的处理包括以下两个步骤：

（1）工程师收到索赔意向书后，应及时核查承包商的当时记录，并可要求承包商提交全部记录的副本。此外，工程师还应及时调查收集事件有关情况。

（2）工程师在收到索赔申请报告或最终申请报告后 42 天内，应进行审核报告，认真研究和核查承包商提供的记录和证据，必要时可向承包商质疑，要求答复。工程师处理时应分清合同双方对事件应负的责任，分析承包商所提供索赔额度计算方法的合理性与准确性，作出判断并提出初步的处理意见，并与雇主和承包商协商后作出决定。

（三）索赔的支付

雇主和承包商在收到工程师的索赔处理决定后，应在 14 天内向工程师作出答复——是否同意。若双方均同意工程师的决定，则工程师应在收到答复后 14 天内，将确定的索赔金额列入当月付款证书中予以支付。

（四）争端的处理

若雇主和承包商双方或其中的一方不同意工程师的索赔处理决定，则可以提请争端调解组评审解决或提出仲裁或提出诉讼。

【引例分析】

【答 1】合理。因为主体结构施工偏差超过了规范要求，造成幕墙施工单位工期延误和费用支出，相当于建设单位未按约定时间提供施工场地，应当承担相应责任。施工单位的索赔主要应包括工期顺延和预埋件补救、后置埋件增加等费用。

【答 2】关于花岗石的抗冻性，规范只要求在寒冷地区应进行复验，本工程地处华南，可以不复验，且复验合格，故应当由建设单位承担费用。铝合金型材强度虽然规范没有要求复验，但业主考虑该型号以前使用较少，提出复验是有一定理由的，且复验结果不合格，故应当由施工单位承担费用。如果复验结果合格，其费用应当由业主承担。

【答 3】施工单位不能拒绝监理工程师的要求。《建设工程施工合同》和《建筑装饰工程施工合同》的示范文本中都有规定："无论甲方代表是否参加验收，当其提出对已经验收的隐蔽工程重新检验的要求时，乙方应按要求进行剥露，并在检验后重新隐蔽或修复后隐蔽。检验合格，甲方承担由此发生的追加合同价款，赔偿乙方损失并相应顺延工期。检验不合格，乙方承担发生的费用，工期也予顺延。"

【答 4】合理。根据《中华人民共和国合同法》规定："发包人未按照约定的时间和要求提供原材料、设备、场地、资金、技术资料的，承包人可以顺延工程日期，并有权要求赔偿停工、窝工等损失。"

【本章小结】

本章对建设工程合同法规的法律关系，建设工程合同的订立，建设工程合同的履行，建设工程合同的变更、终止及争议的解决，建设工程索赔进行比较详细的阐述。

本章的主要内容包括建设工程法律关系的构成、建设工程合同的特征及分类、建设工程合同管理的任务及方法、建设工程合同订立的原则及程序、建设工程合同的主要内容、建设工程合同履行的内容及过程、建设工程合同履行的原则及规则、建设工程合同履行中的抗辩权及担保、建设工程合同的变更及终止、建设工程合同违约责任和争议的解决、建设工程索赔的特征及原因、建设工程索赔的分类及依据、建设工程索赔的程序。通过学习本章，读者可以了解合同、建设工程合同的概念；掌握建设工程合同的特征及分类；掌握建设工程合同的原则及程序；通晓建设工程合同缔约过失责任；熟悉建设工程合同的履行；掌握建设工程合同的变更、终止和争议的解决；熟悉建设工程的索赔。

【思考题】

1．什么是合同法律关系？

2．什么是建设工程合同？

3．建设工程合同订立的原则有哪些？

4．建设工程合同履行的原则有哪些？

5．简述建设工程合同的变更与终止。

6．承担违约责任的方式有哪些？

7．引起建设工程索赔的因素有哪些？

8．建设工程索赔的依据是什么？

第七章　建设工程安全生产法规

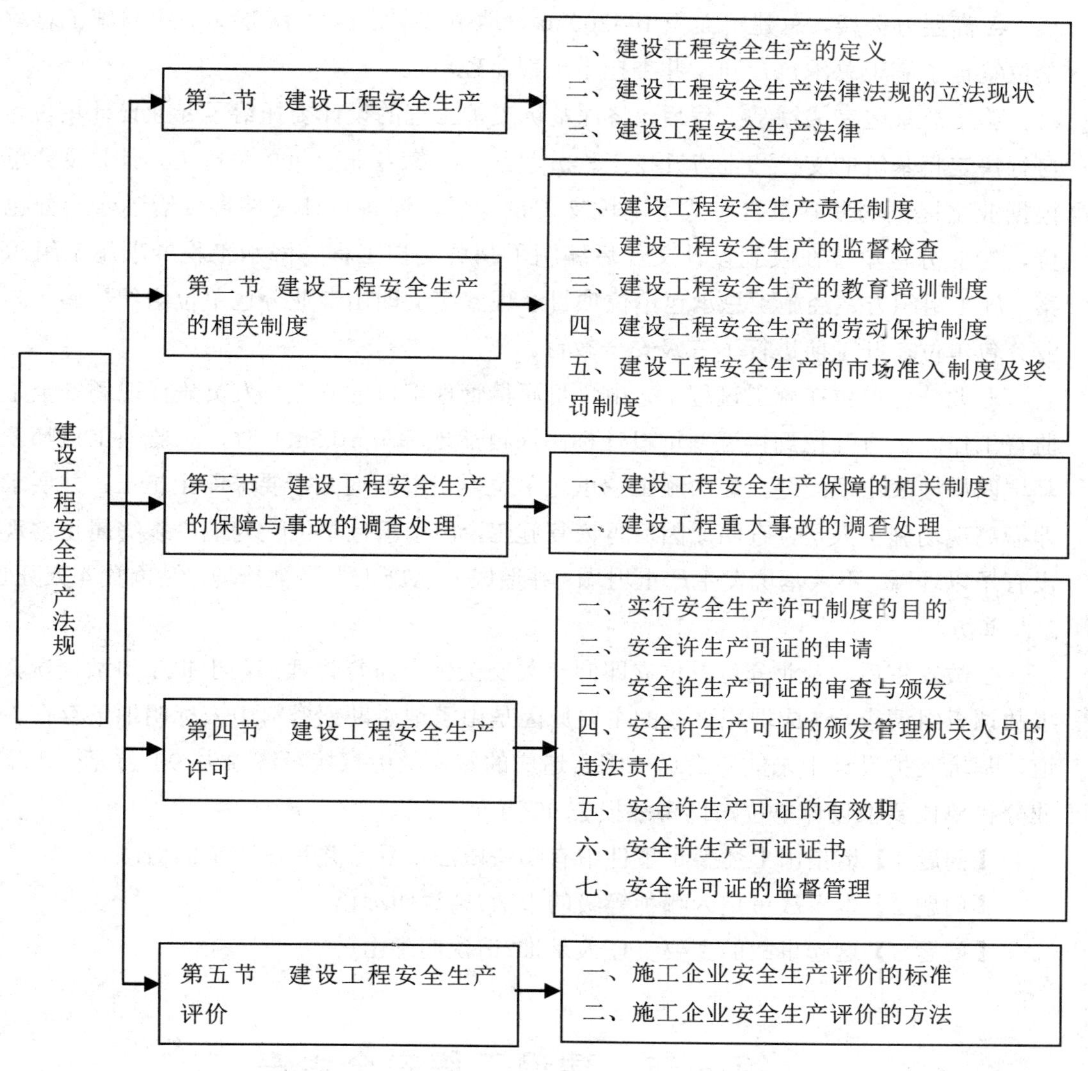

本章结构图

【学习目标】

- 了解建设工程安全生产的基本方针；
- 掌握建设工程安全生产的相关制度；

- 掌握建设工程的施工现场安全；
- 掌握建设工程重大事故的调查处理；
- 熟悉建设工程安全生产许可与评价。

【本章引例】

A 高层办公楼，总建筑面积 145200 m^2，地下 2 层，地上 18 层。业主与施工总承包单位签订了施工总承包合同，并委托了工程监理单位。

施工总承包完成桩基工程后，将深基坑支护工程的设计委托给了专业设计单位，并自行决定将基坑的支护和土方开挖工程分包给了一家专业分包单位施工，专业设计单位根据业主提供的勘察报告完成了基坑支护设计后，即将设计文件直接给了专业分包单位，专业分包单位在收到设计文件后编制了基坑支护工程和降水工程专项施工组织方案，施工组织方案经施工总承包单位项目经理签字后即由专业分包单位组织厂施工，专业分包单位在开工前进行了三级安全教育。

专业分包单位在施工过程中，由负责质量管理工作的施工：人员兼任现场安全生产监督工作。土方开挖到接近基坑设计标高（自然地坪下 10.5m）时，总监理工程师发现基坑四周地表出现裂缝，即向施工总承包单位发出书面通知，要求停止施工，并要求立即撤离现场施工人员，查明原因后再恢复施工，但总承包单位认为地表裂缝属正常现象没有予以理睬。不久基坑发生严重坍塌，并造成 6 名施工人员被掩埋，经抢救 4 人死亡，2 人重伤。

事故发生后，专业分包单位立即向有关安全生产监督管理部门上报了事故情况，经事故调查组调查，造成坍塌事故的主要原因是由于地质勘察资料中未标明地下存在古河道，基坑支护设计中未能考虑这一因素造成的。事故中直接经济损失 90 万元，于是专业分包单位要求设计单位赔偿事故损失 90 万元。

【问题 1】请指出上述整个事件中有哪些做法不妥，并写出正确的做法。

【问题 2】本事故可定为哪种等级的事故?请说明理由。

【问题 3】这起事故的主要责任人是谁?请说明理由。

第一节　建设工程安全生产

建筑生产的特点是产品固定、人员流动，而且多为露天作业、高处作业，施工条件较差，不安全因素较多，这些因素还随工程的进展而不断变化，因而规律性差、事故隐患多。再加上近些年建筑规模越来越大，建设速度明显加快，施工难度不断加大，引出了更多的新的危险因素，使得建筑行业每年的事故发生数和伤亡人数呈上升趋势，安全

生产形式十分严峻。很多西方国家都把建筑业被列为“高危行业”。

一、建设工程安全生产的定义

建设工程安全生产是指建筑生产过程中要避免人员、财产的损失及对周围环境的破坏。它包括建筑生产过程中的施工现场人身安全、财产设备安全，施工现场及附近的道路、管线和房屋的安全，施工现场和周围的环境保护及工程建成后的使用安全等方面的内容。

在目前市场经济条件下，从事生产经营活动的市场主体以赢利为目的，努力追求利润的最大化，这是无可厚非的。但绝不能以牺牲从业人员甚至公众的生命和财产安全为代价。事实上，如果不注意安全生产，一旦发生事故，不但给他人的生命和财产造成损害，生产经营者的生产活动也不能正常进行，甚至因此而破产。因此，生产与安全是既相互促进，又相互制约的统一体。尽管保证安全会增加生产成本，加大生产难度，但安全得到保证以后又会促进生产，增进效益。

据调查分析，人的不安全行为是造成建筑生产过程中安全事故的最主要原因，也是最直接的原因。因此，建立完善的安全生产制度，加强对建筑生产活动的监督管理，是避免安全事故、保护人身财产安全的最基本保证。

二、建设工程安全生产法律法规的立法现状

1996 年 8 月，国务院第 49 次常务会议讨论用过了《建筑法》（草案），于 1997 年 11 月 1 日正式颁布，1998 年 3 月 1 日起正式施行。《建筑法》的出台，为建筑行业发展成为国民经济的支柱产业提供了重要的法律依据，为解决当前建筑活动中存在的突出问题提供了法律武器，也为推进和完善建筑活动的法制建设提供了重要依据。

由于建筑业的这些特点和存在的问题，致使建筑生产安全事故一直居高不下，在各产业系统中仅次于采矿业，居第二位，给人民的生命财产安全和国家造成重大损失。《建筑法》共 8 章 85 条，其中第 5 章“建筑安全生产管理”就安全生产的方针、原则，安全技术措施，安全工作职责与分工，安全教育和事故报告等做出了明确的规定，为解决建筑活动中存在的安全生产问题提供了法律武器。在《安全生产法》出台之前的一段时间内，《建筑法》是规范我国建设工程生产安全的唯一一部法律。

《安全生产法》于 2002 年 6 月 29 日经全国人民代表大会常务委员会三次审议正式通过。《安全生产法》是我国安全生产领域的综合性基本法，它的颁布实施使我国安全生产领域的一件的大事，是我国安全生产监督与管理正式纳入法制化管理轨道的重要标志，是“入世”后依照国际惯例，以人为本、关爱生命、尊重人权、关注安全生产的具体体现，是我国为加强安全生产监督管理，防止和减少生产安全事故，保障人民群众生命财产安全所采取的一项具有战略意义、标本兼治的重大措施。

早在 1996 年，原建设部就起草了《建设工程安全生产管理条例》并上报国务院。1998 年，国务院法制办将收到的 24 个地区和 27 个部门对《建设工程安全生产管理条例》的修改意见返回原建设部。原建设部结合《建筑法》、《招标投标法》、《建设工程质量管理条例》等法律、法规，认证研究了各地区、部门提出的意见，对《建成工程安全生产管理条例》做出了相应的修改。《安全生产法》颁布后，原建设部根据《安全生产法》再次进行了修改，又征求了各地区、部门的意见，并召开了法律界专家、建设活动各责任主体的有关方面人员参加的专家论证会，于 2003 年 1 月 21 日形成《建设工程安全生产管理条例》送审稿。2003 年国务院法制办将其列入立法计划，并在送审稿的基础上经过反复论证和完善，形成《建设工程安全生产管理条例》草案。2003 年 11 月 12 日，国务院第 28 次常务会议讨论并原则通过了该草案。11 月 24 日国务院第 393 号令予以公布，自 2004 年 2 月 1 日起施行。

《建设工程安全生产管理条例》确立了有关建设工程安全生产监督管理的基本制度，明确了参与建设活动各责任主体的安全责任，确保了参与各方责任主体安全生产利益及建筑工人安全与健康的合法权益，为维护建筑市场秩序，加强建设工程安全生产监督管理提供了重要的法律依据。

《建设工程安全生产管理条例》是我国第一部规范建设工程安全生产的行法规，它的颁布与实施是建设工程领域贯彻落实《建筑法》和《安全生产法》的具体表现，标志着我国建设工程安全生产管理进入法制化、规范化发展的新时期。《建设工程安全生产管理条例》全面总结了我国建设工程安全管理的实践经验，借鉴了国外发达国家建设工程安全管理的成熟做法，对建设活动各方主体的安全责任、政府监督管理、生产安全事故的应急救援和调查处理以及相应的法律责任作了明确规定，确立了一系列符合中国国情以及适应社会主义市场经济要求的建设工程安全管理制度。《建设工程安全生产管理条例》的颁布实施，对于规范和增强建设工程各方主体的安全行为和安全责任意识，强化和提高政府安全监管水平和依法行政能力，保障从业人员和广大人民群众的生命财产安全，具有十分深远的意义。

三、建设工程安全生产法律

《安全生产法》和《建筑法》是构成建设工程生产安全法律法规的两大基础，此外还包括其他有关建设工程安全生产的法律。《安全生产法》的主要内容有以下几方面：

（1）明确了安全生产的三大目标，即保障人民生命安全、保护国家财产安全、促进社会经济发展。由此确立了安全（生产）所具有的保护生命安全的意义、保障财产安全的价值和促进经济发展的生产力功能。

（2）明确了安全生产的七项基本法律制度。安全生产的七项基本法律制度的主要内容如下：

① 安全生产监督管理制度。这项制度主要包括安全生产监督管理体制、各级人民政府和安全生产监管理部门以及其他有关部门各自的安全监督管理职责、安全监督检查人员职责、社会基层组织和新闻媒体进行安全生产监督的权利和义务等。

② 生产经营单位安全保障制度。这项制度主要包括生产经营单位的安全生产条件、安全管理机构及其人员配置、安全投入、从业人员安全资质、安全条件论证和安全评价、建设工程“三同时”、安全设施的设计审查和竣工验收、安全技术装备管理、生产经营场所安全管理、社会工伤保险等。

③ 生产经营单位负责人安全责任制度。这项制度主要包括生产经营单位主要负责人和其他负责人、安全生产管理人员的资质及其在安全生产工作中的主要职责。

④ 从业人员安全生产权利义务制度。主要包括生产经营单位的从业人员在生产经营活动中的基本权利和义务，以及应当承担的法律责任。

⑤ 安全中介服务制度。这项制度主要包括从事安全评价、评估、检测、检验、咨询服务等工作的安全中介机构和安全专业技术人员的法律地位、任务和责任。

⑥ 安全生产责任追究制度。这项制度主要包括安全生产的责任主体、安全生产责任的确定和责任形式、追究安全责任的机关、依据、程序和安全生产法律责任。

⑦ 事故应急和处理制度。这项制度主要包括事故应急预案的制定、事故应急体系的建立、事故报告、调查处理的原则和程序、事故责任的追究、事故信息发布等。

(3)《安全生产法》是明确规定了我国安全生产的四种监督方式，即工会民主监督、社会舆论监督、公众举报监督、社区报告监督。

(4)《安全生产法》明确了对我国安全生产现有责任的各方，包括以下四个方面：

① 政府责任方，即各级政府和对安全生产有监管职责的有关部门。

② 生产经营单位责任方。

③ 从业人员责任方。

④ 中介机构责任方。

(5)《安全生产法》明确了对相应违法行为的处罚方式。

① 对政府监督管理人员有降级、撤职的行政处罚。

② 对政府监督管理部门有责令改正、责令退还违法收取的费用的处罚。

③ 对中介机构有罚款、第三方损失连带赔偿、撤销机构资格的处罚。

④ 对生产经营单位有责令限期改正、停产停业整顿、经济罚款、责令停止建设、关闭企业、吊销其有关证照、连带赔偿等处罚。

⑤ 对生产经营单位负责人有行政处分、个人经济罚款、限期不得担任生产经营单位的主要负责人、降职、撤职、处 15 日以下拘留等处罚。

⑥ 对从业人员有批评教育、依照有关规章制度给予处分的处罚。无论任何人，造成严重后果。构成犯罪的，依照刑法有关规定追究刑事责任。

（6）《安全生产法》明确了从业人员的八项权利。从业人员的八项权利具体内容为：

① 知情权。从业人员有权了解其作业场所和工作岗位存在的危险因素、防范措施和事故应急措施。

② 建议权。从业人员有权对本单位的安全生产工作提出建议。

③ 批评权和检举、控告权。从业人员有权对本单位安全生产管理工作中存在的问题提出批评、检举、控告。

④ 拒绝权。从业人员有权拒绝违章作业指挥和强令冒险作业。

⑤ 紧急避险权。从业人员发现直接危及人身紧急情况时，有权停止作业或者在采取可能的应急措施后撤离作业场所。

⑥ 从业人员具有依法向本单位要求赔偿的权利。

⑦ 获得符合国家标准或者行业标准劳动防护用品的权利。

⑧ 获得安全生产教育和培训的权利。

（7）《安全生产法》明确了从业人员的四项义务。从业人员的四项义务具体内容为：

① 遵章守规，服从管理的义务。

② 佩戴和使用劳动防护用品的义务。

③ 接受培训，掌握安全生产技能的义务。

④ 发现事故隐患及时报告的义务。

（8）《安全生产法》明确了企业负责人六项责任。《安全生产法》对生产经营单位负责人的安全生产责任作了专门的规定：

① 建立健全安全生产责任制。

② 组织制定安全生产规章制度和操作规程。

③ 保证安全生产投入。

④ 督促检查安全生产工作，及时消除生产安全事故隐患。

⑤ 组织制定并实施生产安全事故应急救援预案。

⑥ 及时如实报告生产事故。

第二节　建设工程安全生产的相关制度

我国《安全生产法》中规定：安全生产管理，坚持“安全第一，预防为主”的方针。“安全第一，预防为主”是相辅相成、辩证统一的，具有十分深刻的内涵。“安全第一”是从保护和发展生产力的角度，表明在生产范围内安全与生产的关系，肯定安全在生产活动中的首要位置和重要性。“预防为主”是指在生产活动中，针对生产的特点，对生产要素采取管理措施，有效地控制不安全因素的发展和扩大，把可能发生的事故消灭在

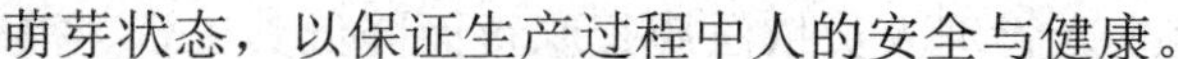

萌芽状态，以保证生产过程中人的安全与健康。

为保证“安全第一，预防为主”方针的落实，《安全生产法》及其他相关法规，还具体规定了安全生产责任制度、安全生产检查监督制度、建设工程安全生产的教育培训制度、安全生产劳动保护制度、安全生产的市场准入制度及奖罚制度等基本制度。

一、建设工程安全生产责任制度

安全生产责任制度是指由企业主要负责人应负的安全生产责任，其他各级管理人员、技术人员和各职能部门应负的安全生产责任，直到各岗位操作人员应负的岗位安全生产责任所构成的企业安全生产制度。

（1）企业主要负责人的责任。《安全生产法》规定，生产经营单位的主要负责人，对本单位的安全生产负有以下责任：

① 建立、健全本单位安全生产责任制。

② 组织制定本单位安全生产规章制度和操作规程。

③ 组织制定并实施本单位安全生产教育和培训计划。

④ 保证本单位安全生产投入的有效实施。

⑤ 督促、检查本单位的安全生产工作，及时消除生产安全事故隐患。

⑥ 组织制定并实施本单位的生产安全事故应急救援预案。

⑦ 及时、如实报告生产安全事故。

生产经营单位应当具备的安全生产条件所必需的资金投入，由生产经营单位的决策机构、主要负责人或者个人经营的投资人予以保证，并对由于安全生产所必需的资金投入不足导致的后果承担责任。

（2）各级管理人员的责任。生产经营单位的安全生产管理机构以及安全生产管理人员履行下列职责：

① 组织或者参与拟订本单位安全生产规章制度、操作规程和生产安全事故应急救援预案。

② 组织或者参与本单位安全生产教育和培训，如实记录安全生产教育和培训情况。

③ 督促落实本单位重大危险源的安全管理措施。

④ 组织或者参与本单位应急救援演练。

⑤ 检查本单位的安全生产状况，及时排查生产安全事故隐患，提出改进安全生产管理的建议。

⑥ 制止和纠正违章指挥、强令冒险作业、违反操作规程的行为。

⑦ 督促落实本单位安全生产整改措施。

生产经营单位的安全生产管理机构以及安全生产管理人员应当恪尽职守，依法履行职责。在做出涉及安全生产的经营决策时，应当听取安全生产管理机构以及安全生产管理人员的意见。生产经营单位不得因安全生产管理人员依法履行职责而降低其工资、福利等待遇或者解除与其订立的劳动合同。

（3）从业人员的责任。《安全生产法》规定，从业人员应承担下列主要责任与义务：

① 作业过程中，应当严格遵守本单位的安全生产规章制度和操作规程，服从管理，正确佩戴和使用劳动防护用品。

② 应当接受安全生产教育和培训，掌握本职工作所需的安全生产知识，提高安全生产技能，增强事故预防和应急处理能力。

③ 发现事故隐患或者其他不安全因素，应当立即向现场安全生产管理人员或者本单位负责人报告；接到报告的人员应当及时予以处理。

工会对生产经营单位违反安全生产法律、法规，侵犯从业人员合法权益的行为，有权要求纠正；发现生产经营单位违章指挥、强令冒险作业或者发现事故隐患时，有权提出解决的建议，生产经营单位应当及时研究答复；发现危及从业人员生命安全的情况时，有权向生产经营单位建议组织从业人员撤离危险场所，生产经营单位必须立即做出处理。

二、建设工程安全生产的监督检查

保障社会的安定和人民的安全，是国家应承担的责任，而安全生产涉及社会及广大人民群众的生命财产安全，因此，政府必须对安全生产加强监督管理。《安全生产法》及相关法规对此都有明确规定。

（1）县级以上地方人民政府的监督管理。县级以上地方各级人民政府应根据本行政区域内的安全生产状况，组织有关部门按照职责分工，对本行政区域容易发生重大安全事故的生产经营单位进行严格检查，发现事故隐患，应及时处理。

（2）各级负责安全生产监督管理部门的监督管理。目前，在中央是国务院安全生产监督管理局负责安全生产监督管理的部门，在地方各级是依法成立的负责安全生产监督的机构负责安全生产监督管理的部门。安全生产监督管理部门和其他负有安全生产监督管理职责的部门依法开展安全生产行政执法工作，对生产经营单位执行有关安全生产的法律、法规和国家标准或者行业标准的情况进行监督检查，行使以下职权：

① 进入生产经营单位进行检查，调阅有关资料，向有关单位和人员了解情况。

② 对检查中发现的安全生产违法行为，当场予以纠正或要求限期改正；对依法应当给予行政处罚的行为，依照本法和其他有关法律、行政法规的规定做出行政处罚决定。

③ 对检查中发现的事故隐患，应当责令立即排除；重大事故隐患排除前或排除过程中无法保证安全的，应当责令从危险区域内撤出作业人员，责令暂时停产停业或者停止使用相关设施、设备；重大事故隐患排除后，经审查同意，方可恢复生产经营和使用。

④ 对有根据认为不符合保障安全生产的国家标准或者行业标准的设施、设备、器

材以及违法生产、储存、使用、经营、运输的危险物品予以查封或者扣押，对违法生产、储存、使用、经营危险物品的作业场所予以查封，并依法做出处理决定。

安全生产监督检查人员应当将检查的时间、地点、内容、发现的问题及其处理情况，做出书面记录，并由检查人员和被检查单位的负责人签字；被检查单位的负责人拒绝签字的，检查人员应当将情况记录在案，并向负有安全生产监督管理职责的部门报告。

生产经营单位对负有安全生产监督管理职责的部门的监督检查人员（以下统称安全生产监督检查人员）依法履行监督检查职责，应当予以配合，不得拒绝、阻挠。但监督检查活动也不得影响被检查单位的正常生产经营活动。

（3）行业行政主管部门对本行业安全生产的监督管理。依照国务院“三定”方案的规定，房屋建筑工程、市政工程等建设工程的安全生产的监督工作由住建部负责，其主要职责是控照保障安全生产的要求，依法及时制定或修订建筑业的国家标准或行业标准，并督促、检查标准的严格执行。这些标准包括：生产场所的安全标准，生产作业、施工的工艺安全标准，安全设备、设施、器材和安全防护用品的产品安全标准及有关建筑生产安全的基础性和通用性标准等。

（4）生产经营单位对安全生产的监督管理。生产经营单位在日常的生产经营活动中，必须加强对安全生产的监督管理，对于存在较大危险因素的场地、设备及施工作业，更应依法进行重点检查、管理，以防生产安全事故的发生。《安全生产法》对此还作出了明确规定：

① 生产经营单位的安全生产管理人员应当根据本单位的生产经营特点，对安全生产状况进行经常性检查。对检查中发现的安全问题，应立即处理，不能处理的，应及时报告本单位的有关负责人，检查及处理情况应记录在案。

② 生产经营单位应教育和督促从业人员严格执行本单位的安全生产规章制度和安全操作规程；并向从业人员如实告知作业场所和工作岗位存在的危险因素、防范措施以及事故应急措施。

③ 生产经营单位进行爆破、吊装等危险作业，应安排专门人员进行现场安全管理，确保操作规程的遵守和安全措施的落实。

④ 生产经营单位对危险物品大量聚集的重大危险源应当登记建档，进行定期检测、评估、监控，并制定相应的应急预案，告知从业人员和相关人员在紧急情况下应当采取的应急措施。

⑤ 生产经营单位使用涉及生命安全、危险性较大的特种设备（如锅炉、压力容器、电梯、起重机械等）以及危险物品（如易燃易爆品、危险化学品等）的容器、运输工具，必须是按照国家有关规定，由专业生产单位生产，并且必须经具有专业资质的检测、检验机构检测合格，取得安全使用证或安全标志后，方可投入使用。

⑥ 生产经营单位应当在存有较大危险因素的生产经营场所和有关设施、设备上，

设置明显的安全警示。

⑦ 生产经营单位不得使用国家明令淘汰、禁止使用的危及生产安全的工艺、设备；对使用的安全设备必须进行经常性维护、保养，并定期检测，以保证正常运转。维护、保养、检测应当做好记录，并由有关人员签字。

（5）社会对安全生产的监督管理。相对于政府和负有安全生产监督管理职责的部门的监督，各种社会力量的监督可以称之为“安全生产的社会监督”。

《安全生产法》第六十四条规定：“任何单位或者个人对事故隐患或者安全生产违法行为，均有权向负有安全生产监督管理职责的部门报告或者举报。”这是对单位和个人对有关安全生产事项的报告权和举报权的规定。单位和个人有权向负有安全生产监督管理职责的部门报告、举报的事项包括两类：

① 事故隐患。由于事故隐患具有隐蔽性、危险性、形态多样性等特征，规定任何单位和个人有权向负有安全生产监督管理职责的部门报告事故隐患，有利于及时发现更多的、特别是较为隐蔽的事故隐患，便于有关部门及时采取适当措施，消除隐患，防止事故发生，保障安全生产。

② 安全生产违法行为。安全生产违法行为是指包括生产经营单位及其有关人员的安全生产违法行为，如不建立、健全安全生产责任制度，不投入保障安全生产条件所必需的资金，不对从业人员进行安全生产教育和培训，违章指挥、违章操作等；也包括政府、有关部门及其工作人员的安全生产违法行为，如不严格按照法定的安全生产条件对涉及安全生产的事项进行审查，不对生产经营单位进行严格的安全生产检查等。安全生产违法行为同样对安全生产具有直接的威胁，赋予单位和个人对安全生产违法行为以举报的权利，是对生产经营单位及其有关人员以及政府、有关部门及其工作人员的有效监督，有利于及时纠正安全生产违法行为，消除安全生产违法行为造成的后果，避免因此导致事故，保障安全生产。

三、建设工程安全生产的教育培训制度

进行安全教育与训练，能增强人的安全生产意识，提高安全生产知识，有效防止人的不安全行为，减少人的失误。安全教育、训练是进行人的行为控制的重要方法和手段。因此，进行安全教育、训练要适时、宜人，内容合理、方式多样，形成制度。组织安全教育、训练，做到严肃、严格、严密、严谨，讲求实效。

（1）一切管理、操作人员应具有基本条件与较高的素质。参与建设工程安全生产的管理、操作人员应具有以下基本条件与素质：

① 具有合法的劳动手续。临时性人员须正式签订劳动合同，接受入场教育后，才可进入施工现场和劳动岗位。

② 没有痴呆、健忘、精神失常、癫痫、脑外伤后遗症、心血管疾病、晕眩，以及

不适于从事操作的疾病。

③ 没有感官缺陷，感性良好。有良好的接受、处理、反馈信息的能力。

④ 具有适于不同层次操作所必须的文化。

⑤ 输入的劳务，必须具有基本的安全操作素质。经过正规训练、考核，输入手续完善。

（2）安全教育、训练的目的与方式。安全教育、训练包括知识、技能、意识三个阶段的教育。进行安全教育、训练，不仅要使操作者掌握安全生产知识，而且能正确、认真地在作业过程中表现出安全的行为。

① 安全知识教育。使操作者了解、掌握生产操作过程中，潜在的危险因素及相应的防范措施。

② 安全技能训练。使操作者逐渐掌握安全生产技能，获得完善化、自动化的行为方式，减少操作中的失误现象。

③ 安全意识教育。在于激励操作者自觉坚持实行安全技能。

（3）安全教育的内容随实际工作的需要而确定。通常情况下，安全教育的主要内容包括以下几方面：

① 新工人入场前应完成三级安全教育。对学徒工、实习生的入场三级安全教育，重点偏重一般安全知识、生产组织原则、生产环境、生产纪律等，强调操作的非独立性；对季节工、农民工三级安全教育，以生产组织原则、环境、纪律、操作标准为主。两个月内安全技能不能达到熟练的，应及时解除劳动合同，废止劳动资格。

② 结合施工生产的变化，适时进行安全知识教育。一般每10天组织一次校核。

③ 结合生产组织安全技能训练，干什么训练什么，反复训练、分步验收。以达到出现完善化、自动化的行为方式，划为一个训练阶段。

④ 安全意识教育的内容不易确定，应随安全生产的形势变化，确定阶段教育内容。可结合发生的事故，进行增强安全意识，坚定掌握安全知识与技能的信心，接受事故教训教育。

⑤ 受季节、自然变化影响时，针对由于这种变化而出现生产环境、作业条件的变化进行的教育，其目的在于增强安全意识，控制人的行为，尽快地适应变化，减少人的失误。

⑥ 采用新技术，使用新设备、新材料，推行新工艺之前，应对有关人员进行安全知识、技能、意识的全面安全教育，激励操作者实行安全技能的自觉性。

（4）加强教育管理，增强安全教育效果。加强教育管理，增强安全教育效果的具体工作内容如下：

① 教育内容全面，重点突出，系统性强，抓住关键反复教育。

② 反复实践。养成自觉采用安全的操作方法的习惯。

③ 使每个受教育的人，了解自己的学习成果。鼓励受教育者树立坚持安全操作方法的信心，养成安全操作的良好习惯。

④ 告诉受教者怎样做才能保证安全，而不是不应该做什么。

⑤ 奖励促进，巩固学习成果。

（5）进行各种形式、不同内容的安全教育时，应把教育的时间、内容等，清楚地记录在安全教育记录本或记录卡上。

四、建设工程安全生产的劳动保护制度

在整个安全生产过程中，从业人员通常都直接面对生产经营活动中的不安全因素，生命和健康安全极易受到威胁，而生产经营单位从追求利润最大化的立场出发，往往容易忽略甚至故意减少对从业人员人身安全的保障。为使从业人员人身安全得到切实保护，法律特别赋予从业人员以自我保护的权利。

（一）从业人员的权利

（1）签订合法劳动合同权。生产经营单位与从业人员订立的劳动合同，应当载明有关保障从业人员劳动安全、防止职业危害的事项，以及依法为从业人员办理工伤社会保险的事项。生产经营单位不得以任何形式与从业人员订立协议，免除或减轻其对从业人员因生产安全事故伤亡依法应承担的责任。

（2）知情权。生产经营单位的从业人员有权了解其作业场所和工作岗位存在的危险因素、防范措施及事故应急措施，生产经营单位应主动告知有关实情。

（3）建议、批评、检举、控告权。安全生产与从业人员的生命安全与健康息息相关，因此从业人员有权参与本单位生产安全方面的民主管理与民主监督。对本单位的安全生产工作提出意见和建议；对本单位安全生产中存的问题提出批评、检举和控告。生产经营单位不得因此而降低其工资、福利待遇或解除与其订立的劳动合同。

（4）停止作业及紧急撤离权。从业人员发现直接危及人身安全的紧急情况时，有权停止作业或在采取可能的应急措施后撤离作业场所。生产经营单位不得因此而降低其工资、福利待遇或解除其劳动合同。

（5）对违章指挥、强令冒险作业的拒绝权。对于生产经营单位的负责人，生产管理人员和工程技术人员违反规章制度，不顾从业人员的生命安全与健康，指挥从业人员进行生产活动的行为；以及在存有危及人身安全的危险因素而又无相应安全保护措施的情况下，强迫命令从业人员冒险进行作业的行为，从业人员都依法享有拒绝服从指挥和命令的权利。生产经营单位不得因此而采取降低工资、福利待遇、解除劳动合同等惩罚、报复手段。

（6）依法获得赔偿权。《安全生产法》规定，因生产安全事故受到损害的从业人员，

除依法享有工伤保险外，依照有关民事法律尚有获得赔偿的权利，还有权向本单位提出赔偿要求，生产经营单位应依法予以赔偿。

（二）生产经营单位在劳动保护方面的职责

（1）提供劳动保护用品。《安全生产法》规定，生产经营单位必须为从业人员提供符合国家标准或行业标准的劳动保护用品，如“安全三宝一器”即：安全帽、安全带、安全网与漏电保护器，并监督、教育从业人员按照使用规则佩戴、使用，并明确要求生产经营单位应当安排用于配备劳动保护用品和进行安全生产培训的经费。

（2）参加工伤社会保险。社会保险是一种为丧失劳动能力、暂时失去劳动岗位或因健康原因造成损失的人口提供收入或补偿的一种社会和经济制度。社会保险计划由政府举办，强制某一群体将其收入的一部分作为社会保险税（费）形成社会保险基金，在满足一定条件的情况下，被保险人可从基金获得固定的收入或损失的补偿，它是一种再分配制度，它的目标是保证物质及劳动力的再生产和社会的稳定。

我国目前已建立起的社会保险包括养老保险、失业保险以及工伤保险等。其中工伤保险是指职工在劳动过程中因生产安全事故或患职业病，暂时或永久丧失劳动能力时，在医疗和生活上获得物质帮助的社会保险制度。《安全生产法》规定，生产经营单位必须依法参加工伤社会保险，为从业人员缴纳保险费。

《建筑法》还规定：“建筑施工企业必须为从事危险作业的职工办理意外伤害保险，支付保险费。”这就是说，只要是从事危险作业的人员，不论是固定工，还是合同工，不论是正式工，还是农民工，其所在的建筑施工企业都必须为其办理意外伤害保险，并支付保险费。这种保险是强制的，它从法律上保障了职工的意外伤害经济补偿权利。

（3）日常生产经营活动中的劳动保护。生产经营单位必须切实加强管理，保证职工在生产过程中的安全和健康，促进行业的发展。企业要努力改善劳动条件，注意劳逸结合，制定以防止工伤事故、职工中毒和职业病为内容的安全技术措施、长远规划和年度计划，并组织实施。要加强季节性劳动保护工作。

建筑施工企业在施工过程中，应遵守有关安全生产的法律、法规和建筑行业的安全规章、规程。企业法定代表人、项目经理、生产管理人员和工程技术人员不得违章指挥，强令作业人员违章作业，如因违章指挥强令职工冒险作业，而发生重大伤亡事故或造成其他严重后果的，要依法追究其刑事责任。

（4）加强未成年工和女性职工的特殊保护。我国严禁雇用未满 16 周岁的童工，对于已满 16 周岁但尚未成年的职工，不得安排其从事矿山井下、有毒有害、国家规定的第四级体力劳动强度的劳动和其他禁忌从事的劳动。用人单位应当对未成年工定期进行健康检查。

生产经营单位应根据女职工的不同生理特点进行特殊保护。我国劳动法禁止安排女职工从事矿山井下、国家规定的第四级体力劳动强度的劳动和其他禁忌从事的劳动。不得安排女职工在经期从事高处、低温、冷水作业和国家规定的第三级体力劳动强度的劳动。不得安排女职工在怀孕期间从事国家规定的第三级体力劳动强度的劳动和孕期禁忌从事的劳动。对怀孕7个月以上的女职工，不得安排其延长工作时间夜班劳动。女职工生育享受不少于90天的产假。不得安排女职工在哺乳未满一周岁的婴儿期间从事国家规定的第三级体力劳动强度的劳动和哺乳期间禁忌从事的其他劳动，不得安排其延长工作时间和夜班劳动。

五、建设工程安全生产的市场准入制度及奖罚制度

（1）市场准入制度。为确保安全生产，国家对生产经营单位及从业人员都实行了严格的市场准入制度。生产经营单位必须具备法律、法规及国家标准或行业标准规定的安全生产条件。条件不具备的，不得从事生产经营活动。

承担安全评价、认证、检测、检验的机构必须取得国家的资质许可，方可从事相关活动。未经安全生产教育和培训合格的从业人员，不得上岗作业。特种作业人员必须经专门的安全作业培训，在取得特种作业操作资格证书后，方可上岗作业。

（2）奖惩制度。国家实行生产安全事故责任追究制度，依法追究生产安全事故责任人员的法律责任。国家对在改善安全生产条件、防止生产安全事故、参加抢险救护等方面取得显著成绩的单位和个人，给予奖励。县级以上人民政府及有关部门对报告或举报的有功人员应给予奖励。

第三节　建设工程安全生产的保障与事故的调查处理

《安全生产法》规定，生产经营单位新建、改建、扩建工程项目的安全设施，必须与主体工程同时设计、同时施工、同时投入生产和使用的“三同时”制度，纳入安全设施投资建设项目概算。

一、建设工程安全生产保障的相关制度

《建筑法》规定：“建筑工程设计应当符合按照国家规定制定的建筑安全规程和技术规范，保证工程的安全性能。”如未按安全标准进行设计的，依情节轻重，将受到没收非法所得、罚款、停业整顿、降低资质等级、吊销资质证书、经济赔偿等处罚，构成犯罪的，将依法追究刑事责任。

（一）工程施工现场的安全保障制度

《建筑法》规定：“涉及建筑主体和承重结构变动的装修工程，建设单位应当在施工前委托原设计单位或者具有相应资质的设计单位提出设计方案；没有设计方案的，不得施工。”随着经济发展和人们生活水平的提高，对原有房屋的重新装修已成为非常普遍的事情。但装修不仅要美观、舒适，更应保证建筑的安全，不能野蛮装修、盲目装修。至于房屋拆除，也需要一定的技术和安全保障条件，否则也会发生安全事故，为此，必须由具备保证安全条件的建设施工单位承担，并由其负责人对安全负责。

（1）施工现场的安全管理。施工现场是建筑企业进行建筑生产的基地。杂乱的施工条件、快速的人机流、开敞的施工环境，“扰民”和“民扰”同时存在。这一切使得生产过程中的不安全因素极多。因此，施工现场的安全管理也是建筑安全生产中最为重要的环节。为此，《建筑法》规定；“建筑施工企业在编制施工组织设计时，应当根据建筑工程的特点制订相应的安全技术措施；对专业性较强的工程项目，应当编制专项安全施工组织设计，并采取安全技术措施。”“建筑施工企业应当在施工现场采取维护安全、防范危险、预防火灾等措施；有条件的，应当对施工现场实行封闭管理。”

《安全生产法》规定，生产、经营、储存、使用危险物品的车间、商店、仓库不得与员工宿舍在同一座建筑物内，并应当与员工宿舍保持安全距离。生产经营场所和员工宿舍应当设有符合紧急疏散要求、标志明显、保持畅通的出口。禁止封闭、堵塞生产经营场所或者员工宿舍的出口。两个以上生产经营单位在同一作业区域内进行生产经营活动时，可能危及对方生产安全的，应当签订安全生产管理协议，明确各自的安全生产管理职责和应当采取的安全措施，并指定专职安全生产管理人员进行安全检查与协调。

（2）施工现场周边环境的安全管理。建筑施工多为露天作业、高处作业，常常需进行深基开挖。对周围环境，特别是毗邻的建筑物、构筑物及地下管线的安全可能造成损害，建设单位与建筑施工企业有义务，也有责任采取相应的安全防护措施，以保证周边环境的安全。《建筑法》规定：“建设单位应当向建筑施工企业提供与施工现场相关的地下管线资料，建筑施工企业应当采用措施加以保护”，“施工现场对毗邻的建筑物、构筑物和特殊作业环境可能造成损害的，建筑施工企业应当采取安全防护措施。”

建筑施工相关的法律、法规还规定，“采取控制和处理施工现场的各种粉尘、废气、废水、固体废物以及噪声、振动对环境的污染和危害的措施。”当工程施工需要临时停水、停电、中断道路交通及需要进行爆破作业时，必须先行申请，经有关部门批准后方可实行，以保障人民的正常生活及生命财产的安全。

（二）施工现场消防保卫管理制度

为了加强施工现场消防保卫工作，预防火灾和各类案件的发生，保证集体财产及职工生命安全，贯彻执行好《中华人民共和国消防法》和《中华人民共和国治安管理处罚条例》，把消防保卫工作落到实处。

保证施工任务的全面完成，制定如下施工现场消防保卫管理制度：

（1）施工现场建立健全消防，保卫组织结构，义务消防队及应急组织和各岗位、各部位、各工种防火，治安岗位责任制。

（2）现场设警卫室，配备足够的护场巡逻警卫力量，并做好值班记录。

（3）施工现场严禁吸烟，吸烟请到吸烟处，任何人未经批准不得私自动用明火，现场有明显的消防标志，电气焊工持证上岗，持有用火审批手续，有灭火设施。

（4）工地的易燃易爆及剧毒物品，严禁领退手续，油漆、稀料等按规定分开存放，并由专人负责管理。

（5）重点部位严禁烟火，木工房（棚）内禁止吸烟及明火作业，内存木料最多不得超过三日的使用量，操作地点的易燃废品（碎木料、刨花、锯末等），当日清到指定的安全地点。

（6）施工现场配足灭火器及设施，专人保管，定期维修保养，保持灵敏有效（高层以上标准设消防竖管）严禁擅自挪用消防器材、设施，确保道路畅通无阻。

（7）施工现场严禁酗酒滋事，打架斗殴，男女混居，看黄嫖赌，盗窃公私财物等不良行为。

（8）在生活区暂处证需要办理审批手续，未经批准，任何人不得私自住宿或做临设，严禁使用电炉、大灯泡等电热器具和乱拉接电线等违章用电行为。

（9）外包施工队伍（新进场班组或未成建制的）及外来人员入场，需进行认真审查登记，注册后办理暂住等进场手续，严禁雇佣童工（五种人）等非法用工，经消防教育考核合格后上岗。

二、建设工程重大事故的调查处理

建筑工程重大安全事故，是指在工程建设过程中，由于责任过失造成工程倒塌或报废，机械设备毁坏和安全设施失当造成人身伤亡或者重大经济损失的事故。

（一）生产安全事故的等级评定

我国自2007年6月1日起施行《生产安全事故报告和调查处理条例》，该条例中将生产安全事故分为以下四个等级：

（1）特别重大事故。死亡在30人以上，或者100人以上重伤，或者1亿元以上直接经济损失的为特别重大事故。

（2）重大事故。死亡10~30人，或者50~100人重伤，或者5000万元~1亿元直接经济损失的为重大事故。

（3）较大事故。死亡 3~10 人，或者 10~50 人重伤，或者 1000~5000 万元直接经济损失的为较大事故。

（4）一般事故。死亡 3 人以下，或者 10 人以下重伤，或者 1000 万元以下直接经济损失的为一般事故。

（二）建设工程重大事故的处理

1．建设工程重大事故的应急处理措施

重大安全事故的应急处理预案，是指县级以上地方人民政府或者人民政府建设行政主管部门应当针对本行政区域容易发生的重大安全事故，预先制定出一套如何处理事故的具体方案，以便于事故发生以后，能够按照较为科学的程序和步骤进行处理。制定事故应急处理预案是安全事故处理的一项重要制度，是保证事故正确处理，减少事故损失的重要措施。制定安全事故应急处理预案，需要进行认真的研究讨论，最后经制定部门的主要领导人签署。

国家应加强生产安全事故应急能力建设，在重点行业、领域建立应急救援基地和应急救援队伍，鼓励生产经营单位和其他社会力量建立应急救援队伍，配备相应的应急救援装备和物资，提高应急救援的专业化水平。

县级以上地方各级人民政府应当组织有关部门制定本行政区域内生产安全事故应急救援预案，建立应急救援体系。

生产经营单位应当制定本单位生产安全事故应急救援预案，与所在地县级以上地方人民政府组织制定的生产安全事故应急救援预案相衔接，并定期组织演练。

危险物品的生产、经营、储存单位以及矿山、金属冶炼、城市轨道交通运营、建筑施工单位应当建立应急救援组织；生产经营规模较小的，可以不建立应急救援组织，但应当指定兼职的应急救援人员。危险物品的生产、经营、储存、运输单位以及矿山、金属冶炼、城市轨道交通运营、建筑施工单位应当配备必要的应急救援器材、设备和物资，并进行经常性维护、保养，保证正常运转。

2．建设工程重大事故的处理

（1）重大事故发生后，负伤者或者事故现场有关人员应当立即直接或者逐级报告企业负责人。企业负责人接到重伤、死亡、重大死亡事故报告后，应当立即报告企业主管部门和企业所在地劳动部门、公安部门、人民检察院、工会。

（2）企业主管部门和劳动部门接到死亡、重大事故死亡事故报告后应当迅速采取有效措施，组织抢救，防止事故扩大，减少人员伤亡和财产损失，并按照国家有关规定立即如实报告当地负有安全生产监督管理职责的部门，不得隐瞒不报、谎报或者迟报，不得故意破坏事故现场、毁灭有关证据。

（3）重大死亡事故报至国务院有关主管部门、劳动部门，并在 24 小时内写出事故报告报上述所列部门。重大事故报告应包括以下内容：

① 事故发生的时间、地点、单位。

② 事故的简单经过、伤亡人数、直接经济损失的初步统计。

③ 事故发生原因的初步判断。

④ 事故发生采取的措施。

⑤ 事故控制情况。

⑥ 事故报告单位。

（4）事故调查企业接到事故报告后，经理、主管经理、业务部领导和有关人员应立即赶赴现场按照生产安全事故应急救援预案的要求立即赶到事故现场，组织事故抢救。参与事故抢救的部门和单位应当服从统一指挥，加强协同联动，采取有效的应急救援措施，并根据事故救援的需要采取警戒、疏散等措施，防止事故扩大和次生灾害的发生，减少人员伤亡和财产损失。事故抢救过程中应当采取必要措施，避免或者减少对环境造成的危害。

任何单位和个人都应当支持、配合事故抢救，并提供一切便利条件。

重大事故的调查由事故发生地的市、县级以上建设行政主管部门或国务院有关主管部门组织调查组负责进行。调查组由建设行政主管部门、事故发生单位的主管部门和劳动等有关部门的人员组成，并应邀请人民检察机关和工会派员参加。必要时，调查组可以聘请有关方面的专家协助进行技术鉴定、事故分析和财产损失的评估工作。

事故调查处理应当按照科学严谨、依法依规、实事求是、注重实效的原则，及时、准确地查清事故原因，查明事故性质和责任，总结事故教训，提出整改措施，并对事故责任者提出处理意见。事故调查报告应当依法及时向社会公布。

重大事故调查组的职责主要有以下几方面：

① 组织技术鉴定。

② 查明事故发生的原因、过程、人员伤亡及财产损失情况。

③ 查明事故的性质、责任单位和主要责任者。

④ 提出事故处理意见及防止类似事故再次发生所应采取措施的建议。

⑤ 提出对事故责任者的处理建议。

⑥ 写出事故调查报告。

调查组在调查工作结束后 10 日内，应当将调查报告报送批准组成调查组的人民政府和建设行政主管部门以及调查组其他成员部门。经组织调查的部门同意，调查工作即宣告结束。重大事故处理完毕后，事故发生单位应当尽快写出详细的事故处理报告，并逐级上报。此外，建设工程重大事故中属于特别重大事故者，其报告和调查程序应按国务院发布的《特别重大事故调查程序暂行规定》及有关规定执行。

第四节　建设工程安全生产许可

为了确保人民生命财产安全，国家规定对矿山、建筑施工等危险性较大的企业实行安全生产许可制度，严格规范企业的安全生产条件，从源头上预防和减少生产安全事故的发生。《施工企业安全生产评价标准》（JGJ/T77—2010）的颁布，为实施施工企业安全生产评价，促使施工企业完善安全生产条件提供了科学依据。

为了严格规范安全生产条件，进一步加强安全生产监督管理，防止和减少生产安全事故，根据《中华人民共和国安全生产法》的有关规定制定的条例制定了《安全生产许可证条例》。该条例由中华人民共和国国务院于 2004 年 1 月 13 日首次发布，2014 年 7 月 29 日进行修订，自 2004 年 1 月 13 日起正式施行，共计 24 条。中华人民共和国国务院令是中华人民共和国国务院总理签发的行政法令、授权有关部门发布的国务院行政命令或下发的行政操作性文件。

一、实行安全生产许可制度的目的

《安全生产许可条例》规定，国家对矿山企业、建筑施工企业和危险化学品、烟花爆竹、民用爆炸物品生产企业实行安全生产许可制度。企业未取得安全生产许可证的，不得从事生产活动。省、自治区、直辖市人民政府建设主管部门负责建筑施工企业安全生产许可证的颁发和管理，并接受国务院建设主管部门的指导和监督。

国家实行安全许可制度的主要目的有以下几点：

（1）严格规范安全生产条件。安全生产许可制度是专门针对生产经营单位安全生产条件而设立的许可制度，适用于矿山企业，建筑施工企业和危险化学品、烟花爆竹、民用爆破器材生产企业等五类企业。这五类企业应当具备的安全生产条件和资质条件，虽然在现行的法律、法规和规范标准上已经作了相应的规定。但是，由于这五类企业是危险性较大、发生事故和死亡人数最多的几个行业，在现行法律、法规已有规定的基础上，国家新设立了安全生产许可制度这一基本制度，就是为了进一步完善有关制度、措施，严格规范这些生产企业的安全生产条件，提高市场准入门槛，使不具备安全生产条件的企业不能进行生产，有利于促进企业进一步规范安全生产条件，有利于从源头上防止和减少生产安全事故，真正实现安全生产。

（2）强化安全生产监督管理。实现安全生产，除了必须严格规范安全生产条件外，还需要加大安全生产监督管理力度。现行有关安全生产的法律、法规对加强安全生产的监督管理已有明确的规定，并赋予了安全生产监督管理部门相应的职责。但是，在实际工作中，现有的监督管理手段还不能完全适应加大安全生产监督管理力度的需要，负有安全生产监督管理职责的部门的作用还没有很好地发挥。因此，在现行有关安全生产法律、法规规定的基础上，设立安全生产许可制度，一个重要的目的就是通过实行这一制度，为负有安全生产监督管理职责的部门增加一个切实有效的监管手段，以进一步加大安全生产监督管理力度。

（3）防止和减少生产安全事故。防止和减少生产安全事故，确保人民群众生命和财产安全，保证国民经济持续、健康、稳定发展，是实行安全生产许可制度的最终目的。

二、安全生产许可证的申请

企业进行生产前，应当依照本条例的规定向安全生产许可证颁发管理机关申请领取安全生产许可证，并提供本条例第六条规定的相关文件、资料。安全生产许可证颁发管理机关应当自收到申请之日起 45 日内审查完毕，经审查符合本条例规定的安全生产条件的，颁发安全生产许可证；不符合本条例规定的安全生产条件的，不予颁发安全生产许可证，书面通知企业并说明理由。

（一）安全许可证的申请的条件

根据《安全生产许可条例》的规定，企业取得安全生产许可证，应当具备下列安全生产条件：

（1）建立、健全安全生产责任制，制定完备的安全生产规章制度和操作规程。

（2）安全投入符合安全生产要求。

（3）设置安全生产管理机构，配备专职安全生产管理人员。

（4）主要负责人和安全生产管理人员经考核合格。

（5）特种作业人员经有关业务主管部门考核合格，取得特种作业操作资格证书。

（6）从业人员经安全生产教育和培训合格。

（7）依法参加工伤保险，为从业人员缴纳保险费。

（8）厂房、作业场所和安全设施、设备、工艺符合有关安全生产法律、法规、标准和规程的要求。

（9）有职业危害防治措施，并为从业人员配备符合国家标准或者行业标准的劳动防护用品。

（10）依法进行安全评价。

（11）有重大危险源检测、评估、监控措施和应急预案。

（12）有生产安全事故应急救援预案、应急救援组织或者应急救援人员，配备必要的应急救援器材、设备。

（13）法律、法规规定的其他条件。

（二）安全生产许可证的申请材料

根据《建设工程安全生产管理实施细则》的规定，向省建筑工程主管部门申请安全许可证时，建筑施工企业需提供资料：

（1）建筑施工企业安全生产许可证申请表。

（2）企业法人营业执照。

（3）保证安全生产投入的证明文件。

（4）各级安全生产责任制和安全生产规章制度目录及文件，操作规程目录。

（5）设置安全生产管理机构和配备专职安全生产管理人员的文件（包括企业设置安全管理机构的文件、工作职责、负责人的任命文件、组成人员明细表）。

（6）主要负责人、项目负责人、专职安全生产管理人员安全生产考核合格名单以及证书。

（7）本企业特种作业人员名单及操作资格证书。

（8）从业人员参加工伤保险以及施工现场从事危险作业人员参加意外伤害保险的有关证明。

（9）本企业管理人员和作业人员年度安全教育培训材料（包括企业培训计划、培训考核记录）。

（10）施工起重机械设备检测合格证明。

（11）职业危害防治措施。

（12）生产安全事故应急救援预案（本着事故发生后有效救援原则，列出救援组织人员详细名单、救援器材、设备清单和救援演练记录）。

（13）危险性较大的分部分项工程及施工现场易发生重大事故的部位、环节的预防监控措施和应急预案。

新成立的建筑施工企业或申请办证室无施工项目的企业，可以不提供和施工现场有关的资料。在承接工程后，上述企业应立即报告省建筑工程主管部门，申请复审。建筑施工企业申请安全生产许可证，应当对申请材料实质内容的真实性负责，不得隐瞒有关情况或提供虚假材料。

（三）安全生产许可证的受理

省建筑工程管理部门对申请人提交的申请，按照下列规定分别处理：

（1）对申请事项不属于本机关职权范围的申请，及时做出不予受理的决定，并告知申请人向有关安全生产许可证颁发管理机关申请。

（2）申请材料齐全、符合要求或者按照要求全部补正的，自收到申请材料或者全部补正之日起即为受理。

（3）申请材料不齐全或者不符合要求的，当场或者在 5 个工作日内书面一次告知申请人需要补正的全部内容，逾期不告知的，自收到申请材料之日起即为受理。

（4）对申请材料存在可以当场更正的错误的，允许申请人当场更正。

（5）对于隐瞒有关情况或者提供虚假材料申请安全生产许可证的，不予受理，该企业一年之内不得再次申请安全生产许可证。

三、安全生产许可证的审查与颁发

省建筑工程管理部门在受理申请人提交的申请后，按照下列规定分别处理：

（1）在受理申请人的申请后，对申请材料进行审查，必要时需到企业施工现场进行抽查。

（2）涉及交通、水利、消防等有关专业工程时，可以征求交通、水利、消防等部门的意见。

（3）在受理申请之日起 45 个工作日内做出颁发或不颁发安全生产许可证的决定。

（4）做出准予颁发申请人安全生产许可证决定后，自决定之日起 10 个工作日内向申请人颁发、送达安全生产许可证；对做出不予颁发决定的，在 10 个工作日内书面通知申请人并说明理由。

四、安全生产许可证的颁发管理机关人员的违法责任

安全生产许可证颁发管理机关工作人员有下列行为之一的，给予降级或者撤职的行政处分；构成犯罪的，依法追究刑事责任：

（1）向不符合本条例规定的安全生产条件的企业颁发安全生产许可证的。

（2）发现企业未依法取得安全生产许可证擅自从事生产活动，不依法处理的。

（3）发现取得安全生产许可证的企业不再具备本条例规定的安全生产条件，不依法处理的。

（4）接到对违反本条例规定行为的举报后，不及时处理的。

（5）在安全生产许可证颁发、管理和监督检查工作中，索取或者接受企业的财物，或者谋取其他利益的。

五、安全生产许可证的有效期

安全生产许可证的有效期为 3 年。安全生产许可证有效期满需要延期的，企业应当于期满前 3 个月内向原安全生产许可证颁发管理机关提出延期申请，并提交规定的文件、资料以及原安全生产许可证。

建筑施工企业在安全生产许可证有效期内，严格遵守有关安全生产法律、法规和规

章，未发生死亡事故的，安全生产许可证有效期届满时，经省建筑工程管理部门同意，不再审查，直接办理延期手续。

对于上述规定情况以外的建筑施工企业，对其安全生产条件重新进行审查，审查合格的，办理延期手续。

六、安全生产许可证证书

（1）建筑施工企业安全生产许可证采用国务院安全生产监督管理部门规定的统一式样，由住建部统一印制，实行全国统一编码。安全生产许可证分正本和副本，正、副本具有同等法律效力。

中央管理的建筑施工企业（集团公司、总公司）的安全生产许可证加盖住建部公章有效。在省行政区域内注册的建筑施工企业的安全生产许可证加盖省建筑工程管理部门公章有效。每个具有独立企业法人资格的建筑施工企业只能取得一套安全生产许可证，包括一个正本、两个副本。企业需要增加副本的，经省建筑工程管理部门同意，可以适当增加。

（2）变更。建筑施工企业的名称、地址、法定代表人等内容发生变化的，应当自工商营业执照变更之日起10个工作日内提出申请，持原安全生产许可证和变更后的工商营业执照、变更批准文件等相关证明材料，向省建筑工程管理部门申请变更安全生产许可证。

（3）遗失。建筑施工企业遗失安全生产许可证的，应持申请补办的报告及在公众媒体上刊登的遗失作废声明，向省建筑工程管理部门申请补办。

（4）注销。建筑施工企业破产、倒闭、撤销的，应当将安全生产许可证交回省建筑工程管理部门予以注销。

七、安全生产许可证的监督管理

（1）县级以上人民政府建设（主管部门和其他有关部门应当加强对建筑施工企业安全生产许可证的监督管理。建设主管部门在向建设单位审核发放施工许可证时，应当对已经确定的建筑施工企业是否取得安全生产许可证进行审查，没有取得安全生产许可证的，不得颁发施工许可证。对于依法批准开工报告的建设工程，在建设单位报送建设工程所在地县级以上地方人民政府或者其他有关部门备案的安全施工措施资料中，应包括承接工程项目的建筑施工企业的安全生产许可证。

（2）设区的市、县（市）人民政府建设主管部门负责本行政区域内取得安全生产许可证的建筑施工企业（包括在本地区注册的建筑施工企业，以及跨省在本地区从事建筑施工活动的建筑施工企业）的日常监督管理工作。在监督检查过程中发现企业有违反《建筑施工企业安全生产许可证管理规定》（本节以下简称《规定》）行为的，设区的市、县（市）人民政府建设主管部门应及时、逐级向省建筑工程管理部门报告。

（3）省建筑工程管理部门根据各市建设主管部门报告或者其他省级人民政府建设主管部门抄告的违法事实、处理建议和处理结果，按照《规定》对企业进行相应处罚，并将处理结果通告原报告或抄告原部门。

（4）根据《建设工程安全生产管理条例》，县级以上地方人民政府交通、水利等有关部门负责本行政区域内有关专业建设工程安全生产的监督管理，对从事有关专业建设工程的建筑施工企业违反《规定》的，将其违法事实抄告同级建设主管部门；铁路建设安全生产监督管理机构负责铁路建设工程安全生产监督管理，对从事铁路建设工程的建筑施工企业违反《规定》的，将其违法事实抄告省级以上人民政府建设（建筑工程管理）主管部门。

（5）跨省从事建筑施工活动的建筑施工企业有违反《规定》行为的，由省建筑工程管理部门将其在本地区的违法事实、处理建议和处理结果抄告其安全生产许可证颁发管理机关。

（6）省建筑工程管理部门建立安全生产许可证档案，定期通过报纸、网络等公众媒体向社会公布企业取得安全生产许可证的情况，以及暂扣、吊销安全生产许可证等行政处罚情况。

（7）省建筑工程管理部门或者其上级行政机关发现有下列情形之一的，可以撤销已经颁发的安全生产许可证：

① 安全生产许可证颁发管理机关工作人员滥用职权、玩忽职守颁发安全生产许可证的。

② 超越法定职权颁发安全生产许可证的。

③ 违反法定程序颁发安全生产许可证的。

④ 对不具备安全生产条件的建筑施工企业颁发安全生产许可证的。

⑤ 依法可以撤销已经颁发的安全生产许可证的其他情形。依照上述规定撤销安全生产许可证，建筑施工企业的合法权益受到损害的，建设（建筑工程管理）主管部门应当依法给予赔偿。

（8）建筑施工企业取得安全生产许可证后，应当加强日常安全生产管理，不得降低安全生产条件，并接受当地建设主管部门的监督检查。

（9）发生下列情形之一的，省建筑工程管理部门应当依法注销已经颁发的安全生产许可证：

① 企业依法终止的。

② 安全生产许可证有效期届满未延续的。

③ 安全生产许可证依法被撤销、吊销的。

④ 因不可抗力导致行政许可事项无法实施的。

⑤ 依法应当注销安全生产许可证的其他情形。

（10）建设主管部门工作人员在安全生产许可证颁发、管理和监督检查工作中，不得索取或者接受建筑施工企业的财物，不得谋取其他利益。

（11）任何单位或者个人对违反《规定》的行为，有权向安全生产许可证颁发管理机关或者监察机关等有关部门举报。

第五节　建设工程安全生产评价

一、施工企业安全生产评价的标准

为了指导施工企业改善安全生产条件，提高安全生产管理水平，总结施工企业及政府主管部门对施工企业安全生产条件，以及安全生产能力的综合评价经验，住建部批准发布了新的《施工企业安全生产评价标准》（JGJ/T77—2010），自 2010 年 11 月 1 日起实施。该标准规定，施工企业安全生产条件应按安全生产管理、安全技术管理、设备和设施管理、企业市场行为和施工现场安全管理等 5 项内容进行考核，并应按附录一至附录五中的内容具体实施考核评价。

（一）安全生产管理评价

安全生产管理评价应为对企业安全管理制度建立和落实情况的考核，其内容应包括安全生产责任制度、安全文明资金保障制度、安全教育培训制度、安全检查及隐患排查制度、生产安全事故报告处理制度、安全生产应急救援制度等 6 个评定项目。

（1）施工企业安全生产责任制度的考核评价应符合下列要求：

① 未建立以企业法人为核心分级负责的各部门及各类人员的安全生产责任制，则该评定项目不应得分。

② 未建立各部门、各级人员安全生产责任落实情况考核的制度及未对落实情况进行检查的，则该评定项目不应得分。

③ 未实行安全生产的目标管理、制定年度安全生产目标计划、落实责任和责任人及未落实考核的，则该评定项目不应得分。

④ 对责任制和目标管理等的内容和实施，应根据具体情况评定折减分数。

（2）施工企业安全文明资金保障制度的考核评价应符合下列要求：

① 制度未建立且每年未对与本企业施工规模相适应的资金进行预算和决算，未专款专用，则该评定项目不应得分。

② 未明确安全生产、文明施工资金使用、监督及考核的责任部门或责任人，应根

据具体情况评定折减分数。

（3）施工企业安全教育培训制度的考核评价应符合下列要求：

① 未建立制度且每年未组织对企业主要负责人、项目经理、安全专职人员及其他管理人员的继续教育的，则该评定项目不应得分。

② 企业年度安全教育计划的编制，职工培训教育的档案管理，各类人员的安全教育，应根据具体情况评定折减分数。

（4）施工企业安全检查及隐患排查制度的考核评价应符合下列要求：

① 未建立制度且未对所属的施工现场、后方场站、基地等组织定期和不定期安全检查的，则该评定项目不应得分。

② 隐患的整改、排查及治理，应根据具体情况评定折减分数。

（5）施工企业生产安全事故报告处理制度的考核评价应符合下列要求：

① 未建立制度且未及时、如实上报施工生产中发生伤亡事故的，则该评定项目不应得分。

② 对已发生的和未遂事故，未按照“四不放过”原则进行处理的，则该评定项目不应得分。

③ 未建立生产安全事故发生及处理情况事故档案的，则该评定项目不应得分。

（6）施工企业安全生产应急救援制度的考核评价应符合下列要求：

① 未建立制度且未按照本企业经营范围，并结合本企业的施工特点，制定易发、多发事故部位、工序、分部、分项工程的应急救援预案，未对各项应急预案组织实施演练的，则该评定项目不应得分。

② 应急救援预案的组织、机构、人员和物资的落实，应根据具体情况来评定折减分数。

（二）安全技术管理评价

安全技术管理评价应为对企业安全技术管理工作的考核，其内容应包括法规、标准和操作规程配置，施工组织设计，专项施工方案（措施），安全技术交底，危险源控制等 5 个评定项目。

（1）施工企业法规、标准和操作规程配置及实施情况的考核评价应符合下列要求：

① 未配置与企业生产经营内容相适应的、现行的有关安全生产方面的法规、标准，以及各工种安全技术操作规程，并未及时组织学习和贯彻的，则该评定项目不应得分。

② 配置不齐全，应根据具体情况评定折减分数。

（2）施工企业施工组织设计编制和实施情况的考核评价应符合下列要求：

① 未建立施工组织设计编制、审核、批准制度的，则该评定项目不应得分。

② 安全技术措施的针对性及审核、审批程序的实施情况等，应根据具体情况评定

折减分数。

（3）施工企业专项施工方案（措施）编制和实施情况的考核评价应符合下列要求：

① 未建立对危险性较大的分部、分项工程专项施工方案编制、审核、批准制度的，则该评定项目不应得分。

② 制度的执行，应根据具体情况评定折减分数。

（4）施工企业安全技术交底制定和实施情况的考核评价应符合下列要求：

① 未制定安全技术交底规定的，则该评定项目不应得分。

② 安全技术交底资料的内容、编制方法及交底程序的执行，应根据具体情况评定折减分数。

（5）施工企业危险源控制制度的建立和实施情况的考核评价应符合下列要求：

① 未根据本企业的施工特点，建立危险源监管制度的，则该评定项目不应得分。

② 危险源公示、告知及相应的应急预案编制和实施，应当根据具体情况评定折减分数。

（三）设备和设施管理评价

设备和设施管理评价应为对企业设备和设施安全管理工作的考核，其内容应包括设备安全管理、设施和防护用品、安全标志、安全检查测试工具等 4 个评定项目。

（1）施工企业设备安全管理制度的建立和实施情况的考核评价应符合下列要求：

① 未建立机械、设备（包括应急救援器材）采购、租赁、安装、拆除、验收、检测、使用、检查、保养、维修、改造和报废制度的，则该评定项目不应得分。

② 设备的管理台账、技术档案、人员配备及制度落实，应根据具体的情况评定折减分数。

（2）施工企业设施和防护用品制度的建立及实施情况的考核评价应符合下列要求：

① 未建立安全设施及个人劳保用品的发放、使用管理制度的，则该评定项目不应得分。

② 安全设施及个人劳保用品管理的实施及监管，应根据具体情况评定折减分数。

（3）施工企业安全标志管理规定的制定和实施情况的考核评价应符合下列要求：

① 未制定施工现场安全警示、警告标识、标志使用管理规定的，则该评定项目不应得分。

② 管理规定的实施、监督和指导，应根据具体情况评定折减分数。

（4）施工企业安全检查测试工具配备制度的建立和实施情况的考核评价应符合下列要求：

① 未建立安全检查检验仪器、仪表及工具配备制度的，则该评定项目不应得分。

② 配备及使用，应根据具体情况评定折减分数。

（四）企业市场行为评价

企业市场行为评价应对企业安全管理市场行为的考核，其内容包括安全生产许可证，安全生产文明施工，安全质量标准化达标，资质、机构与人员管理制度等4个评定项目。

（1）施工企业安全生产许可证许可状况的考核评价应符合下列要求：

① 未取得安全生产许可证而承接施工任务的、在安全生产许可证暂扣期间承接工程的、企业承发包工程项目的规模和施工范围与本企业资质不相符的，则该评定项目不得分。

② 企业主要负责人、项目负责人和专职安全管理人员的配备和考核，应根据具体情况评定折减分数。

（2）施工企业安全生产文明施工动态管理行为的考核评价应符合下列要求：

① 企业资质因安全生产、文明施工受到降级处罚的，则该评定项目不应得分。

② 其他不良行为，视其影响程度、处理结果等，应根据具体情况评定折减分数。

（3）施工企业安全质量标准化达标情况的考核评价应符合下列要求：

① 本企业所属的施工现场安全质量标准化年度达标合格率低于国家或地方规定的，则该评定项目不应得分。

② 安全质量标准化年度达标优良率低于国家或地方规定的，应根据具体情况评定折减分数。

（4）施工企业资质、机构与人员管理制度的建立和人员配备情况的考核评价应符合下列要求：

① 未建立安全生产管理组织体系、未制定人员资格管理制度、未按规定设置专职安全管理机构、未配备足够的安全生产专管人员的，则该评定项目不应得分。

② 实行分包的，总承包单位未制定对分包单位资质和人员资格管理制度并监督落实的，则该评定项目不应得分。

（五）施工现场安全管理评价

施工现场安全管理评价应为对企业所属施工现场安全状况的考核，其内容应包括施工现场安全达标，安全文明资金保障，资质和资格管理，生产安全事故控制，设备、设施、工艺选用，保险等6个评定项目。

（1）施工现场安全达标考核，企业应对所属的施工现场按现行规范标准进行检查，有一个工地未达到合格标准的，则该评定项目不应得分。

（2）施工现场安全文明资金保障，应对企业按规定落实其所属施工现场安全生产、文明施工资金的情况进行考核，有一个施工现场未将施工现场安全生产、文明施工所需

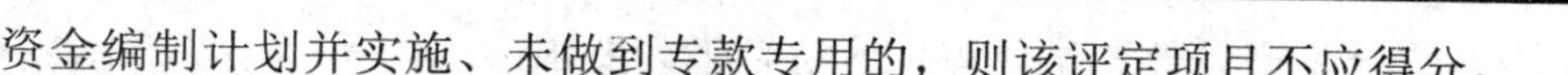

资金编制计划并实施、未做到专款专用的，则该评定项目不应得分。

（3）施工现场分包资质和资格管理规定的制定以及施工现场控制情况的考核评价应符合下列要求：

① 未制定对分包单位安全生产许可证、资质、资格管理及施工现场控制的要求和规定，且在总包与分包合同中未明确参建各方的安全生产责任，分包单位承接的施工任务不符合其所具有的安全资质，作业人员不符合相应的安全资格，未按规定配备项目经理、专职或兼职安全生产管理人员的，则该评定项目不应得分。

② 对分包单位的监督管理，应根据具体情况评定折减分数。

（4）施工现场生产安全事故控制的隐患防治、应急预案的编制和实施情况的考核评价应符合下列要求：

① 未针对施工现场实际情况制定事故应急救援预案的，则该评定项目不应得分。

② 对现场常见、多发或重大隐患的排查及防治措施的实施，应急救援组织和救援物资的落实，应根据具体情况评定折减分数。

（5）施工现场设备、设施、工艺选用的考核评价应符合下列要求：

① 使用国家明令淘汰的设备或工艺，则该评定项目不应得分。

② 使用不符合国家现行标准的且存在严重安全隐患的设施，则该评定项目不得分。

③ 使用超过使用年限或存在严重隐患的机械、设备、设施、工艺的，则该评定项目不应得分。

④ 对其余机械、设备、设施以及安全标识的使用情况，应根据具体的情况评定折减分数。

⑤ 对职业病的防治，应根据具体情况评定折减分数。

（6）施工现场保险办理情况的考核评价应符合下列要求：

① 未按规定办理意外伤害保险的，则该评定项目不应得分。

② 意外伤害保险的办理实施，应根据具体情况评定折减分数。

二、施工企业安全生产评价的方法

（1）施工企业每年度应至少进行一次自我考核评价。发生下列情况之一时，企业应再进行复核评价：

① 适用法律、法规发生变化时。

② 企业组织机构和体制发生重大变化后。

③ 发生生产安全事故后。

④ 其他影响安全生产管理的重大变化。

（2）施工企业考核自评应由企业负责人组织，各相关管理部门均应参与。

（3）评价人员应具备企业安全管理及相关专业能力，每次评价不应少于 3 人。

（4）对施工企业安全生产条件的量化评价应符合下列要求：

① 当施工企业无施工现场时，应采用附录一至附录四进行评价。

② 当施工企业有施工现场时，应采用附录一至附录五进行评价

③ 施工企业的安全生产情况应依据自评价之月起前 12 个月以来的情况，施工现场应依据自开工日起至评价时的安全管理情况。

④ 施工现场评价结论，应取抽查及核验的施工现场评价结果的平均值，且其中不得有一个施工现场评价结果为不合格。

（5）抽查及核验企业在建施工现场，应符合下列要求：

① 抽查在建工程实体数量，对特级资质企业不应少于 8 个施工现场；对一级资质企业不应少于 5 个施工现场；对一级资质以下企业不应小于 3 个施工现场；企业在建工程实体少于上述规定数量的，则应全数检查。

② 核验企业所属其他在建施工现场安全管理状况，核验总数不应少于企业在建工程项目总数的 50%。

（6）抽查发生因工死亡事故的企业在建施工现场，应按事故等级或情节轻重程度，在本方法（5）内容的基础上分别增加 2~4 个在建工程项目；应增加核验企业在建工程项目总数的 10%~30%。

（7）对评价时无在建工程项目的企业，应在企业有在建工程项目时，再次进行跟踪评价。

（8）安全生产条件和能力评分应符合下列要求：

① 施工企业安全生产评价应按评定项目、评分标准和评分方法进行，并应符合附录一的规定，满分分值均应为 100 分。

② 在评价施工企业安全生产条件能力时，应采用加权法计算，权重系数应符合表 7-1 的规定，并应按附录六进行评价。

表 7-1　施工企业安全生产条件能力权重系数

评价内容		权重系数
无施工项目	①安全生产管理	0.3
	②安全技术管理	0.2
	③设备和实施管理	0.2
	④企业市场行为管理	0.3
有施工项目	①②③④加权值	0.6
	⑤施工现场安全管理	0.4

【引例分析】

【答 1】本章引例中存在如下不妥之处：

（1）施工总承包单位自行决定将基坑支护和土方开挖工程分包给了一家专业分包单位施工是不妥的，工程分包应报监理单位经建设单位同意后方可进行。

（2）专业设计单位完成基坑支护设计后，直接将设计文件给了专业分包单位的做法是不妥的，设计文件的交接应经发包人交付给施工单位。

（3）专业分包单位编制的基坑工程和降水工程专项施工组织方案，经施工总承包单位项目经理签字后即组织施工的做法是不妥的，专业分包单位编制了基坑支护工程和降水工程专项施工组织方案后，应经总监理工程师审批后方可实施。

（4）事故发生后专业分包单位直接向有关安全生产监督管理部门上报事故的做法是不妥的，应经过总承包单位同意。

（5）专业分包单位要求设计单位赔偿事故损失是不妥的，专业分包单位和设计单位之间不存在合同关系，不能直接向设计单位索赔，专业分包单位可通过总包单位向建设单位索赔，建设单位再向设计单位索赔。

【答 2】本起事故中 4 人死亡，2 人重伤，事故应定为较大事故。因为满足下列条件之一为较大事故：死亡 3~10 人，或者 10~50 人重伤，或者 1000~5000 万元直接经济损失。

【答 3】本起事故的主要责任应由施工总承包单位承担。在总监理工程师发出书面通知要求停止施工的情况下，施工总承包单位继续施工，直接导致事故的发生，所以本起事故的主要责任应由施工总承包单位承担。

【本章小结】

本章对建设工程安全生产、建设工程安全生产的相关制度、建设工程安全生产的保障与重大事故的调查处理、建设工程安全生产许可与评价进行了比较详细的阐述。

本章的主要内容包括建设工程安全生产的定义；建设工程安全生产法律法规的立法现状；建设工程安全生产法律；安全生产责任制度；建设工程安全生产的教育培训制度；建设工程安全生产的劳动保护制度；建设工程安全生产的市场准入制度及奖罚制度；建设工程安全生产的保障的相关制度；建设工程重大事故的调查处理；建设工程安全生产许可；建设工程安全生产评价的标准和方法。通过本章学习读者可以了解建设工程安全生产的基本方针；掌握建设工程安全生产的相关制度；掌握建设工程施工现场安全的保障；熟悉掌握建设工程安全生产评价的标准和方法。

【思考题】

1. 建设工程安全生产管理的基本方针是什么?
2. 建设工程安全生产责任是如何规定的?
3. 简述安全生产教育和培训的主要内容。
4. 从业人员在安全生产保障方面享有哪些权利?
5. 建设工程重大安全事故等级是如何划分的?
6. 简述建设工程重大事故调查处理程序及要求。
7. 简述施工企业安全生产条件单项评价的主要内容。

第八章 建设工程监理法规

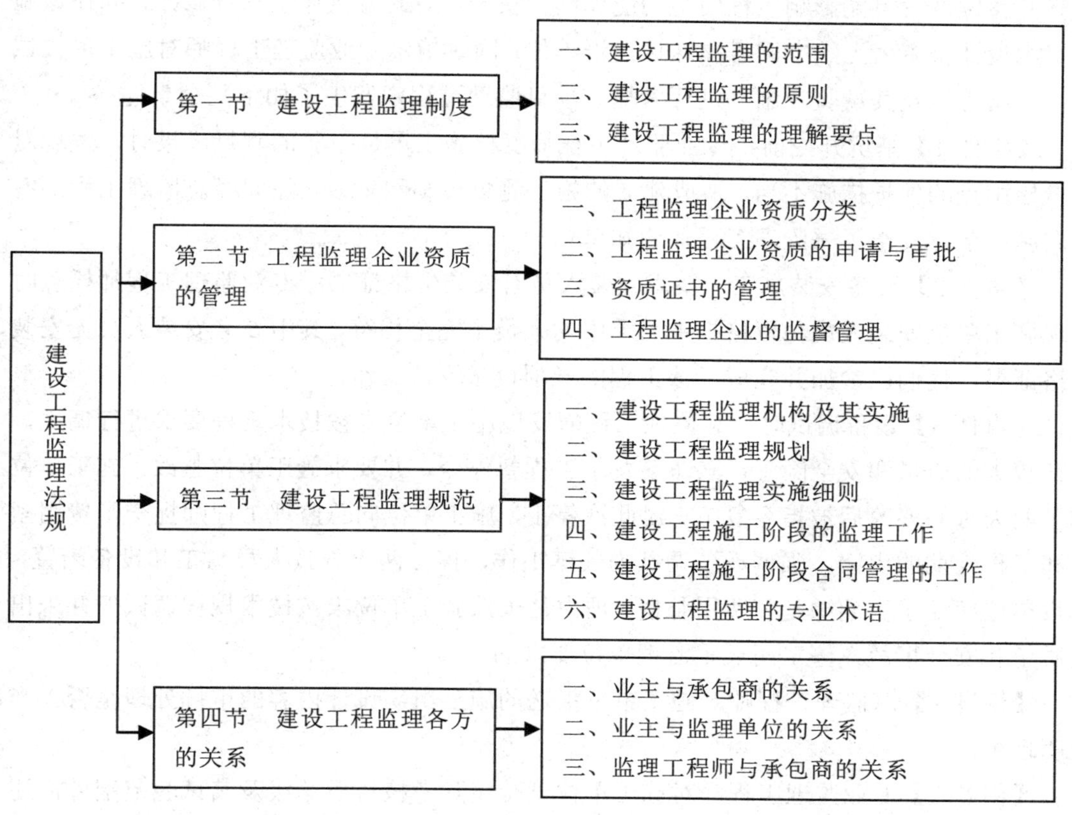

本章结构图

【学习目标】

- 了解建设工程监理的原则；
- 掌握工程监理企业资质管理；
- 掌握建设工程建立规范；
- 掌握建设工程监理机构及其设施；
- 熟悉建设工程监理合同与监理程序；
- 熟悉建设工程监理各方的关系。

【本章引例】

某实施监理的工程项目，监理工程师对施工单位报送的施工组织设计审核时发现了两个问题：一是施工单位为方便施工，将设备管道竖井的位置作了移位处理；二是工程的有关试验主要安排在施工单位试验室进行。总监理工程师分析后认为，施工单位的管道竖井移位方案可能影响工程使用功能和结构安全，对此方案作了部分修改，并在该施工组织设计报审表上签字同意和送达建设单位；同时指示专业监理工程师对施工单位试验室资质等级及其试验范围等进行考核。项目监理过程中发生了如下几个事件：

【事件 1】基坑开挖前，专业监理工程师复核施工单位报验的测量成果时，发现对测量控制点的保护措施不当，造成建立的施工测量控制网失效，随即经总监理工程师签字向施工单位发出了《监理工程师通知单》。

【事件 2】设备安装施工，要求安装人员有安装资格证书。专业监理工程师检查时发现施工单位安装人员与资格报审名单中的人员不完全相符，其中 5 名安装人员无安装资格证书，他们已参加并完成了该工程的一项设备安装工作。

【事件 3】设备调试时，总监理工程师发现施工单位未按技术规程要求进行调试，存在较大的质量和安全隐患，立即签发了工程暂停令，并要求施工单位整改。施工单位用了两天时间整改后被指令复工。对此次停工，施工单位向总监理工程师提交了费用索赔和工程延期的申请，强调设备调试为关键工作，停工两天导致人员窝工和设备闲置，建设单位应给予工期顺延和费用补偿，理由是虽然施工单位未按技术规程调试但并未出现质量和安全事故，停工两天是监理单位要求的。

【问题 1】总监理工程师对施工单位报送的施工组织设计内容的审批处理是否妥当?说明理由。

【问题 2】专业监理工程师对施工单位试验室除考核资质等级及其试验范围外，还应考核哪些内容?

【问题 3】事件 1 中专业监理工程师的做法是否妥当?《监理工程师通知单》中对施工单位的要求应包括哪些内容?

【问题 4】监理单位应当如何处理事件 2? 设备安装分项工程施工质量验收合格应符合哪些规定?

【问题 5】在事件 3 中，总监理工程师的做法是否妥当? 施工单位的费用索赔和工程延期要求是否应该被批准? 说明理由。

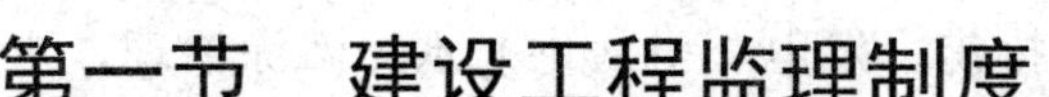

第一节　建设工程监理制度

建设工程监理是指具有相应资质的监理单位受工程项目业主的委托，依据国家有关法律、法规，经建设主管部门批准的工程项目建设文件，建设工程委托监理合同及其他建设工程合同，对工程建设实施的专业化监督和管理。

一、建设工程监理的范围

为了有效发挥建设工程监理的作用，加大推行监理的力度，根据《建筑法》、《建设工程质量管理条例》对实行强制性监理的工程范围作了原则性的规定，住建部又进一步在《建设工程监理范围和规模标准规定》中对实行强制性监理的工程范围作了具体规定。下列建设工程必须实行监理。

（1）国家重点建设工程。国家重点建设工程是指依据《国家重点建设项目管理办法》所确定的对国民经济和社会发展有重大影响的骨干项目。

（2）大、中型公用事业工程。大、中型公用事业工程具体包括项目总投资额在 3000 万元以上的下列工程项目：

① 供水、供电、供气、供热等市政工程项目。

② 科技、教育、文化等项目。

③ 体育、旅游、商业等项目。

④ 卫生、社会福利等项目。

⑤ 其他公用事业项目。

（3）成片开发建设的住宅小区工程。建筑面积在 5 万平方米以上的住宅建设工程必须实行监理；5 万平方米以下的住宅建设工程，可以实行监理，具体范围和规模标准，由省、自治区直辖市人民政府建设行政主管部门规定。

（4）利用外国政府或者国际组织贷款、援助资金的工程。利用外国政府或者国际组织贷款、援助资金的工程主要包括以下几种：

① 使用世界银行、亚洲开发银行等国际组织贷款资金的项目。

② 使用国外政府及其机构贷款资金的项目。

③ 使用国际组织或者国外政府援助资金的项目。

（5）国家规定必须实行监理的其他工程。国家规定必须实行监理的其他工程包括项目总投资额在 3000 万元以上关系社会公共利益、公众安全的下列基础设施项目：

① 煤炭、石油、化工、天然气、电力、新能源等项目。

② 铁路、公路、管道、水运、民航以及其他交通运输业等项目。

③ 邮政、电信枢纽、通信、信息网络等项目。

④ 防洪、灌溉、排涝、发电、引（供）水、滩涂治理、水资源保护、水土保持等水利建设项目。

⑤ 道路、桥梁、地铁和轻轨交通、污水排放及处理、垃圾处理、地下管道、公共停车场等城市基础设施项目。

⑥ 生态环境保护项目。

⑦ 其他基础设施项目。

至于学校、影剧院、体育场馆项目，不管总投资额多少，都必须实行监理。

二、建设工程监理的原则

监理单位受业主委托对建设工程实施监理时，应遵守以下基本原则：

（1）公正、独立、自主的原则。监理工程师在建设工程监理中必须尊重科学、尊重事实，组织各方协同配合，维护有关各方的合法权益。为此，必须坚持公正、独立、自主的原则。

（2）权责一致的原则。监理工程师承担的职责应与业主授予的权限相一致。监理工程师的监理职权，依赖于业主的授权。这种权力的授予，除体现在业主与监理单位之间签订的委托监理合同之中，而且还应作为业主与承建单位之间建设工程合同的合同条件。监理工程师与业主协商，明确相应的授权，明确反映在委托监理合同及建设工程合同中。

总监理工程师代表监理单位全面履行建设工程委托监理合同，承担合同中确定的监理方向业主方所承担的义务和责任。因此，在委托监理合同实施中，监理单位应给总监理工程师充分授权，体现权责一致的原则。

（3）总监理工程师负责制的原则。要建立和健全总监理工程师负责制，就要明确权、责、利关系，健全项目监理机构，具有科学的运行制度、现代化的管理手段，形成以总监理工程师为首的高效能的决策指挥体系。总监理工程师负责制的内涵包括：

① 总监理工程师是工程监理的责任主体。责任是总监理工程师负责制的核心，它构成了对监理工程师的工作压力与动力，也是确定总监理工程师权力和利益的依据。所以总监理工程师应是向业主和监理单位所负责任的承担者。

② 总监理工程师是工程监理的权力主体。总监理工程师全面领导建设工程的监理工作，包括组建项目监理机构，主持编制建设工程监理规划，组织实施监理活动，对监理工作总结、监督、评价。

（4）严格监理、热情服务的原则。严格监理，就是各级监理人员严格按照国家政策、法规、规范、标准和合同控制建设工程的目标，依照既定的程序和制度，认真履行职责，对承建单位进行严格监理。

监理工程师还应为业主提供热情的服务，“应运用合理的技能，谨慎而勤奋地工作”。

监理工程师应按照委托监理合同的要求多方位、多层次地为业主提供良好服务，维护业主的正当权益；但不能因此一味向各承建单位转嫁风险，从而损害承建单位的正当经济利益。

（5）综合效益的原则。建设工程监理活动既要考虑业主的经济效益，也必须考虑与社会效益和环境效益的统一。虽经业主的委托和授权，但监理工程师应首先严格遵守国家的建设管理法律、法规、标准等，既对业主负责，又要对国家和社会负责。只有在符合宏观经济效益、社会效益和环境效益的条件下，业主投资项目的微观经济效益才得以实现。

（6）强制监理的范围。监理是基于业主的委托才可以实施的建设活动，所以，建设工程实施监理就是建立在业主自愿的基础上的。但在国家投资工程中，国家有权以业主的身份要求建设工程项目法人实施监理，对于个人资金投资建设工程及一些与社会公共利益关系重大的工程，为确保工程质量和社会公众的生命财产安全，国家也可要求其业主必须实施工程监理，即对这些建设工程活动强制实行监理。

三、建设工程监理的理解要点

建设工程监理的理解要点主要包括：建设工程监理的行为主体、建设工程监理实施的前提、建设工程监理的依据。

（1）建设工程监理的行为主体。建设工程监理中，监理的对象不是工程本身，而是建设活动中有关单位的行为及其权利、义务的履行。建设工程监理只能由已依法取得监理资质证书、具有法人资格的监理企业实施，没有依法取得相应监理资格的单位是无权实施监理的，至于具体由哪一个监理企业来实施监理，则由业主根据自己的意愿和有关规定来进行选择，并与之签订建设工程监理合同进行委托授权。

（2）建设工程监理实施的前提。《建筑法》明确规定，建设单位与其委托的工程监理企业应当订立书面建设工程委托监理合同。也就是说，建设工程监理的实施需要建设单位的委托和授权。工程监理企业应根据委托监理合同和有关建设工程合同的规定实施监理。

建设工程监理只有在建设单位委托的情况下才能进行。只有与建设单位订立书面委托监理合同，明确了监理的范围、内容、权利、义务、责任等，工程监理企业才能在规定的范围内行使管理权，合法地开展建设工程监理。其所拥有的管理权，是建设单位授权的结果。

承建单位根据法律、法规的规定和其与建设单位签订的有关建设工程合同的规定接受工程监理企业对其建设行为进行监督管理，接受并配合监理是其履行合同的一种行为。工程监理企业对哪些单位的哪些建设行为实施监理要根据有关建设工程合同的规定。

（3）建设工程监理的依据。建设工程监理的依据包括建设工程文件、有关的法律法规规章和标准规范、建设工程监理合同和有关的建设工程合同。

第二节　工程监理企业资质的管理

为了加强工程监理企业资质管理，规范建设工程监理活动，维护建筑市场秩序，根据《中华人民共和国建筑法》、《中华人民共和国行政许可法》、《建设工程质量管理条例》等法律、行政法规，制定了《工程监理企业资质管理规定》。该规定已于 2006 年 12 月 11 日经建设部第 112 次常务会议讨论通过，自 2007 年 8 月 1 日起施行。

一、工程监理企业资质分类

工程监理企业资质分为专业资质、事务所资质和综合资质。其中，专业资质按照工程性质和技术特点划分为若干工程类别。

（一）专业资质标准

专业资质分为甲级、乙级；其中，房屋建筑、水利水电、公路和市政公用专业资质可设立丙级。

1．甲级

具有甲级专业资质的工程监理企业必须满足下列条件：

（1）具有独立法人资格且具有符合国家有关规定的资产。

（2）企业技术负责人应为注册监理工程师，并具有 15 年以上从事工程建设工作的经历或者具有工程类高级职称。

（3）注册监理工程师、注册造价工程师、一级注册建造师、一级注册建筑师、一级注册结构工程师或者其他勘察设计注册工程师合计不少于 25 人次；其中，相应专业注册监理工程师人数，不得少于《专业资质注册监理工程师人数配备表》中要求配备的人数，注册造价工程师不少于 2 人。

（4）企业近 2 年内独立监理过 3 个以上相应专业的二级工程项目，但是，具有甲级设计资质或一级及以上施工总承包资质的企业申请本专业工程类别甲级资质的除外。

（5） 企业具有完善的组织结构和质量管理体系，有健全的技术、档案等管理制度。

（6）企业具有必要的工程试验检测设备。

（7）申请工程监理资质之日前一年内没有本规定第十六条禁止的行为。

（8）申请工程监理资质之日前一年内没有因本企业监理责任造成重大质量事故。

（9）申请工程监理资质之日前一年内没有因本企业监理责任发生三级以上工程建设重大安全事故或者发生两起以上四级工程建设安全事故。

2．乙级

具有乙级专业资质的工程监理企业必须满足下列条件：

（1）具有独立法人资格且具有符合国家有关规定的资产。

（2）企业技术负责人为注册监理工程师，并有 10 年以上相关的工作经历。

（3）注册监理工程师、注册造价工程师、一级注册建造师、一级注册建筑师、一级注册结构工程师或者其它勘察设计注册工程师合计不少于 15 人次。其中，相应专业注册监理工程师人数，不得少于《专业资质注册监理工程师人数配备表》中要求配备的人数，注册造价工程师不少于 1 人。

（4）有较完善的组织结构和质量管理体系，有技术、档案等管理制度。

（5）有必要的工程试验检测设备。

（6）申请工程监理资质之日前一年内没有本规定第十六条禁止的行为。

（7）申请工程监理资质之日前一年内没有因本企业监理责任造成重大质量事故。

（8）申请工程监理资质之日前一年内没有因本企业监理责任发生三级以上工程建设重大安全事故或者发生两起以上四级工程建设安全事故。

3．丙级

（1）具有独立法人资格且具有符合国家有关规定的资产。

（2）企业技术负责人应为注册监理工程师，并具有 8 年以上从事工程建设工作的经历。

（3）相应专业的注册监理工程师不少于《专业资质注册监理工程师人数配备表》中要求配备的人数。

（4）有必要的质量管理体系和规章制度。

（5）有必要的工程试验检测设备。

（二）事务所资质标准

成立工程监理事务所必须满足下列条件：

（1）取得合伙企业营业执照，具有书面合作协议书。

（2）合伙人中有 3 名以上注册监理工程师，合伙人均有 5 年以上从事建设工程监理的工作经历。

（3）有固定的工作场所。

（4）有必要的质量管理体系和规章制度。

（5）有必要的工程试验检测设备。

（三）综合资质标准

综合资质不分级别，但具有综合资质的工程监理企业必须满足下列条件：

（1）具有独立法人资格且注册资本不少于 600 万元。

（2）企业技术负责人应为注册监理工程师，并具有 15 年以上从事工程建设工作的经历或者具有工程类高级职称。

（3）具有 5 个以上工程类别的专业甲级工程监理资质。

（4）注册监理工程师不少于 60 人，注册造价工程师不少于 5 人，一级注册建造师、一级注册建筑师、一级注册结构工程师或其他勘察设计注册工程师合计不少于 15 人。

（5） 企业具有完善的组织结构和质量管理体系，有健全的技术、档案等管理制度。

（6）企业具有必要的工程试验检测设备。

（7）申请工程监理资质之日前一年内没有《工程监理企业资质管理规定》所禁止的行为。

（8）申请工程监理资质之日前一年内没有因本企业监理责任造成重大质量事故。

（9）申请工程监理资质之日前一年内没有因本企业监理责任发生三级以上工程建设重大安全事故或者发生两起以上四级工程建设安全事故。

二、工程监理企业资质的申请与审批

申请综合资质、专业甲级资质的，应当向企业工商注册所在地的省、自治区、直辖市人民政府建设主管部门提出申请。专业乙级、丙级资质和事务所资质由企业所在地省、自治区、直辖市人民政府建设主管部门审批。专业乙级、丙级资质和事务所资质许可。延续的实施程序由省、自治区、直辖市人民政府建设主管部门依法确定。

省、自治区、直辖市人民政府建设主管部门应当自做出决定之日起 10 日内，将准予资质许可的决定报国务院建设主管部门备案。

（一）申请资质应提供的资料

新设立的工程监理企业，到工商行政管理部门登记注册并取得企业法人营业执照后，方可到建设行政主管部门办理资质申请手续。新设立的工程监理企业申请资质，应当向建设行政主管部门提供以下资料：

（1）工程监理企业资质申请表（一式三份）及相应电子文档。

（2）企业法人、合伙企业营业执照。

（3）企业章程或合伙人协议。

（4）企业法定代表人、企业负责人和技术负责人的身份证明、工作简历及任命（聘用）文件。

（5）工程监理企业资质申请表中所列注册监理工程师及其他注册执业人员的注册执业证书。

（6）有关企业质量管理体系、技术和档案等管理制度的证明材料。

（7）有关工程试验检测设备的证明材料。

取得专业资质的企业申请晋升专业资质等级或者取得专业甲级资质的企业申请综合资质的，除上述材料外，还应当提交以下材料：

（1）企业原工程监理企业资质证书正、副本复印件。

（2）企业《监理业务手册》及近两年已完成代表工程的监理合同、监理规划、工程竣工验收报告及监理工作总结。

（二）甲级工程监理企业资质

甲级工程监理企业资质，经省、自治区、直辖市人民政府建设行政主管部门审核同意后，由国务院建设行政主管部门组织专家评审，并提出初审意见；其中涉及铁道、交通、水利、信息产业、民航工程等方面工程监理企业资质的，由省、自治区、直辖市人民政府建设行政主管部门征得同级有关专业部门审核同意后，报国务院建设行政主管部门，由国务院建设行政主管部门送往国务院有关部门初审。国务院建设行政主管部门根据初审意见审批。审核部门应当对工程监理企业的资质条件和申请资质提供的资料审查核实。申请甲级工程监理企业资质的，国务院建设行政主管部门每年定期集中审批一次。国务院建设行政主管部门应当在工程监理企业申请材料齐全后 3 个月内完成审批。由有关部门负责初审的，初审部门应当从收齐工程监理企业的申请材料之日起 1 个月内完成初审。国务院建设行政主管部门应当将审批结果通知初审部门。

国务院建设行政主管部门应当将经专家评审合格和国务院有关部门初审合格的甲级资质的工程监理企业名单及基本情况，在中国建设工程和建筑业信息网上公示。经公示后，对于工程监理企业符合资质标准的，予以审批，并将审批结果在中国建设工程和建筑业信息网上公告。

（三）乙级、丙级工程监理企业资质

乙级、丙级工程监理企业资质，由监理企业注册所在地省、自治区、直辖市人民政府建设行政主管部门审批；其中交通、水利、通信等方面的工程监理企业资质，由省、自治区、直辖市人民政府建设行政主管部门征得同级有关部门初审同意后审批。

申请乙级、丙级工程监理企业资质的，实行即时审批或者定期审批，由省、自治区、直辖市人民政府建设行政主管部门规定。

工程监理企业申请晋升资质等级，在申请之日前一年内有下列行为之一的，建设行政主管部门不予批准：

（1）与建设单位串通投标或与其他工程监理企业串通投标，以行贿手段谋取中标。

（2）与建设单位或者施工单位串通弄虚作假、降低工程质量。

（3）将不合格的建设工程、建筑材料、建筑构配件和设备按照合格签字。

（4）超越本企业资质等级或以其他企业名义承揽监理业务。

（5）允许其他单位或个人以本企业的名义承揽工程。

（6）将承揽的监理业务转包。

（7）在监理过程中实施商业贿赂。

（8）涂改、伪造、出借、转让工程监理企业资质证书。

（9）其他违反法律法规的行为。

三、资质证书的管理

工程监理企业资质条件符合资质等级标准，建设行政主管部门颁发相应资质等级的《工程监理企业资质证书》。《工程监理企业资质证书》分为正本和副本，每套资质证书包括一本正本，四本副本。正、副本具有同等法律效力。工程监理企业资质证书的有效期为 5 年。工程监理企业资质证书由国务院建设主管部门统一印制并发放。

工程监理企业在资质证书有效期内名称、地址、注册资本、法定代表人等发生变更的，应当在工商行政管理部门办理变更手续后 30 日内办理资质证书变更手续。

涉及综合资质、专业甲级资质证书中企业名称变更的，由国务院建设主管部门负责办理，并自受理申请之日起 3 日内办理变更手续。

除上述情况以外的资质证书变更手续，由省、自治区、直辖市人民政府建设主管部门负责办理。省、自治区、直辖市人民政府建设主管部门应当自受理申请之日起 3 日内办理变更手续，并在办理资质证书变更手续后 15 日内将变更结果报国务院建设主管部门备案。

申请资质证书变更，应当提交以下材料：

（1）资质证书变更的申请报告。

（2）企业法人营业执照副本原件。

（3）工程监理企业资质证书正、副本原件。

工程监理企业改制的，除上述材料外，还应当提交企业职工代表大会或股东大会关于企业改制或股权变更的决议、企业上级主管部门关于企业申请改制的批复文件。

企业需增补工程监理企业资质证书的（含增加、更换、遗失补办），应当持资质证书增补申请及电子文档等材料向资质许可机关申请办理。遗失资质证书的，在申请补办前应当在公众媒体刊登遗失声明。资质许可机关应当自受理申请之日起3日内予以办理。

四、工程监理企业的监督管理

县级以上人民政府建设主管部门和其他有关部门应当依照有关法律、法规和本规定，加强对工程监理企业资质的监督管理。

建设行政主管部门对工程监理企业资质实行年检制度。建设主管部门履行监督检查职责时，有权采取下列措施：

（1）要求被检查单位提供工程监理企业资质证书、注册监理工程师注册执业证书，有关工程监理业务的文档，有关质量管理、安全生产管理、档案管理等企业内部管理制度的文件。

（2）进入被检查单位进行检查，查阅相关资料。

（3）纠正违反有关法律、法规和本规定及有关规范和标准的行为。

建设主管部门进行监督检查时，应当有两名以上监督检查人员参加，并出示执法证件，不得妨碍被检查单位的正常经营活动，不得索取或者收受财物、谋取其他利益。有关单位和个人对依法进行的监督检查应当协助与配合，不得拒绝或者阻挠。监督检查机关应当将监督检查的处理结果向社会公布。

工程监理企业违法从事工程监理活动的，违法行为发生地的县级以上地方人民政府建设主管部门应当依法查处，并将违法事实、处理结果或处理建议及时报告该工程监理企业资质的许可机关。

工程监理企业取得工程监理企业资质后不再符合相应资质条件的，资质许可机关根据利害关系人的请求或依据职权，可以责令其限期改正；逾期不改的，可以撤回其资质。

有下列情形之一的，资质许可机关或者其上级机关，根据利害关系人的请求或者依据职权，可以撤销工程监理企业资质。

（1）资质许可机关工作人员滥用职权、玩忽职守做出准予监理企业资质许可的。

（2）超越法定职权做出准予工程监理企业资质许可的。

（3）违反资质审批程序做出准予工程监理企业资质许可的。

（4）对不符合许可条件的申请人做出准予工程监理企业资质许可的。

（5）依法可以撤销资质证书的其他情形。

以欺骗、贿赂等不正当手段取得工程监理企业资质证书的，应当予以撤销。

有下列情形之一的，工程监理企业应当及时向资质许可机关提出注销资质的申请，交回资质证书，国务院建设主管部门应当办理注销手续，公告其资质证书作废。

（1）资质证书有效期届满，未依法申请延续的。

（2）工程监理企业依法终止的。

（3）工程监理企业资质依法被撤销、撤回或吊销的。

（4）法律、法规规定的应当注销资质的其他情形。

工程监理企业应当按照有关规定，向资质许可机关提供真实、准确、完整的工程监理企业的信用档案信息。工程监理企业的信用档案应当包括基本情况、业绩、工程质量和安全、合同违约等情况。被投诉举报和处理、行政处罚等情况应当作为不良行为记入其信用档案。工程监理企业的信用档案信息按照有关规定向社会公示，公众有权查阅。

第三节　建设工程监理规范

《建设工程监理规范》是 2013 年中国建筑工业出版社出版的规章条例，由中华人民共和国住房和城乡建设部编著，内容涉及建设工程监理规范（GB/T 50319—2013）根据中华人民共和国住房和城乡建设部公告，现批准《建设工程监理规范》为国家标准，编号为 GB/T 50319—2013，自 2014 年 3 月 1 日起实施。该规范规定，实施建设工程监理前监理单位必须与建设单位签订书面建设工程委托监理合同，合同中应包括监理单位对建设工程质量、造价、进度进行全面控制和管理的条款，建设单位与承包单位之间与建设工程合同有关的联系活动应通过监理单位进行。建设工程监理应实行总监理工程师负责制。监理单位应公正、独立、自主地开展监理工作，维护建设单位和承包单位的合法权益。

一、建设工程监理机构及其设施

监理单位履行施工阶段的委托监理合同时必须在施工现场建立项目监理机构，项目监理机构在完成委托监理合同约定的监理工作后可撤离施工现场。

（1）项目监理机构的组织形式和规模应根据委托监理合同规定的服务内容、服务期限、工程类别、规模技术复杂程度、工程环境等因素来确定。

（2）监理人员应包括总监理工程师、专业监理工程师和监理员，必要时可配备总监理工程师代表。

总监理工程师应由具有三年以上同类工程监理工作经验的人员担任，总监理工程师代表应由具有二年以上同类工程监理工作经验的人员担任，专业监理工程师应由具有一年以上同类工程监理工作经验的人员担任。

（3） 项目监理机构的监理人员应专业、配套、数量满足工程项目监理工作的需要。

（4）监理单位应于委托监理合同签订后十天内，将项目监理机构的组织形式、人员构成及对总监理工程师的任命书面通知建设单位。当总监理工程师需要调整时，监理单位应征得建设单位同意并书面通知建设单位。当专业监理工程师需要调整时，总监理工程师应书面通知建设单位和承包单位。

（一）监理人员的职责

一名总监理工程师只能担任一项委托监理合同的项目总监理工程师工作。当需要同时担任多项委托监理合同的项目总监理工程师工作时，必须经建设单位同意且最多不得超过三项。

1．总监理工程师应履行的职责

总监理工程师在监理过程中应当履行以下职责：

（1）确定项目监理机构人员的分工和岗位职责。

（2）主持编写项目监理规划、审批项目监理实施细则，并负责管理项目监理机构的日常工作。

（3）审查分包单位的资质并提出审查意见。

（4）主持监理工作会议，签发项目监理机构的文件和指令。

（5）检查和监督监理人员的工作。

（6）审定承包单位提交的开工报告、施工组织设计、技术方案、进度计划。

（7）根据工程项目的进展情况可进行监理人员调配，对不称职的监理人员应调换其工作。

（8）审核签署承包单位的申请、支付证书和竣工结算。

（9）审查和处理工程的变更。

（10）主持或参与工程质量事故的调查。

（11）调解建设单位与承包单位的合同争议，处理索赔，审批工程延期。

（12）编写并签发监理月报、监理工作阶段报告、专题报告和项目监理工作总结。

（13）审核签认分部工程和单位工程的质量检验评定资料，审查承包单位的竣工申请，组织监理人员对待验收的工程项目进行质量检查，参与工程项目的竣工验收。

（14）主持整理工程项目的监理资料。

2．总监理工程师代表应履行的职责

总监理工程师代表在监理过程中应当履行以下职责：

（1）负责总监理工程师指定或交办的监理工作。

（2）按总监理工程师的授权行使总监理工程师的部分职责和权力。

总监理工程师不得将下列工作委托给总监理工程师代表：

（1）主持编写项目监理规划、审批项目监理实施细则。

（2）签发工程开工或复工报审表、工程暂停令、工程款支付证书、工程竣工报验单等。

（3）审核签认竣工结算。

（4）调解建设单位与承包单位的合同争议、处理索赔、审批工程延期。

（5）根据工程项目的进展情况进行监理人员的调配，调换不称职的监理人员。

3．专业监理工程师应履行的职责

专业监理工程师在监理过程中应当履行以下职责：

（1）负责编制本专业的监理实施细则。

（2）负责本专业监理工作的具体实施。

（3）组织、指导、检查和监督本专业监理员的工作，当人员需要调整时向总监理工程师提出建议。

（4）审查承包单位提交的涉及本专业的计划、方案、申请、变更，并向总监理工程师提出报告。

（5）负责本专业分项工程验收及隐蔽工程验收。

（6）定期向总监理工程师提交本专业监理工作实施情况报告，对重大问题及时向总监理工程师汇报和请示。

（7）根据本专业监理工作实施情况做好监理日记。

（8）负责本专业监理资料的收集、汇总及整理，参与编写监理月报。

（9）核查进场材料、设备、构配件的原始凭证、检测报告等质量证明文件及其质量情况，根据实际情况认为有必要时，对进场材料、设备、构配件进行平行检验，合格时予以签认。

（10）负责本专业的工程计量工作，审核工程计量的数据和原始凭证。

4．监理员应履行的职责

监理员在监理过程中应履行以下职责：

（1）在专业监理工程师的指导下开展现场监理工作。

（2）检查承包单位投入工程项目的人力、材料、主要设备及其使用、运行状况，并做好检查记录。

（3）复核或从施工现场直接获取工程计量的有关数据并签署原始凭证。

（4）按设计图及有关标准，对承包单位的工艺过程或施工工序进行检查和记录，对加工制作及工序施工质量检查结果进行记录。

（5）担任旁站工作，发现问题及时指出并向专业监理工程师报告。

（6）做好监理日记和有关的监理记录。

（二）监理设施

建设单位应提供委托监理合同约定的满足监理工作需要的办公、交通、通讯、生活设施。项目监理机构应妥善保管和使用建设单位提供的设施，并应在完成监理工作后移交建设单位。

项目监理机构应根据工程项目类别、规模、技术复杂程度、工程项目所在地的环境条件，按委托监理合同的约定，配备满足监理工作需要的常规检测设备和工具。

在大中型项目的监理工作中，项目监理机构应实施监理工作的计算机辅助管理。

二、建设工程监理规划

监理规划应结合工程实际情况，明确项目监理机构的工作目标，确定具体的监理工作制度、内容、程序、方法和措施。监理实施细则应符合监理规划的要求，并应具有可操作性。监理规划的编制程序与依据应符合以下规定：

（1）监理规划应在签订建设工程监理合同及收到工程设计文件开始编制。

（2）监理规划应由总监理工程师组织，专业监理工程师编制。

（3）监理规划完成后，必须经监理单位技术负责人审核批准，并应在召开第一次工地会议前报送建设单位。

（4）编制监理规划应依据。建设工程的相关法律、法规及项目审批文件；与建设工程项目有关的标准、设计文件、技术资料；监理大纲、委托监理合同文件以及与建设工程项目相关的合同文件。

监理规划应包括以下主要内容：

（1）工程项目概况。

（2）监理工作范围。

（3）监理工作内容。

（4）监理工作目标。

（5）监理工作依据。

（6）监理机构的组织形式，监理机构的人员配备计划。

（7）监理机构的人员岗位职责，监理工作程序。

（8）监理工作方法及措施。

（9）监理工作制度。

（10）监理设施。

在实施建设工程监理过程中，实际情况或条件发生重大变化而需要调整监理规划时，应由总监理工程师组织专业监理工程师修改，并应经工程监理单位技术负责人批准后报建设单位。

三、建设工程监理实施细则

对中型及以上或专业性较强的工程项目，监理机构应编制监理实施细则。监理实施细则应符合监理规划的要求，并应结合工程项目的专业特点，做到详细具体、具有可操作性。监理实施细则的编制程序与依据应符合下列规定：

（1）监理实施细则应在相应工程施工开始前编制完成，并经总监理工程师批准。

（2）监理实施细则应由专业监理工程师编制。

（3）编制监理实施细则的主要依据包括以下几方面：①已批准的监理规划；② 与专业工程相关的标准、设计文件和技术资料；③施工组织设计。

监理实施细则应包括下列主要内容：

（1）专业工程的特点。

（2）监理工作的流程。

（3）监理工作的控制要点及目标值。

（4）监理工作的方法及措施。

在监理工作实施过程中，监理实施细则应根据实际情况进行补充、修改和完善。

四、建设工程施工阶段的监理工作

项目监理机构应根据建设工程监理合同约定，遵循动态控制原理，坚持预防为主的原则，制定和实施相应的监理措施，采用旁站、巡视和平行检验等方式对建设工程实施监理。

制定监理工作总程序应根据专业工程特点，按工作内容分别制定具体的监理工作程序。制定监理工作程序应体现事前控制和主动控制的要求。并结合工程项目的特点，注重监理工作的效果。监理工作程序中应明确工作内容、行为主体、考核标准、工作时限。

当涉及建设单位和承包单位的工作时，监理工作程序应符合委托监理合同和施工合同的规定。在监理工作实施过程中，应根据实际情况的变化对监理工作程序进行调整和完善。

（一）施工准备阶段的监理工作

在设计交底前，总监理工程师应组织监理人员熟悉设计文件，并对图纸中存在的问题通过建设单位向设计单位提出书面意见和建议。

项目监理人员应参加由建设单位组织的设计技术交底会，总监理工程师应对设计技术交底会议纪要进行签认。

工程项目开工前，监理人员应参加由建设单位主持召开的第一次工地会议。第一次工地会议应包括以下主要内容：

（1）建设单位、承包单位和监理单位分别介绍各自驻现场的组织机构、人员及其分工。

（2）建设单位根据委托监理合同宣布对总监理工程师的授权。

（3）建设单位介绍工程开工准备情况。

（4）承包单位介绍施工准备情况。

（5）建设单位和总监理工程师对施工准备情况提出意见和要求。

（6）总监理工程师介绍监理规划的主要内容。

（7）研究确定各方在施工过程中参加工地例会的主要人员，召开工地例会周期、地点及主要议题。

工程项目开工前，总监理工程师应审查承包单位现场项目管理机构的质量管理体系、技术管理体系和质量保证体系，确能保证工程项目施工质量时予以确认。对质量管理体系、技术管理体系和质量保证体系应审核以下内容：

（1）质量管理、技术管理和质量保证的组织机构。

（2）质量管理、技术管理制度。

（3）专职管理人员和特种作业人员的资格证、上岗证。

分包工程开工前，项目监理机构应审核施工单位报送的分包单位资格报审表，专业监理工程师提出审查意见后，应由总监理工程师审核签认。分包单位资格审核应包括下列基本内容：

（1）营业执照、企业资质等级证书。

（2）安全生产许可文件。

（3）类似工程业绩。

（4）专职管理人员和特种作业人员的资格。

总监理工程师应组织专业监理工程师审查施工单位报送的开工报审表及相关资料；同时具备下列条件时，应由总监理工程师签署审查意见，并应报建设单位批准后，总监理工程师签发工程开工令：

（1）设计交底和图纸会审已完成。

（2）施工许可证已获政府主管部门批准。

（3）征地拆迁工作能满足工程进度的需要。

（2）施工组织设计已由总监理工程师签认。

（3）施工单位现场质量、安全生产管理体系已建立，管理及施工人员已到位，施工机械具备使用条件，主要工程材料已落实。

（4）进场道路及水、电、通信等已满足开工要求。

项目监理机构还应根据工程特点、施工合同、工程设计文件及经过批准的施工组织设计对工程进行风险分析，并应制定工程质量、造价、进度目标控制及安全生产管理的方案，同时应提出防范性对策。

（二）工程质量控制工作

在施工过程中，当承包单位对已批准的施工组织设计进行调整、补充或变动时，应经专业监理工程师审查，并应由总监理工程师签认。

专业监理工程师应审查施工单位报送的新材料、新工艺、新技术、新设备的质量认证材料和相关验收标准的适用性，必要时，应要求施工单位组织专题论证，审查合格后报总监理工程师签认。

专业监理工程师应检查、复核施工单位报送的施工控制测量成果及保护措施，签署意见。专业监理工程师还应对施工单位在施工过程中报送的施工测量放线成果进行查验。

施工控制测量成果及保护措施的检查、复核，应包括下列内容：

（1）施工单位测量人员的资格证书及测量设备检定证书。

（2）施工平面控制网、高程控制网和临时水准点的测量成果以及控制桩的保护措施。

专业监理工程师应检查施工单位为本工程提供服务的试验室。试验室的检查应包括下列内容：

（1）试验室的资质等级及试验范围。

（2）法定计量部门对试验设备出具的计量检定证明。

（3）试验室的管理制度。

（4）试验人员的资格证书。

项目监理机构应对承包单位报送的拟进场工程材料、构配件和设备的报审表及其质量证明资料进行审核，并对进场的实物按照委托监理合同约定或有关工程质量管理文件规定的比例采用平行检验或见证取样方式进行抽检。

对未经监理人员验收或验收不合格的工程材料、构配件、设备，监理人员应拒绝签认，并应签发监理工程师通知单，书面通知承包单位限期将不合格的工程材料、构配件、设备撤出现场。

监理机构应定期检查承包单位的直接影响工程质量的计量设备的技术状况。

总监理工程师应安排监理人员对工程施工质量进行巡视。对施工单位报验的隐蔽工程、检验批；分项工程和分部工程进行验收，对验收合格的应给予签认，对验收不合格的应拒绝签认，同时应要求施工单位在指定的时间内整改并重新报验。对已同意覆盖的工程隐蔽部位质量有疑问的，或发现施工单位私自覆盖工程隐蔽部位的，专业监理工程师应要求施工单位对该隐蔽部位进行钻孔探测或揭开或其他方法进行重新检验。

工程施工质巡视应包括下列主要内容：

（1）施工单位是否按工程设计文件、工程建设标准和批准的施工组织设计、施工方案施工。

（2）使用的工程材料、构配件和设备是否合格。

（3）施工现场管理人员，特别是施工质量管理人员是否到位。

（4）特种作业人员是否持证上岗。

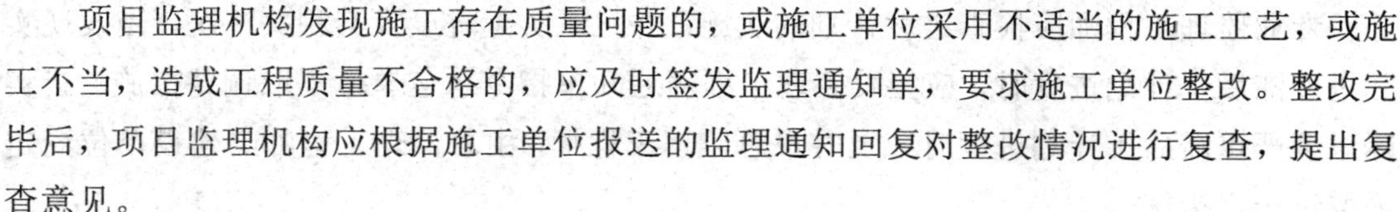

项目监理机构发现施工存在质量问题的，或施工单位采用不适当的施工工艺，或施工不当，造成工程质量不合格的，应及时签发监理通知单，要求施工单位整改。整改完毕后，项目监理机构应根据施工单位报送的监理通知回复对整改情况进行复查，提出复查意见。

对需要返工处理加固补强的质量缺陷，项目监理机构应要求施工单位报送经设计等相关单位认可的处理方案，并应对质量缺陷的处理过程进行跟踪检查，同时应对处理结果进行验收。

对需要返工处理或加固补强的质量事故，项目监理机构应要求施工单位报送质量事故调查报告和经设计等相关单位认可的处理方案，并应对质量事故的处理过程进行跟踪检查，同时应对处理结果进行验收。

项目监理机构应及时向建设单位提交质量事故书面报告，并应将完整的质量事故处理记录整理归档。

项目监理机构应审查施工单位提交的单位工程竣工验收报审表及竣工资料，组织工程竣工预验收。存在问题的，应要求施工单位及时整改；合格的，总监理工程师应签认单位工程竣工验收报审表。

（三）工程进度控制工作

项目监理机构应按下列程序进行工程进度控制：

（1）总监理工程师审批承包单位报送的施工总进度计划。

（2）总监理工程师审批承包单位编制的年、季、月度施工进度计划。

（3）专业监理工程师对进度计划实施情况进行检查、分析。

（4）当实际进度符合计划进度时，应要求承包单位编制下一期进度计划。

（5）当实际进度滞后于计划进度时，专业监理工程师应书面通知承包单位采取纠偏措施并监督实施。

项目监理机构应审查施工单位报审的施工总进度计划和阶段性施工进度计划，提出审查意见，并应由总监理工程师审核后报建设单位。施工进度计划审查应包括下列基本内容：

（1）施工进度计划应符合施工合同中工期的约定。

（2）施工进度计划中主要工程项目无遗漏，应满足分批投入试运、分批动用的需要，阶段性施工进度计划应满足总进度控制目标的要求。

（3）施工顺序的安排应符合施工工艺要求。

（4）施工人员、工程材料、施工机械等资源供应计划应满足施工进度计划的需要。

（5）施工进度计划应符合建设单位提供的资金、施工图纸、施工场地、物资等施工条件。

专业监理工程师应检查进度计划的实施，并记录实际进度及其相关情况，当发现实际进度滞后于计划进度时，应签发监理工程师通知单指令承包单位采取调整措施。当实际进度严重滞后于计划进度时应及时报总监理工程师，由总监理工程师与建设单位商定采取进一步措施。

总监理工程师应在监理月报中向建设单位报告工程进度和所采取进度控制措施的执行情况，并提出合理预防由建设单位原因导致的工程延期及其相关费用索赔的建议。

（四）工程造价控制工作

项目监理机构应按下列程序进行工程计量和付款签证：

（1）专业监理工程师对施工单位在工程款支付报审表中提交的工程量和支付金额进行复核，确定实际完成的工程量，提出到期应支付给施工单位的金额，并提出相应的支持性材料。

（2）专业监理工程师进行现场计量，按施工合同的约定审核工程量清单和工程款支付申请表，并报总监理工程师审定。

（3）总监理工程师对专业监理工程师的审查意见进行审核，并再签认后报建设单位审批。

（3）总监理工程师根据建设单位的审批意见，向施工单位签发工程款支付证书。

项目监理机构应建立月完成工程量统计表，对实际完成量与计划完成量进行比较分析，发现偏差的，应提出调整建议，并应在监理月报中向建设单位报告。

项目监理机构应按下列程序进行竣工结算款审核：

（1）承包单位按施工合同规定填报竣工结算报表。

（2）专业监理工程师审核承包单位报送的竣工结算报表。

（3）总监理工程师审定竣工结算报表，与建设单位、承包单位协商一致后，签发竣工结算文件和最终的工程款支付证书报建设单位。

监理机构应依据施工合同有关条款、施工图，对工程项目造价目标进行风险分析，并应制订防范性对策。

总监理工程师应从造价、项目的功能要求、质量和工期等方面审查工程变更的方案，并宜在工程变更实施前与建设单位、承包单位协商确定工程变更的价款。

（五）安全生产管理的监理工作

项目监理机构应当根据法律法规、工程建设强制性标准，履行建设工程安全生产管理的监理职责；并应将安全生产管理的监理工作内容、方法和措施纳入监理规划及监理实施细则。

项目监理机构应审查施工单位现场安全生产规章制度的建立和实施情况，并应审查

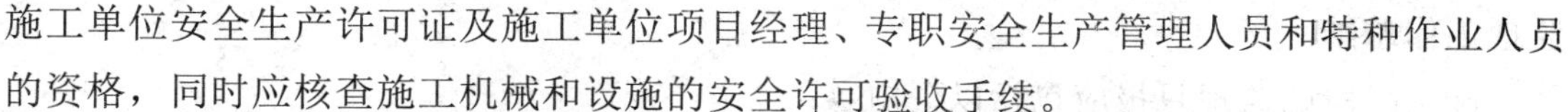

施工单位安全生产许可证及施工单位项目经理、专职安全生产管理人员和特种作业人员的资格，同时应核查施工机械和设施的安全许可验收手续。

项目监理机构应审查施工单位报审的专项施工方案，符合要求的，应由总监理工程师签认后报建设单位。超过一定规模的危险性较大的分部分项工程的专项施工方案，应检查施工单位组织专家进行论证、审查的情况，以及是否附具安全验算结果。项目监理机构应要求施工单位按已批准的专项施工方案组织施工。专项施工方案需要调整时，施工单位应按程序重新提交项目监理机构审查。专项施工方案审查应包括下列基本内容：

（1）编审程序应符合相关规定。

（2）安全技术措施应符合工程建设强制性标准。

项目监理机构应巡视检查危险性较大的分部分项工程专项施工方案实施情况。发现未按专项施工方案实施时，应签发监理通知单，要求施工单位按专项施工方案实施。

项目监理机构在实施监理过程中，发现工程存在安全事故隐患时，应签发监理通知单，要求施工单位整改；情况严重时，应签发工程暂停令，并应及时报告建设单位。施工单位拒不整改或不停止施工时，项目监理机构应及时向有关主管部门报送监理报告。

（六）竣工验收

总监理工程师应组织专业监理工程师，依据有关法律、法规、建设工程强制性标准、设计文件及施工合同，对承包单位报送的竣工资料进行审查，并对工程质量进行竣工预验收。对存在的问题，应及时要求承包单位整改。整改完毕由总监理工程师签署工程竣工报验单，并应在此基础上提出工程质量评估报告。工程质量评估报告应经总监理工程师和监理单位技术负责人审核签字。

项目监理机构应参加由建设单位组织的竣工验收，并提供相关监理资料。对验收中提出的整改问题，监理机构应要求承包单位进行整改。工程质量符合要求，由总监理工程师会同参加验收的各方签署竣工验收报告。

（七）建设工程监理文件档案资料管理

施工阶段的监理资料应包括下列内容：

施工合同文件及委托监理合同，勘察设计文件，监理规划；监理实施细则；分包单位资格报审表；设计交底与图纸会审会议纪要；施工组织设计（方案）报审表；工程开工/复工报审表及工程暂停令；测量核验资料；工程进度计划；工程材料、构配件、设备的质量证明文件；检查试验资料；工程变更资料；隐蔽工程验收资料；工程计量单和工程款支付证书；监理工程师通知单；监理工作联系单；报验申请表；会议纪要；来往函件；监理日记；监理月报；质量缺陷与事故的处理文件；分部工程、单位工程等验收资料；索赔文件资料；竣工结算审核意见书；工程项目施工阶段质量评估报告等专题报告；

监理工作总结。

施工阶段的监理月报应包括以下内容：

（1）本月工程概况及本月工程形象进度。

（2）工程进度（本月实际完成情况与计划进度比较；对进度完成情况及采取措施效果的分析）。

（3）工程质量（本月工程质量情况分析；本月采取的工程质量措施及效果）。

（4）工程计量与工程款支付（工程量审核情况；工程款审批情况及月支付情况；工程款支付情况分析）。

（5）合同其他事项的处理情况（工程变更；工程延期；费用索赔）。

（6）本月监理工作小结（对本月进度、质量、工程款支付等方面情况的综合评价；本月监理工作情况；有关本工程的意见和建议；下月监理工作的重点）。

监理工作总结应包括以下内容：

（1）工程概况。

（2）监理组织机构、监理人员和投入的监理设施。

（3）监理合同履行情况，监理工作成效。

（4）施工过程中出现的问题及其处理情况和建议，有必要时还需要提供工程照片。

五、建设工程施工阶段合同管理的工作

项目监理机构应依据建设工程监理合同约定进行施工合同管理，处理工程暂停及复工、工程变更、索赔及施工合同争议、解除等事宜。施工合同终止时，项目监理机构应协助建设单位按施工合同约定处理施工合同终止的有关事宜。

（一）工程的暂停与复工

总监理工程师在签发工程暂停令时，可根据停工原因的影响范围和影响程度，确定停工范围，并应按施工合同和建设工程监理合同的约定签发工程暂停令。

项目监理机构发现下列情况之一时，总监理工程师应及时签发工程暂停令：

（1）建设单位要求暂停施工且工程需要暂停施工的。

（2）施工单位未经批准擅自施工或拒绝项目监理机构管理的。

（3）施工单位未按审查通过的工程设计文件施工的。

（4）施工单位未按批准的施工组织设计、（专项）施工方案施工或违反工程建设强制性标准的。

（5）施工存在重大质量、安全事故隐患或发生质量、安全事故的。

总监理工程师签发工程暂停令应征得建设单位同意，在紧急情况下未能事先报告的，应在事后及时向建设单位做出书面报告。暂停施工事件发生时，项目监理机构应如

实记录所发生的情况。

总监理工程师应会同有关各方按施工合同约定，处理因工程暂停引起的与工期、费用有关的问题。因施工单位原因暂停施工时，项目监理机构应检查、验收施工单位的停工整改过程、结果。

当暂停施工原因消失、具备复工条件时，施工单位提出复工申请的，项目监理机构应审查施工单位报送的复工报审表及有关材料，符合要求后，总监理工程师应及时签署审查意见，并应报建设单位批准后签发工程复工令；施工单位未提出复工申请的，总监理工程师应根据工程实际情况指令施工单位恢复施工。

（二）工程变更的管理

项目监理机构可按下列程序处理施工单位提出的工程变更：

（1）总监理工程师组织专业监理工程师审查施工单位提出的工程变更申请，提出审查意见。对涉及工程设计文件修改的工程变更，应由建设单位转交原设计单位修改工程设计文件。必要时，项目监理机构应建议建设单位组织设计、施工等单位召开论证工程设计文件的修改方案的专题会议。

（2）总监理工程师组织专业监理工程师对工程变更费用及工期影响做出评估。

（3）总监理工程师组织建设单位、施工单位等共同协商确定工程变更费用及工期变化，会签工程变更单。

（4）项目监理机构根据批准的工程变更文件监督施工单位实施工程变更。

项目监理机构可在工程变更实施前与建设单位、施工单位等协商确定工程变更的计价原则、计价方法或价款。建设单位与施工单位未能就工程变更费用达成协议时，项目监理机构可提出一个暂定价格并经建设单位同意，作为临时支付工程款的依据。工程变更款项最终结算时，应以建设单位与施工单位达成的协议为依据。

项目监理机构可对建设单位要求的工程变更提出评估意见，并应督促施工单位按会签后的工程变更单来组织施工。

（三）费用索赔的处理

项目监理机构可按下列程序处理施工单位提出的费用索赔：

（1）受理施工单位在施工合同约定的期限内提交的费用索赔意向通知书。

（2）收集与索赔有关的资料。

（3）受理施工单位在施工合同约定的期限内提交的费用索赔报审表。

（4）审查费用索赔报审表。需要施工单位进一步提交详细资料时，应在施工合同约定的期限内发出通知。

（5）与建设单位和施工单位协商一致后，在施工合同约定的期限内签发费用索赔报审表，并报建设单位。

项目监理机构批准施工单位费用索赔应同时满足下列条件：

（1）施工单位在施工合同约定的期限内提出费用索赔。

（2）索赔事件是因非施工单位原因造成，且符合施工合同约定。

（3）索赔事件造成施工单位直接经济损失。

承包单位向建设单位提出费用索赔，监理机构应按下列程序处理：

（1）承包单位在施工合同规定的期限内向监理机构提交对建设单位的费用索赔意向通知书。

（2）总监理工程师指定专业监理工程师收集与索赔有关的资料。

（3）总监理工程师初步审查费用索赔申请表，符合规定的条件时予以受理。

（4）总监理工程师进行费用索赔审查，并在初步确定一个额度后，与承包单位和建设单位进行协商。

（5）总监理工程师应在施工合同规定的期限内签署费用索赔审批表，或在施工合同规定的期限内发出要求承包单位提交有关索赔报告的进一步详细资料的通知，待收到承包单位提交的详细资料后再决定是否予以审批。

（四）工期延误的处理

施工单位提出工程延期要求符合施工合同约定时，项目监理机构应予以受理。

当影响工期事件具有持续性时，项目监理机构应对施工单位提交的阶段性工程临时延期报审表进行审查，并应签署工程临时延期审核意见后报建设单位。

当影响工期事件结束后，项目监理机构应对施工单位提交的工程最终延期报审表进行审查，并应签署工程最终延期审核意见后报建设单位。

项目监理机构在做出工程临时延期批准和工程最终延期批准前，均应与建设单位和施工单位协商。

项目监理机构批准工程延期应同时满足下列条件：

（1）施工单位在施工合同约定的期限内提出工程延期。

（2）因非施工单位原因造成施工进度滞后。

（3）施工进度滞后影响到施工合同约定的工期。

施工单位因工程延期提出费用索赔时，项目监理机构可按施工合同约定进行处理。

发生工期延误时，项目监理机构应按施工合同约定进行处理。

（五）合同争议调解与合同解除

1．合同争议调解

监理机构接到合同争议的调解要求后应进行以下工作：

（1）及时了解合同争议的全部情况，包括进行调查和取证。

（2）及时与合同争议的双方进行磋商。

（3）在监理机构提出调解方案后，由总监理工程师进行争议调解。

（4）当调解未能达成一致时，总监理工程师应在施工合同规定的期限内提出处理该合同争议的意见。

（5）在争议调解过程中，除已达到了施工合同规定的暂停履行合同的条件之外，监理机构应要求施工合同的双方继续履行施工合同。

在总监理工程师签发合同争议处理意见后，建设单位或承包单位在施工合同规定的期限内未对合同争议处理决定提出异议，在符合施工合同的前提下，此意见应成为最后的决定，双方必须执行。

在合同争议的仲裁或诉讼过程中，监理机构接到仲裁机关或法院要求提供有关证据的通知后，应公正地向仲裁机关或法院提供与争议有关的证据。

2．合同解除

因建设单位原因导致施工合同解除时，项目监理机构应按施工合同约定与建设单位和施工单位从下列款项中协商确定施工单位应得款项，并签认工程款支付证书：

（1）施工单位按施工合同约定已完成的工作而应得款项。

（2）施工单位按批准的采购计划订购工程材料、构配件、设备的款项。

（3）施工单位撤离施工设备至原基地或其他目的地的合理费用。

（4）施工单位人员的合理遣返费用。

（5）施工单位合理的利润补偿。

（6）施工合同约定的建设单位应支付的违约金。

因施工单位原因导致施工合同解除时，项目监理机构应按施工合同约定，从下列款项中确定施工单位应得款项或偿还建设单位的款项，并应与建设单位和施工单位协商后，书面提交施工单位应得款项或偿还建设单位款项的证明：

（1）施工单位已按施工合同约定实际完成的工作应得款项和已给付的款项。

（2）施工单位已提供的材料、构配件、设备和临时工程等的价值。

（3）对已完工程进行检查和验收、移交工程资料、修复已完工程质量缺陷等所需的费用。

（4）施工合同约定的施工单位应支付的违约金。

因非建设单位、施工单位原因导致施工合同解除时，项目监理机构应按施工合同约定处理合同解除后的有关事宜。

六、建设工程监理的专业术语

有关建设工程监理的专业术语具体如下：

（1）工程监理单位。依法成立并取得建设主管部门颁发的工程监理企业资质证书，从事建设工程监理与相关服务活动的服务机构。

（2）建设工程监理。工程监理单位受建设单位委托，根据法律法规、工程建设标准、勘察设计文件及合同，在施工阶段对建设工程质量、进度、造价进行控制，对合同、信息进行管理，对工程建设相关方的关系进行协调，并履行建设工程安全生产管理法定职责的服务活动。

（3）相关服务。工程监理单位受建设单位委托；按照建设工程监理合同约定，在建设工程勘察、设计、保修等阶段提供的服务活动。

（4）项目监理机构。工程监理单位派驻到现场工程负责履行建设工程监理合同的组织机构。

（5）注册监理工程师。取得国务院建设主管部门颁发的《中华人民共和国注册监理工程师注册执业证书》和执业印章，从事建设工程监理与相关服务等活动的人员。

（6）总监理工程师。由工程监理单位法定代表人书面任命，负责履行建设工程监理合同、主持项目监理机构工作的注册监理工程师。

（7）总监理工程师代表。经工程监理单位法定代表人同意，由总监理工程师书面授权，代表总监理工程师行使其部分职责和权力，具有工程类注册执业资格或具有中级及以上专业技术职称、3 年及以上工程实践经验并经监理业务培训的人员。

（8）专业监理工程师。由总监理工程师授权，负责实施某一专业或某一岗位的监理工作，有相应监理文件签发权，具有工程类注册执业资格或具有中级及以上专业技术职称、2 年及以上工程实践经验并经监理业务培训的人员。

（9）监理员。从事具体监理工作，具有中专及以上学历并经过专业监理业务培训的人员。

（10）监理规划。项目监理机构全面开展建设工程监理工作的指导性文件。

（11）监理实施细则。针对某一专业或某一方面建设工程监理工作的操作性文件。

（12）工程计量。根据工程设计文件及施工合同约定，项目监理机构对施工单位申报的合格工程的工程量进行核验。

（13）旁站。项目监理机构对工程的关键部位或者关键工序的施工质量进行的监督活动。

（14）巡视。项目监理机构对施工现场进行的定期或不定期的检查活动。

（15）平行检验。项目监理机构在施工单位自检的同时，按有关规定、建设工程监理合同约定对同一检验项目进行的检测试验活动。

（16）见证取样。项目监理机构对施工单位进行的涉及结构安全的试块、试件及工程材料现场取样、封样、送检工作的监督活动。

（17）工程延期。由于非施工单位原因造成合同工期延长的时间。

（18）工期延误。由于施工单位自身原因造成施工期延长的时间。

（19）工程临时延期批准。发生非施工单位原因造成的持续性影响工期事件时所做出的临时延长合同工期的批准。

（20）工程最终延期批准。发生非施工单位原因造成的持续性影响工期事件时所做出的最终延长合同工期的批准。

（21）监理日志。项目监理机构每日对建设工程监理工作以及施工进展情况所做的记录。

（22）监理月报。项目监理机构每月向建设单位提交的建设工程监理工作及建设工程实施情况等分析总结报告。

（23）设备监造。项目监理机构按照建设工程监理合同和设备采购合同约定，对设备制造过程进行的监督检查活动。

（24）监理文件资料。工程监理单位在履行建设工程监理合同过程中形成或获取的，以一定形式记录、保存的文件资料。

第四节　建设工程监理各方的关系

业主、监理单位及承包商是建设工程监理活动中最主要的当事人。它们的权利、义务关系是通过业主与监理单位、业主与承包商之间所签订的合同来约定的。业主与承包商之间是工程承包合同，业主与监理单位之间是工程监理委托服务合同，承包商与工程监理单位没有任何合同关系，是业主通过工程承包合同将自己对承包商建设活动的监督管理权委托授予了监理单位。所以，承包商与监理单位之间虽无直接关系，也互未签合同，但其还是必须得接受监理单位的监督与管理。

一、业主与承包商的关系

业主和承包商之间是互相合作、互相监督的合同法规关系。合同是一种民事法律行为，其基本特征之一便是行为主体的法律地位完全平等。在合同中，合同双方的责任和利益是互为前提条件的，业主的义务是提供施工的外部条件及支付工程款，这是承包商享有的权利，承包商的义务是按合同规定的工期及质量要求对工程项目进行施工、竣工及修复其缺陷，这是业主享有的权利。国内习惯将业主与承包商的关系称为承、发包的合同关系。

承包商按照合同条件的规定，对合同范围内的工程进行设计、施工和竣工，并修补其任何缺陷。同样，业主也要按照合同文件履行自己的职责。应当指出的是：在施工过程中，业主一般不直接与承包商接触，而是通过监理工程师来下达指令、行使权力、管理工程。但是，作为施工合同的主体，必然由业主和承包商行使最终权力。当双方发生争端时，监理工程师可以调解，调解不成而履行仲裁和诉讼程序时，监理工程师的意见只具有一般参考价值。但实践证明：业主对承包商干预得越多，工程干得越差，合同执行得也越糟；而业主干预得越少，完全由监理工程师来组织、协调、控制，则工程干得越好。

业主作为工程和服务的买方，而承包商是卖方和服务者，按照合同管理的目标，只有业主满意的工程对于承包商来说才是成功的，业主和承包商应相互保持联系，以使工程顺利和不受阻碍地进行。

但作为合作者，业主和承包商在各自利益方面又是对立的两方。业主希望少花钱多办事，而承包商既要完成项目，又要争取最大效益。承包商的行为会对业主构成风险，业主的处事也会威胁承包商的利益，双方利益冲突的结果就导致索赔和反索赔行为的产生。如果业主违约，承包商可以降低施工速度或中止工程，提出索赔，乃至撤销合同。如果承包商违约，业主可授权其他人去完成工作，如果承包商未能履约，业主可以终止合同。

二、业主与监理单位的关系

业主和监理单位之间是监理咨询合同法规关系，确切地说是一种雇佣关系。业主聘用监理工程师代其进行工程管理。监理工程师的任务和职权是由业主与承包商之间签订的施工合同及业主与监理工程师签订的监理服务合同两种文件确定的。

（1）在业主与承包商签订的合同文件中，详细地规定了被委托的监理工程师的权利和职责，其中包括监理工程师对业主的约束权利和监理工程师独立公正地执行合同条件的权利。这就奠定了监理工程师与业主的工作关系的基础。

（2）业主与监理单位签订的监理合同。监理合同主要对监理人员数量、素质、服务范围、服务时间、服务费用以及其他有关监理人员生活方面的安排进行了详细的规定。同时，合同中对监理工程师的权力也需予以明确。在监理合同中明确监理工程师的权力时应注意到协议中明确的权力要与施工合同中所赋予监理工程师的权力保持一致。

监理工程师在行使监理权力时，是业主的代理人，应维护业主的利益。监理工程师的良好服务，能为业主带来巨大利益。如监理工程师对承包商完成的工程量进行严格的计量和审核、控制变更工程和额外工程费用、处理索赔事宜等工作，能直接降低工程成本；监理工程师促使承包商按时或提前完工，能使工程项目早日产生效益；监理工程师严格控制质量，能使工程的未来维护费用、运行费用降低；监理工程师提出的改进建议，能节省投资等。

在项目管理中，监理工程师只承担管理责任及与之相关的责任而不是一切责任，这些管理责任与相关责任在业主和监理工程师的协议中规定。当监理工程师的错误导致业主蒙受损失时，将进行赔偿，业主与监理工程师的协议书中可以规定监理工程师赔偿的比例和限额。这时，如果监理工程师的自身能力不足或缺乏职业道德，就会损害业主的利益。

三、监理工程师与承包商的关系

承包商与监理工程师之间没有合同，因而不存在合同主体法规关系。但在工程实施中，承包商要时时与监理工程师打交道，因为业主是通过监理工程师来管理工程的。承包商必须接受和遵从监理工程师的指示，监理工程师在行使权力时，须经雇主事先批准。承包商无权核实监理工程师是否已获得此类批准。

在工程中，不经承包商同意，业主不得更换监理工程师。因为在合同中，监理工程师有很大的权力，具有特殊的作用，所以监理工程师的信誉、工作能力、公正性等，已是承包商投标报价必须考虑的重要因素之一。业主和承包商之间的合同文件规定，凡根据合同在监理工程师有自己酌情处理权的地方，监理工程师在业主和承包商之间应行为公正，以没有偏见的方式使用合同。当然，承包商应掂量，是否相信业主的监理工程师具有独立做出决定的能力。如果监理工程师不能公正决定，承包商可以通过仲裁和诉讼得到合理解决，这时监理工程师就会被动。

如果承包商素质不高或者缺乏商业道德，则会给监理工程师的工作带来困难，甚至导致监理工程师蒙受风险。

【引例分析】

【答 1】对于施工组织设计内容的审批：第一个问题的处理是不妥当的，因总监理工程师无权改变施工方案；第二个问题的处理妥当，这是监理的工作职责。

【答 2】专业监理工程师还应从以下几个方面对承包单位的试验室进行考核：

（1）本试验室能开展的实验、检测项目及其仪器、设备。

（2）法定计量部门对计量器具的标定证明文件。

（3）试验检测人员的资格证书。

（4）试验室的管理制度。

【答 3】（1）发出《监理工程师通知单》妥当。

（2）《监理工程师通知单》的主要内容：重新建立施工测量控制网；改进保护措施。

【答 4】监理单位应按要求施工单位将无安装资格证书的人员清除出场，并请有资格的检测单位对已完工的部分进行检查。设备安装分项工程施工质量验收合格应符合的规定：

（1）分项工程所含的检验批均应符合合格质量规定。

（2）分项工程所含的检验批质量验收记录应完整。

【答 5】妥当。施工单位的费用索赔和工程延期要求不应该被批准，因为暂停施工的原因是施工单位未按技术规程要求操作，属施工单位的原因。

【本章小结】

本章对建设工程建立制度、工程监理企业资质的管理、建设工程建立规范、建设工程监理各方的关系进行了比较详细的阐述。

本章的主要内容包括建设工程监理的理解要点及范围；建设工程监理的原则；工程监理企业资质的分类、申请与审批；工程监理企业的监督管理；建设工程监理的专业术语；建设工程监理机构及其设施；建设工程监理规划及实施细则；建设工程施工阶段的监理工作；建设工程施工阶段合同管理的工作；业主与承包商的关系；业主与监理单位的关系；监理工程师与承包商的关系。通过本章学习，读者可以了解建设工程监理的原则；掌握工程监理企业的资质管理；掌握建设工程监理的专业术语；熟悉掌握建设工程监理规划及实施细则；熟悉掌握建设工程监理各方的关系。

【思考题】

1．什么是建设工程监理？
2．建设工程监理的原则是什么？
3．工程监理企业分为哪几类？
4．总监理工程师应履行的职责有哪些？
5．施工准备阶段的监理工作有哪些？
6．业主与承包商是什么关系？

第九章 建设工程质量管理法规

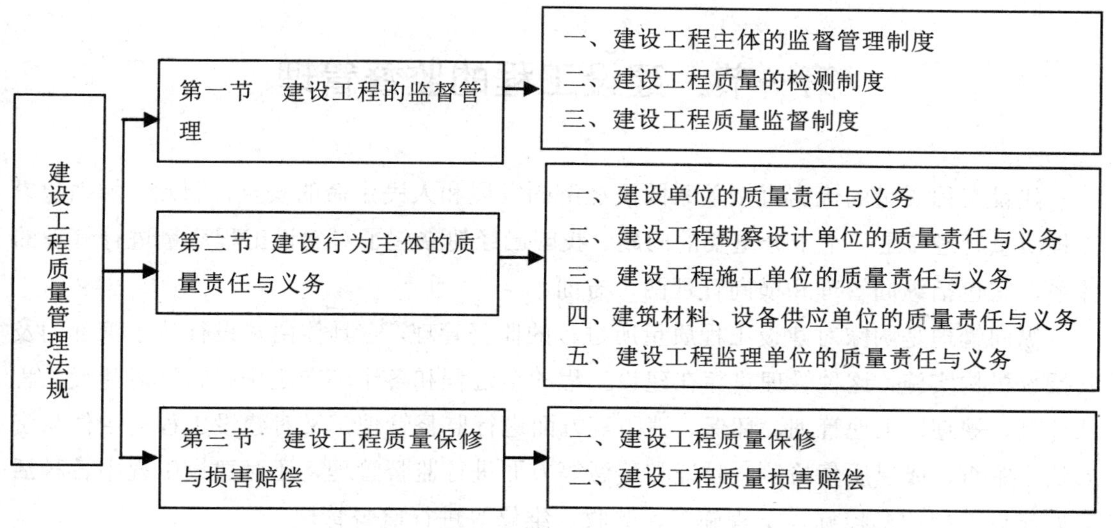

本章结构图

【学习目标】

- 了解国家对建设工程的监督管理；
- 掌握建设行为主体的质量责任与义务；
- 熟悉建设工程质量保修与损害赔偿。

【本章引例】

A 工厂位于城市市区与郊区交界处，为扩大再生产，厂区领导管理层决定在同一厂区建设第二个大型厂房。按照该市城市总体及局部详细的规划，已经批准该化工厂扩大建设的用地。经厂房建设指挥部察看第一个厂房的勘察成果及第二个厂区的地质状况商讨决定，不做勘察，将三年前为第一个厂房所做的勘察成果提供给设计院作为设计依据，不仅节省了投资，也加快了工程进度，设计院根据指挥部的要求和设计资料、规范等文件进行设计。建设单位将该工程的施工任务委托给王某所带的施工队进行施工，经过紧张施工，在 20××年××月份竣工完成，××月份投入使用。厂房建成后使用一年就发现北墙地基沉陷明显，北墙墙体多处开裂，根据质量保修书的规定，A 工厂建设指挥部与王某交涉，王某认为不是自身原因造成的，不予返修。该工厂指挥部一纸诉状将王某告上法庭，请求判定王某按照施工质量保修的有关规定承担质量责任。王某不服，最终该案件进行了开庭审理。假如你是该案例的审判法官，请就以下问题做出判定。

【问题 1】本案中的质量责任应当由谁承担？并说明依据。

【问题 2】建设单位的做法存在哪些不妥？并说明理由。

第一节 建设工程的监督管理

建设工程质量的优劣直接关系国民经济的发展和人民生命的安全，因此，加强建设工程质量管理，是一个十分重要的问题。我国已经建立起了对建设工程质量进行管理的体系，它包括纵向管理和横向管理两个方面。

纵向管理是国家对建设工程质量所进行的监督管理，它具体由建设行政主管部门及其授权机构实施，这种管理贯穿在建设工程的全过程和各个环节之中，它既对建设工程从计划、规划、土地管理、环保、消防等方面进行监督管理，又对建设工程的主体从资质认定审查，成果质量检测、验证和奖惩等方面进行监督管理，还对建设工程中各种活动如建设工程招标投标，工程施工、验收、维修等进行监督管理。

横向管理又包括两个方面，一是工程承包单位，如勘察单位、设计单位、施工单位自己对所承担工作的质量管理。它们要按要求建立专门的质检机构，配备相应的质检人员，建立相应的质量保证制度，如审核校对制、培训上岗制，质量抽检制、各级质量责任制和部门领导质量责任制等。二是建设单位对所建工程的管理，它可成立相应的机构和人员，对所建工程的质量进行监督管理，也可委托社会监理单位对建设工程的质量进行监理。

一、建设工程主体的监督管理制度

建设工程主体是建设工程各方的参与者，对其监督管理的制度，主要审查的方面有：

（1）对建设单位的资格和能力进行审查。审查其是否具备与发包工程项目相适应的资格、施工技术、经济管理能力、编制招标文件及组织开标、评标、定标的能力。如其不具备上述能力，则要求其委托招标代理机构代为办理招标事宜。

（2）对勘察设计、施工、监理、构配件生产、房地产开发单位等实行资格（质）等级认证、生产许可证和业务范围的监督管理。上述单位必须按规定申请并取得相应资格证书后，方能从事其资格（质）等级允许范围内的业务活动。各级建设行政主管部门将严格监督其建设活动。

（3）对相关人员，实行注册执业工程师的制度。目前，我国法规规定从事建筑设计、结构设计、工程监理等的人员，须经过考试取得资格证书并经注册后方能获得相应的执业资格，方能从事相应的职业。各级建设行政主管部门将负责考试、注册及执业活动的监督管理以保证执业资格制度的严肃与有效性。

二、建设工程质量的检测制度

房屋建筑和市政基础设施建设工程质量检测（以下简称“质量检测”），是指工程质量检测机构（以下简称“检测机构”）依据国家有关法律、法规和建设工程强制性标准，按照房屋建筑和市政基础设施建设工程施工质量验收规范规定，对涉及结构安全项目的抽样检测和对进入施工现场建筑材料、构配件的见证取样检测。

（1）检测机构的性质和资质分类。检测机构是具有独立法人资格的技术鉴证类中介机构。检测机构从事规定的质量检测业务，应当依据《建设工程质量检测管理办法》（草案）取得相应的资质证书。检测机构资质按照其承担的检测业务内容分为专项检测机构资质和见证取样检测机构资质。检测机构可取得一项或多项专项检测资质，也可同时取得专项检测资质和见证取样检测资质。

检测机构未取得相应的资质证书的，不得承担相应规定的质量检测业务。为企业内部质量控制设立的企业内部试验室除外。

（2）检测报告的法律地位。具有相应资质证书的检测机构，从事规定的质量检测业务所出具的检测报告，可作为工程竣工验收的资料。

（3）资质申请与资质审批、审查。资质审批机关在收到申请人的申请材料后，应当即时做出是否受理的决定，并向申请人出具书面凭证；申请材料不齐全或者不符合法定形式的，应当在5日内一次性告知申请人需要补正的全部内容。逾期不告知的，自收到申请材料之日起即为受理。

资质审批机关受理资质申请后，应当对申报材料进行审查，自受理之日起20个工作日内审批完毕并做出书面决定。对符合标准的，自做出决定之日起10个工作日内颁发《检测机构资质证书》，并向国务院建设主管部门备案。

《检测机构资质证书》应注明检测业务范围，分为正本和副本，正、副本具有同等法律效力。检测机构资质证书有效期为3年。资质证书有效期满需要延期的，检测机构应当在资质证书有效期满30个工作日前办理延续手续。

（4）检测报告。检测机构完成检测业务后，应当及时出具检测报告。检测报告经检测人员签字、检测机构法定代表人或授权签字人签署，并加盖检测机构公章或检测专用章后方可生效。检测报告由建设单位或工程监理单位审查后，交由施工单位归档。

见证取样检测的检测报告中应当注明见证人单位及姓名。禁止：委托方任何单位和个人不得明示或者暗示检测机构出具虚假检测报告，不得篡改或者伪造检测报告。检测人员不得同时受聘于两个及以上的检测机构从业。检测机构和检测人员不得推荐或者监制建筑材料、构配件和设备。检测机构不得与行政机关、受委托行使行政权力的机构，以及和所检测工程项目相关的设计单位、施工单位、监理单位有隶属关系或者其他利害关系。检测机构不得转包检测业务。

（5）检测责任。检测机构应当对其检测数据和检测报告的真实性和准确性负责，并承担相应的检测责任。

检测机构应当将检测过程中发现的建设单位、监理单位、施工单位违反有关法律、法规和建设工程强制性标准的情况，以及涉及结构安全检测结果的不合格情况，及时报告工程所在地建设主管部门或铁路、交通、水利等有关部门。

检测机构应当建立档案管理制度。检测合同、委托单、原始记录、检测报告应当按年度统一编号，编号应当连续，不得随意抽撤、涂改。检测机构应当单独建立检测结构不合格项目台账。

（6）监督检查。县级以上地方人民政府建设主管部门和交通、水利等有关部门应当加强对检测机构的监督检查，主要检查下列内容（以下内容中的技术性检查可委托相关专业机构）：

① 是否符合本办法规定的资质标准。

② 是否按规定在检测报告上签字盖章，检测报告是否真实。

③ 是否超出资质范围从事质量检测活动。

④ 检测机构是否按有关技术标准和规定进行检测。

⑤ 是否有涂改、倒卖、出租、出借、转让资质证书的行为。

⑥ 仪器设备及环境条件是否符合计量认证要求。

⑦ 法律、法规规定的其他事项。

建设主管部门和铁路、交通、水利等有关部门实施监督检查时，有权采取下列措施：

（1）要求检测机构或委托方提供相关的文件和资料。

（2）组织进行比对试验（验证）以验证检测机构的检测能力。

（3）进入检测机构的工作场地（包括施工现场）进行抽查。

（4）发现有不符合国家有关法律、法规和建设工程标准要求的检测行为时，责令改正。

三、建设工程质量监督制度

政府对建设工程质量的监督管理主要以保证工程使用安全和环境质量为主要目的，以法律、法规和强制性标准为依据，以地基基础、主体结构、环境质量和与此相关的建设工程各方主体的质量行为为主要内容，以施工许可证和竣工验收备案制度为主要手段。

（一）施工许可制度

（1）施工许可证的办理。在中华人民共和国境内从事务类房屋建筑及其附属设施的建造、装修装饰和与其配套的线路、管道、设备的安装，以及城镇市政基础设施工程的施工，建设单位在开工前应当依照本办法的规定，向工程所在地的县级以上人民政府建设行政主管部门（以下简称“发证机关”）申请领取施工许可证。施工许可证分为正本和副本，正本和副本具有同等法律效力。

（2）申请施工许可证的条件。建设单位申请领取施工许可证，应当具备下列条件，并提交相应的证明文件：

① 已经办理该建筑工程用地批准手续。

② 在城市规划区的建筑工程，已经取得建设工程规划许可证。

③ 已经确定施工企业。按照规定应该招标的工程没有招标，应该公开招标的工程没有公开招标，或者肢解发包工程，以及将工程发包给不具备相应资质条件的企业的，所确定的施工企业无效。

④ 施工场地已经基本具备施工条件，需要拆迁的，其拆迁进度符合施工要求。

⑤ 有满足施工需要的施工图纸及技术资料，施工图设计文件已按规定进行了审查。

⑥ 有保证工程质量和安全的具体措施。施工企业编制的施工组织设计中根据建筑工程特点制订的相应质量、安全技术措施，专业性较强的工程项目编制的专项质量、安全施工组织设计，并按照规定办理了工程质量、安全监督手续。

⑦ 按照规定应该委托监理的工程已委托监理。

⑧ 建设资金已经落实。建设工期不足一年的，到位资金原则上不得少于工程合同价的 50%，建设工期超过一年的，到位资金原则上不得少于工程合同价的 30%。建设单位应当提供银行出具的到位资金证明，有条件的可以实行银行付款保函或者其他第三方担保。

⑨ 法律、行政法规规定的其他条件。

（3）申请办理许可证的程序。申请办理施工许可证，应当按照下列程序进行：①建设单位向发证机关领取《建筑工程施工许可证申请表》。②建设单位持加盖单位及法定代表人印鉴的《建筑工程施工许可证申请表》，并附本办法第四条规定的证明文件，向发证机关提出申请。③发证机关在收到建设单位报送的《建筑工程施工许可证申请表》和所附证明文件后，对于符合条件的，应当自收到申请之日起 15 日内颁发施工许可证；对于证明文件不齐全或者失效的，应当限期要求建设单位补正，审批时间可以自证明文件补正齐全后作相应顺延；对于不符合条件的，应当自收到申请之日起 15 日内书面通知建设单位，并说明理由。

建筑工程在施工过程中，建设单位或者施工单位发生变更的，应当重新申请领取施工许可证。

（4）施工许可证的管理。施工许可证的管理的主要内容包括以下两点：①建设单位申请领取施工许可证的工程名称、地点、规模，应当与依法签订的施工承包合同一致。施工许可证应当放置在施工现场备查；②施工许可证不得伪造和涂改。

（5）关于施工许可证延期、中止的相关规定。①建设单位应当自领取施工许可证之日起三个月内开工。因故不能按期开工的，应当在期满前向发证机关申请延期，并说明理由；延期以两次为限，每次不超过三个月。既不开工又不申请延期或者超过延期次数、时限的，施工许可证自行废止。②在建的建筑工程因故中止施工的，建设单位应当自中止施工之日起两个月内向发证机关报告，报告内容包括中止施工的时间、原因，在施部位，维修管理措施等，并按照规定做好建筑工程的维护管理工作。

建筑工程恢复施工时，应当向发证机关报告；中止施工满一年的工程恢复施工前，建设单位应当报发证机关核验施工许可证。

（二）竣工验收制度

工程项目的竣工验收是施工全过程的最后一道工序，也是工程项目管理的最后一项工作。它是建设投资成果转入生产或使用的标志，也是全面考核投资效益、检验设计和施工质量的重要环节。

为规范房屋建筑和市政基础设施工程的竣工验收，保证工程质量，根据《中华人民共和国建筑法》和《建设工程质量管理条例》， 2013 年 12 月 2 日，住房城乡建设部以建质〔2013〕171 号印发《房屋建筑和市政基础设施工程竣工验收规定》（以下简称“规定”)。《规定》共十四条，自发布之日起施行。《房屋建筑工程和市政基础设施工程竣工验收暂行规定》（建〔2000〕142 号）予以废止。

凡在中华人民共和国境内新建、扩建、改建的各类房屋建筑和市政基础设施工程的竣工验收（以下简称工程竣工验收)，应当遵守本规定。

国务院住房和城乡建设主管部门负责全国工程竣工验收的监督管理。县级以上地方人民政府建设主管部门负责本行政区域内工程竣工验收的监督管理，具体工作可以委托所属的工程质量监督机构实施。

根据该规定，工程需符合下列要求方可进行竣工验收：

（1）完成工程设计和合同约定的各项内容。

（2）施工单位在工程完工后对工程质量进行了检查，确认工程质量符合有关法律、法规和工程建设强制性标准，符合设计文件及合同要求，并提出工程竣工报告。工程竣工报告应经项目经理和施工单位有关负责人审核签字。

（3）对于委托监理的工程项目，监理单位对工程进行了质量评估，具有完整的监理资料，并提出工程质量评估报告。工程质量评估报告应经总监理工程师和监理单位有

关负责人审核签字。

（4）勘察、设计单位对勘察、设计文件及施工过程中由设计单位签署的设计变更通知书进行了检查，并提出质量检查报告。质量检查报告应经该项目勘察、设计负责人和勘察、设计单位有关负责人审核签字。

（5）有完整的技术档案和施工管理资料。

（6）有工程使用的主要建筑材料、建筑构配件和设备的进场试验报告，以及工程质量检测和功能性试验资料。

（7）建设单位已按合同约定支付工程款。

（8）有施工单位签署的工程质量保修书。

（9）对于住宅工程，进行分户验收并验收合格，建设单位按户出具《住宅工程质量分户验收表》。

（10）建设主管部门及工程质量监督机构责令整改的问题全部整改完毕。

（11）法律、法规规定的其他条件。

工程竣工验收应当按以下程序进行：

（1）工程完工后，施工单位向建设单位提交工程竣工报告，申请工程竣工验收。实行监理的工程，工程竣工报告须经总监理工程师签署意见。

（2）建设单位收到工程竣工报告后，对符合竣工验收要求的工程，组织勘察、设计、施工、监理等单位组成验收组，制定验收方案。对于重大工程和技术复杂工程，根据需要可邀请有关专家参加验收组。

（3）建设单位应当在工程竣工验收 7 个工作日前将验收的时间、地点及验收组名单书面通知负责监督该工程的工程质量监督机构。

（4）建设单位组织工程竣工验收。

建设、勘察、设计、施工、监理单位分别汇报工程合同履约情况和在工程建设各个环节执行法律、法规和工程建设强制性标准的情况；审阅建设、勘察、设计、施工、监理单位的工程档案资料；实地查验工程质量；对工程勘察、设计、施工、设备安装质量和各管理环节等方面做出全面评价，形成经验收组人员签署的工程竣工验收意见。

参与工程竣工验收的建设、勘察、设计、施工、监理等各方不能形成一致意见时，应当协商提出解决的方法，待意见一致后，重新组织工程竣工验收。

工程竣工验收合格后，建设单位应当及时提出工程竣工验收报告。工程竣工验收报告主要包括工程概况，建设单位执行基本建设程序情况，对工程勘察、设计、施工、监理等方面的评价，工程竣工验收时间、程序、内容和组织形式，工程竣工验收意见等内容。工程竣工验收报告还应附有下列文件：

（1）施工许可证。

（2）施工图设计文件审查意见。

（3）工程竣工报告、工程质量评估报告、质量检查报告、工程质量保修等文件。

（4）验收组人员签署的工程竣工验收意见。

（5）法规、规章规定的其他有关文件。

负责监督该工程的工程质量监督机构应当对工程竣工验收的组织形式、验收程序、执行验收标准等情况进行现场监督，发现有违反建设工程质量管理规定行为的，责令改正，并将对工程竣工验收的监督情况作为工程质量监督报告的重要内容。

建设单位应当自工程竣工验收合格之日起 15 日内，依照《房屋建筑和市政基础设施工程竣工验收备案管理办法》（住房和城乡建设部令第 2 号）的规定，向工程所在地的县级以上地方人民政府建设主管部门备案。

（三）建筑材料使用许可制度

在我国为保证建设工程中使用的建筑材料性能符合规定标准，从而确保建设工程质量，制定了建材使用许可制。这一制度包括建材产品质量认证制、建材生产许可证制、建材产品推荐使用制及建材进场检验制等制度。

（1）建材进场检验制。为保证建筑的结构安全及其质量，住建部还规定，建筑施工企业必须加强对进场的建筑材料、构配件及设备的质量检查、检测。各类建筑材料、构配件等都必须按规定进行检查或复试。凡影响结构安全的主要建筑材料、构配件及设备的采购与使用必须经同级技术负责人同意。质量不合格的建筑材料、构配件及设备，不得使用在工程上，并进一步规定，对进入施工现场的层面防水材料，不仅要有出厂合格证，还必须有进场试验报告，确保其符合标准和设计要求。未经检验而直接使用了质量不合格要求的建材、设备及构配件的施工企业将承担相应的责任。

（2）建材产品质量认证制。国家有关部门规定，对重要的建筑材料和设备，推行产品质量认证制度，经认证合格的由认证机构颁发质量认证证书，准许企业在产品或其包装上使用质量认证标志。使用单位经检验发现认证的产品质量不合格的，有权向产品质量认证机构投诉。同时规定，销售已经过质量认证的建材产品，在产品或其包装上除标有产品质量检验合格证明外，还应标明质量认证的编号、批准日期和有效期限。

（3）建材生产许可证制。国家规定对于一些十分重要的建材产品，如钢材、门窗等，实行生产许可证制。生产这些建材产品的生产企业必须具备相应的生产条件、技术装备、技术人员和质量保证体系，经有关部门审核批准取得相应资质等级并获得生产许可证后，才能进行这些建材产品的生产。其生产销售的建材产品或产品包装上，除应标有产品质量检验合格证明外，还应标明生产许可证的编号、批准日期和有效日期。未获生产许可证的任何其他企业，都不得生产这类建材产品。

第二节　建设行为主体的质量责任与义务

一、建设单位的质量责任与义务

建设单位作为建设工程的投资人，在整个建设活动中居于主导地位。因此，要确保建设工程质量，先要对建设单位的行为进行规范。我国建设工程质量法规规定了建设单位的质量责任与义务主要包括以下内容：

（1）建设单位应当将工程发包给具有相应资质等级的单位，建设单位不得将建设工程肢解发包。肢解发包是指建设单位将应由一个承包单位完成的建设工程分解成若干部分发包给不同的承包单位的行为。

（2）建设单位不得迫使承包方以低于成本的价格竞标，不得任意压缩合理工期，建设单位不得明示或者暗示设计单位或者施工单位违反工程建设强制性标准，降低建设工程质量。

（3）建设单位应当依法对工程建设项目的勘察、设计、施工、监理以及与工程建设有关的重要设备、材料等的采购进行招标。建设单位对由于其选择的设计、施工单位和其负责供应的设备等原因发生的质量问题承担相应责任。

（4）建设单位应当将施工图设计文件报县级以上人民政府建设行政主管部门或者其他有关部门审查；施工图设计文件未经审查批准的，不得使用。

（5）建设单位必须向有关的勘察、设计、施工、工程监理等单位提供与建设工程有关的原始资料。原始资料必须真实、准确、齐全。

（6）建设单位在领取施工许可证或者开工报告前，应当按照国家有关规定办理工程质量监督手续。

（7）施行监理的建设工程，建设单位应当委托具有相应资质等级的工程监理单位进行监理，也可以委托具有工程监理相应资质等级并与被监理工程的施工承包单位没有隶属关系或者其他利害关系的该工程的设计单位进行监理。

（8）涉及建筑主体和承重结构变动的装修工程，建设单位应当在施工前委托原设计单位或者具有相应资质等级的设计单位提出设计方案；没有设计方案的，不得进行装修施工；房屋建筑使用者在装修过程中，不得擅自变动房屋建筑主体和承重结构。

（9）按照合同约定，由建设单位采购建筑材料、建筑构配件和设备的，建设单位应当保证建筑材料、建筑构配件和设备符合设计文件和合同要求；建设单位不得明示或者暗示施工单位使用不合格的建筑材料、建筑构配件和设备。

（10）建设单位收到建设工程竣工报告后，应当组织设计、施工、工程监理等有关单位进行竣工验收；建设工程经验收合格的，方可交付使用。

（11）建设单位应当严格按照国家有关档案管理的规定，及时收集、整理建设项目各环节的文件资料，建立，健全建设项目档案，并在建设工程竣工验收后，及时向建设行政主管部门或者其他有关部门移交建设项目档案。

二、建设工程勘察设计单位的质量责任与义务

整个建设活动过程中，建设工程勘察设计单位的质量责任与义务主要包括以下几点：

（1）遵守执业资质等级制度的责任。勘察设计单位必须在其资质等级允许范围内承揽工程勘察设计任务，不得擅自超越资质等级或以其他勘察、设计单位的名义承揽工程，也不得允许其他单位或个人以本单位的名义承揽工程，还不得转包或违法分包自己承揽的工程。

（2）建立质量保证体系的责任。勘察设计单位应建立健全质量保证体系，工程勘察项目负责人应组织有关人员做好现场踏勘、调查，按要求编写《勘察纲要》，并对勘察过程中各项作业资料进行验收和签字。工程勘察工作的原始记录应在勘察工程中及时整理、核对，确保取样、记录的真实和准确，严禁离开现场后再追记和补记。工程勘察企业的法定代表人、项目负责人、审核人、审定人等相关人员应在勘察文件上签字或盖章，并对勘察质量负责，其相关责任分别为：企业法定代表人对勘察质量负全面责任；项目负责人对项目的勘察文件负主要质量责任；项目审核人、审定人对其审核、审定项目的勘察文件负审核、审定的质量责任。设计单位应加强设计过程的质量控制，健全设计文件的审核会签制度。注册建筑师、注册结构工程师等执业人员应在设计文件上签字，对设计文件的质量负责。

（3）施工验槽、技术交底和事故处理责任。工程勘察企业应当参与施工验槽，及时解决工程设计和施工中与勘察工作有关的问题。设计单位应就审查合格的施工图向施工单位做出详细说明，做好设计文件的技术交底工作，对大中型建设工程、超高层建筑以及采用其新技术、新结构的工程，设计单位还应向施工现场派设计代表。当其设计的工程发生质量事故时，设计单位应参与质量事故分析，并对因设计造成的质量事故，提出相应的技术处理方案。

（4）遵守国家建设工程强制性标准及有关规定的责任。勘察设计单位必须按照建设工程强制性标准及有关规定进行勘察设计。工程勘察文件要反映工程地质、地形地貌、水文地质状况，其勘察成果必须真实、准确，评价应准确、可靠。勘察文件应符合国家规定的勘察深度要求。设计单位要根据勘察成果文件进行设计，设计文件的深度，应符合国家规定，满足相应设计阶段的技术要求，并注明工程合同使用年限。所完成的施工图应配套，细部节点应交代清楚，标注说明应清晰、完整。凡设计所选用的建筑材料、建筑构配件和设备，应注明规格、型号、性能等技术指标，其质量必须符合国家规定的

标准；除有特殊要求的建筑材料、专用设备、工艺生产线等外，设计单位不得指定生产厂家或供应商。

勘察设计单位应对本单位编制的勘察设计文件的质量负责。当其违反国家的法律、法规及相关规定，没有尽到上述质量责任时，根据情节轻重，将会受到责令改正、没收违法所得、罚款、责令停业整顿、降低资质等级、吊销资质证书等处罚。造成损失的，依法承担赔偿责任。注册建筑师、注册结构工程师等注册执业人员因过错造成质量事故的，责令停止执业 1 年，造成重大事故的，吊销执业资格证书，5 年内不予注册；情节特别恶劣的，终身不予注册。勘察设计单位违反国家规定，降低工程质量标准，造成重大安全事故、构成犯罪的，要依法追究直接责任人员的刑事责任。

三、建设工程施工单位的质量责任与义务

（1）在执业资质等级许可的范围内承揽工程施工任务，不得超越本单位资质等级许可的业务范围或以其他施工单位的名义承揽工程。禁止施工单位允许其他单位或个人以本单位的名义承揽工程。施工单位也不得将自己承包的工程再进行转包或非法分包。

（2）建立质量保证体系的责任。施工单位应当建立健全质量保证体系，建立并落实质量责任制度，要明确确定工程项目的项目经理、技术负责人和管理负责人。施工单位必须建立、健全并落实质量责任制度，严格工序管理，做好隐蔽工程的质量检查和记录。隐蔽工程在掩埋前，应通知建设单位和建设工程质量监督机构进行检验。施工单位还应当建立、健全教育培训制度，加强对职工的教育培训，未接受教育培训或考核不合格的人员，不得上岗作业。施工单位还应加强计量、检测等基础工作。

（3）遵守技术标准、严格按图施工的责任。施工单位必须按照工程设计图纸和施工技术标准施工，不得擅自修改工程设计，不得偷工减料。施工过程中如发现设计文件和图纸的差错，应及时向设计单位提出意见和建议，不得擅自处理。施工单位必须按照工程设计要求、施工技术标准和合同约定，对建筑材料、建筑构配件、设备及商品混凝土进行检验，并做好书面记录，由专人签字，未经检验或检验不合格的上述物品，不得使用。施工单位必须按有关施工技术标准留取试块、试件及有关材料的取样，应在建设单位或工程监理单位监督下在现场进行。施工单位对施工中出现质量问题的建设工程或竣工验收不合格的工程，应负责返修。

（4）总包单位与分包单位之间的质量责任。建设工程实行总承包的，总承包单位应对全部建设工程质量负责；实行勘察、设计、施工、设备采购的一项或多项总承包的，总承包单位应对其承包单位或采购设备的质量负责。总承包单位依法进行分包的，分包单位应按分包合同的约定对其分包工程的质量向总承包单位负责，总承包单位与分包单位对分包工程的质量承担连带责任。

施工单位未尽上述质量责任时，根据其违法行为的严重程度，将受到责令改正、罚

款、降低资质等级、责令停业整顿、吊销资质证书等处罚。对不符合质量标准的工程，要负责返工、修理，并赔偿因此造成的损失。对降低工程质量标准，造成重大安全事故，构成犯罪的，要追究直接责任人的刑事责任。

四、建筑材料、设备供应单位的质量责任与义务

建筑材料、构配件生产及设备供应单位必须具备相应的生产条件、技术装备和质量保证体系，具备必要的检测人员和设备，并应把好产品看样、订货、存储、运输和核验的质量关，其供应的建筑材料、构配件和设备质量应符合国家或行业现行有关技术标准规定的合格标准和设计要求，并应符合以其产品说明、实物样品等方式表明的质量状况。其产品或其包装上的标识则应符合下述要求：

（1）有产品质量检验合格证明。

（2）有中文标明的产品名称、生产厂厂名和厂址。

（3）产品包装和商标样式符合国家有关规定和要求。

（4）设备应有产品详细的使用说明书，电气设备还应附有线路图。

（5）实施生产许可证或使用产品质量认证标志的产品，有生产许可证或质量认证的编号、批准日期和有效期限。

建筑材料、构配件及设备的供需双方均应签订购销合同，并按合同条款进行质量验收。建筑材料、构配件生产及设备供应单位对其生产或供应的产品质量负责。

五、建设工程监理单位的质量责任与义务

（1）遵守执业资质等级制度的责任。工程监理单位应在其资质等级许可的范围内承担工程监理业务，不得超越本单位资质等级许可的范围或以其他工程监理单位的名义承担工程监理业务。禁止工程监理单位允许其他单位或个人以本单位的名义承担工程监理业务。工程监理单位也不得将自己承担的工程监理业务进行转让。

（2）回避责任。工程监理单位与被监理工程的施工承包单位以及建筑材料、建筑构配件和设备供应单位有隶属关系或其他利害关系的，不得承担该项建设工程的监理业务，以保证监理活动的公平、公正。

（3）坚持质量标准、依法进行现场监理的责任。工程监理单位应选派具有相应资格的总监理工程师进驻施工现场。监理工程师应依据有关技术标准、设计文件和建设工程承包合同及工程监理规范的要求，采取旁站、巡视和平行检验等形式，对建设工程实施监理，对违反有关规范及技术标准的行为进行制止，责令改正；对工程使用的建筑材料、建筑构配件和设备的质量进行检验，不合格者，不得准许使用。工程监理单位不得与建设单位或施工单位串通一气，弄虚作假，降低工程质量。

工程监理单位未尽上述责任影响工程质量的，将根据其违法行为的严重程度，给予

责令改正、没收非法所得、罚款、降低资质等级、吊销资质证书等处罚。造成重大安全事故、构成犯罪的，要追究直接责任人员的刑事责任。

第三节　建设工程质量保修与损害赔偿

房屋建筑工程质量保修是指对房屋建筑工程竣工验收后，在保修期限内出现的房屋建筑工程的质量不符合建设工程强制性标准以及合同约定的质量缺陷，应当由施工承包单位负责维修、返工或更换，由责任单位负责赔偿损失。建设工程实行质量保修制度是落实工程质量责任的重要措施。

一、建设工程质量保修

我国实行建设工程实行质量保修制度，建设工程承包单位在向建设单位提交工程竣工验收报告时，应当向建设单位出具质量保修书。质量保修书中应当明确建设工程的保修范围、保修期限和保修责任等。正常使用条件下，建设工程的最低保修期限为：

（1）基础设施工程、房屋建筑的地基基础工程和主体结构工程，为设计文件规定的该工程的合理使用年限。

（2）屋面防水工程、有防水要求的卫生间、房间和外墙面的防渗漏，为 5 年。

（3）供热与供冷系统，为 2 个采暖期、供冷期。

（4）电气管线、给排水管道、设备安装和装修工程，为 2 年。

其他项目的保修期限由发包方与承包方约定。建设工程的保修期，自竣工验收合格之日起计算。建设工程在保修范围和保修期限内发生质量问题的，施工单位应当履行保修义务，并对造成的损失承担赔偿责任。

建设工程在超过合理使用年限后需要继续使用的，产权所有人应当委托具有建设工程实行质量保修制度相应资质等级的勘察、设计单位鉴定，并根据鉴定结果采取加固、维修等措施，重新界定使用期。

二、建设工程质量损害赔偿

建设工程质量损害赔偿，是指建设工程承包人因其完成的建设工程存在质量上的瑕疵，在合理使用期限内，对因该质量问题造成他人人身或财产的损害，承担损失赔偿的责任。

（一）建设工程质量损害赔偿的法律性质

建设工程质量损害赔偿是《建筑法》和《建设工程质量管理条例》（已下简称“条

例”）所规定的一种比较严格的民事责任和行政责任承担方式。建设工程质量损害赔偿责任一般情况下属于民事侵权赔偿责任，特殊情况下属于违约损害赔偿责任或行政损害赔偿责任。当受害人是发包人时，这种损害赔偿即是违约责任，又是侵权责任，属于责任竞合的情况。工程质量等级的约定（优良或合格）是建设工程承包合同的法定组成部分，而承包人的主要义务是保障建设工程质量符合约定，违反此约定，发包人可要求承包人承担违约责任，而且当建设工程造成发包人人身或财产损害的情况下，发包人可选择侵权之诉或违约之诉要求承包人承担赔偿责任。但当不合格工程造成第三人受损害时，因第三人与承包人无合同关系，其只能以侵权责任请求赔偿。

（二）建设工程质量损害赔偿的构成要件

建设工程承包人侵权责任的构成要件包括以下几方面：

（1）损害事实。损害事实是指一种行为使权力主体的人身、财产权受到损害，并造成财产利益和非财产利益的减少或灭失的客观事实。建设工程质量致人损害的事实包括建筑物倒塌以及建筑物、构筑物的构配件的脱落、坠落等造成受害人的人身伤害或财产损害以及由此给人们造成的精神痛苦和感情创伤。

（2）加害行为的违法性。造成损害的行为必须是违反法定义务或违反法律禁止性规定的行为或不作为。

（3）违法行为与损害事实的因果关系。民事责任只有违法行为与损害事实之间存在因果关系时，才能成立。建设工程质量与损害事实之间要有因果关系，这一要件指的是工程质量不合格违法行为与损害事实之间有引起与被引起的客观联系，即人身和财产的损害是因工程质量的原因并在法定的合理使用期限内造成的损害。

（4）过错。之所以将过错列为要件之一，这是因为过错标志着行为人在实施行为时，对社会利益和他人利益的轻视，对义务和公共行为准则的漠视，其应该手动谴责和惩罚。过错可分为故意和过失，过失又分为轻过失和重过失。此划分在单一侵权的行为中意义不大，但在共同侵权、混合过错、无意思联络的数人侵权等情况下，就有了法律意义，因为它将成为行为人之间分担民事侵权责任的依据。如设计单位违反《条例》第六十三条第四款的规定：“设计单位未按照工程建设强制性标准进行设计的”，建设单位又违反了该条例第五十六条第四款的规定：“施工图设计文件未经审查或者审查不合格，擅自施工”，结果造成了工程中人身、财产损害，设计单位和建设单位都有过错。此情况属于无意思联络的数人侵权，设计单位是重过错，应负主要赔偿责任；建设单位是轻过错，应负次要赔偿责任。

（三）建设工程质量损害的义务主体

建设工程质量损害赔偿义务主体主要是工程承包人，即勘察、设计单位，施工企业

和工程监理单位。

（1）勘察、设计单位。勘察单位是为工程设计提供地质报告的单位；设计单位是提供设计图纸的单位。《条例》第六十三条规定：勘察单位未按照工程建设强制性标准进行勘察的；设计单位未根据勘察成果文件进行工程设计的……造成损失的，承担赔偿责任。

（2）施工企业。施工企业是建设工程产品的最终完成者。《条例》第六十五条规定：施工单位未对建筑材料、建筑构配件、设备和商品混凝土进行检验，或者未对涉及结构安全的试块、试件以及有关材料取样检测的，责令改正，处10~20万元的罚款；情节严重的，责令停业整顿，降低资质等级或者吊销资质证书；造成损失的，依法承担赔偿责任。

（3）工程监理单位。《条例》第六十七条规定：工程监理单位有下列行为之一的，……造成损失的，承担连带赔偿责任：

① 与建设单位或者施工单位串通，弄虚作假、降低工程质量的。

② 将不合格的建设工程、建筑材料、建筑构配件和设备按照合格签字的。

《建筑法》第六十九条作出了同样的规定。

（4）特殊情况下，建设单位和行政机关也可以成为赔偿义务主体。建设单位，是特殊身份主体，他可能是房地产开发商，也可能是直接使用该建设产品的投资者或政府业主等，有时还包括房屋的所有者或使用者，如商品房的购买人。在其行为造成他人损害时，也必须承担相应的损害赔偿责任。

（四）建设工程质量损害赔偿中受害人权利的行使

（1）发包人是受害人时。发包人可以直接以违约责任或侵权责任要求承包人承担损害赔偿，这两种损害赔偿在受害人身上发生竞合。但受害人只能选择请求权，却不能在法律上同时实现两项请求权，因为实现两项请求权就意味着受害人可以获得双倍赔偿，这对不法侵害人负有双重赔偿责任，显然有失公平。但不同的选择即依合同法提出违约之诉，还是以侵权法提出侵权之诉会产生不同的诉讼结果，并且影响到如何保护受害人的利益和制裁不法行为人的问题。

通过具体情况分析，两类责任的主要区别在于以下两方面：

① 归责原则和举证责任不同。违约责任不要求违约人有过错，只是承包人完成的建设工程存在质量缺陷就是违约，而侵权责任以过错归责原则为主，受害人必需证明加害人有过错。

② 承担责任的形式不同。违约责任承担的方式主要是支付违约金，违约金是法律规定或当事人约定。当违约事实发生后，违约金支付并不以对方损害发生为要件，其计算简单，追索方便；而侵权责任主要采取损害赔偿形式，受害人需证明损害的存在。

由上述两方面内容可知，当建设工程质量不合格仅造成发包人的财产损失时，则发包人依合同法提起违约之诉对发包人有利，这样可以免去发包人对承包人过错以及造成损害的举证责任。

③ 赔偿范围不同。违约责任一般不包含人身、精神损害赔偿部分；而侵权损害赔偿不仅包含财产损害赔偿，还包括对人身损害的赔偿和精神损害赔偿。当工程质量不合格造成发包人人身伤亡和精神损害的情况下，当事人之间虽存在建设工程合同关系，也应该选择侵权之诉，而不能选择违约之诉。因为选择违约之诉并不能为发包人所遭受的人员伤亡、精神损害提供补偿。

（2）如果受害人是发包人且工程设计、施工单位投保设计责任保险和施工责任保险时，则建设工程因设计、施工缺陷造成建筑物在使用过程中致发包人损害的，发包人可直接要求接受投保的保险公司代为赔偿。

（3）当受害人是第三人时。因第三人与承包人并无合同关系，所以只能以侵权责任请求赔偿。一般情况下，受害人可基于两点理由提出赔偿要求：一是承包人完成的建设工程产品质量不合格的侵权责任，但作为受害人，一般对建设工程质量标准不熟悉，难以举证承包人有过错，处于明显的弱势地位，难以维护自己的权益；二是根据《民法通则》第一百二十六条规定的建筑物的特殊侵权责任，这种侵权责任对受害人来说不负举证建筑物质量不合格的责任，只要证明自己有受建筑物损害的事实即可。

【引例分析】

【答 1】质量责任应由建设方承担，设计方也应承担部分责任。根据《建筑法》第五十四条规定：“建设单位不得以任何理由，要求建筑设计单位或者施工单位在工程设计或者施工作业中，违反法律、行政法规和建筑工程质量、安全标准，降低工程质量”，而该工厂为节省投资，坚持不做勘察，违反了法律规定，对该工程质量应承担主要责任。

《建筑法》第五十四条还规定：“建筑设计单位和建筑施工企业对建设单位违法规定提出的降低工程质量的要求，应当予以拒绝。”因此，设计单位对于建设单位的不合理要求没有予以拒绝，应该承担次要质量责任。

【答 2】建设单位应当将工程委托给具有相应资质等级的单位，而不能委托给王某，个人不具备工程建设承揽业务的资质。

【本章小结】

本章对国家对建设工程的监督管理、建设行为主体的质量责任与义务、建设工程质量保修与损害赔偿进行了比较详细的阐述。

本章的主要内容包括建设工程主体的监督管理制度；建设工程质量的检测制度；建设工程质量的监督制度；建设单位、勘察设计单位、施工单位的质量责任与义务；建筑材料、设备供应单位和工程监理单位的质量责任与义务；建设工程质量保修和建设工程质量损害赔偿等。通过学习本章，读者可以了解建设工程的检测及监督制度；掌握建设工程施工单位的质量责任与义务；熟悉建设工程质量的保修及损害赔偿。

【思考题】

1. 什么是建设工程质量？
2. 国家对建设工程监督管理的主要制度有哪些？
3. 建设各行为主体的质量责任与义务是什么？
4. 建设工程质量的保修期限是多久？
5. 建设工程质量损害赔偿的构成要件有哪些？
6. 建设工程质量损害赔偿的义务主体有哪些？

附录一：安全生产管理评分表

序号	评定项目	评分标准	评分方法	应得分	扣减分	实得分
1	安全生产责任制度	企业未建立安全生产责任制度，扣20分； 各部门、各级安全生产责任制度不健全，扣10～15分； 企业未建立安全生产责任制考核制度，扣10分； 各部门各级对各自安全生产责任制未执行，每起扣2分； 企业未按考核制度组织检查并考核的，扣10分； 考核不全面扣5~10分； 企业未建立、完善安全生产管理目标，扣10分； 未对理目标实施考核的，扣5~10分； 企业未建立安全生产考核、奖惩制度，扣10分； 未实施考核和奖惩的，扣5~10分	查企业有关制度文本；抽查企业各部门、所属单位有关责任人对安全生产责任制的知晓情况，查确认记录，查企业考核记录。 查企业文件，查企业对下属单位各级管理目标设置及考核情况记录；查企业安全生产奖惩制度文本和考核、奖惩记录	20		
2	安全文明资金保障制度	企业未建立安全生产、文明施工资金保障制度，扣20分； 制度无针对性和具体措施的，扣10~15分； 未按规定对安全生产、文明施工措施费的落实情况进行考核，扣10~15分	查企业制度文本、财务资金预算及使用记录	20		
3	安全教育培训制度	企业未按规定建立安全培训教育制度，扣15分； 制度未明确企业主要负责人，项目经理，安全专职人员及其他管理人员，特种作业人员，待岗、转岗、换岗职工，新进单位从业人员安全培训教育要求的，扣5~10分； 企业未编制年度安全培训教育计划，扣5~10分；	查企业制度文本、企业培训计划文本和教育的实施记录、企业年度培训教育记录和管理人员的相关证书	15		

		企业未按年度计划实施的，扣 5~10 分				
4	安全检查及隐患排查制度	企业未建立安全检查及隐患排查制度，扣 15 分； 制度不全面、不完善的，扣 5~10 分； 未按规定组织检查的，扣 15 分； 检查不全面、不及时的，扣 5~10 分； 对检查出的隐患未采取定人、定时、定施进行整改的，每起扣 3 分，无整改复查记录的，每起扣 3 分； 对多发或重大隐患未排查或未采取有效治理措施的，扣 3~15 分	查企业制度文本、企业检查记录、企业对隐患整改消项、处置情况记录、隐患排查统计表	15		
5	生产安全事故报告处理制度	企业未建立生产安全事故报告处理制度，扣 15 分； 未按规定及时上报事故的，每起扣 15 分； 未建立事故档案，扣 5 分； 未按规定实施对事故的处理及落实“四不放过”原则的，扣 10~15 分	查企业制度文本； 查企业事故上报及结案情况记录	15		
6	安全生产应急救援制度	制定事故应急救援预案制度的，扣 15 分； 事故应急救援预案无针对性的，扣 5~10 分； 未按规定制定演练制度并实施的，扣 5 分； 未按预案建立应急救援组织或落实救援人员和救援物资的，扣 5 分	查企业应急预案的编制、应急队伍建立情况以相关演练记录、物资配备情况	15		
分项评分				100		

评分员：　　　　　　　　　　　　　年　　月　　日

附录二：安全技术管理评分表

序号	评定项目	评分标准	评分方法	应得分	扣减分	实得分
1	法规标准和操作规程配置	企业未配备与生产经营内容相适应的现行有关安全生产方面的法律、法规、标准、规范和规程的，扣10分，配备不齐全，扣3~10分； 企业未配备各工种安全技术操作规程，扣10分，配备不齐全的，缺一个工种，扣1分； 企业未组织学习和贯彻实施安全生产方面的法律、法规、标准、规范和规程，扣3~5分	查企业现有的法律、法规、标准、操作规程的文本及贯彻实施记录	10		
2	施工组织设计	企业无施工组织设计编制、审核、批准制度的，扣15分； 施工组织设计中未明确安全技术措施的扣10分； 未按程序进行审核、批准的，每起扣3分	查企业技术管理制度，抽查企业备份的施工组织设计	15		
3	专项施工方案（措施）	未建立对危险性较大的分部、分项工程编写、审核、批准专项施工方案制度的，扣25分； 未实施或按程序审核、批准的，每起扣3分； 未按规定明确本单位需进行专家论证的危险性较大的分部、分项工程名录的，每起扣3分	查企业相关规定、实施记录和专项施工方案备份资料	25		
4	安全技术交底	企业未制定安全技术交底规定的，扣25分； 未有效落实各级安全技术交底，扣5～10分； 交底无书面记录，未履行签手	查企业相关规定、企业实施记录	25		

		续，每起扣 1~3 分				
5	危险源控制	企业未建立危险源监管制度，扣 25 分； 制度不齐全、不完善的，扣 5~10 分； 未根据生产经营特点明确危险源的，扣 5~10 分； 未针对识别评价出的重大危险源制定管理方案或相应措施，扣 5~10 分； 企业未建立危险源公示、告知制度的，扣 8~10 分	查企业规定及相关记录	25		
分项评分				100		

评分员：　　　　　　　　　　　　　　　年　　月　　日

附录三：设备和设施管理评分表

序号	评定项目	评分标准	评分方法	应得分	扣减分	实得分
1	设备安全管理	未制定设备（包括应急救援器材）采购、租赁、安装（拆除）、验收、检测、使用、检查、保养、维修、改造和报废制度，扣 30 分； 制度不齐全、不完善的，扣 10~15 分； 设备的相关证书不齐全，扣 3~5 分； 未按规定建立技术档案或档案资料不齐全的，每起扣 2 分； 未配备设备管理的专（兼）职人员的，扣 10 分	查企业设备安全管理制度，查企业设备清单和管理档案	30		
2	设施和防护用品	未制定安全物资供应单位及施工人员个人安全防护用品管理制度的，扣 30 分； 未按制度执行的，每起扣 2 分； 未建立施工现场临时设施（包括临时建、构筑物、活动板房）的采购、租赁、搭设与拆除、验收、检查、使用的相关管理规定的，扣 30 分； 未按管理规定实施或实施有缺陷的，每项扣 2 分	查企业相关规定及实施记录	30		
3	安全标志	未制定施工现场安全警示、警告标识、标志使用管理规定的，扣 20 分； 未定期检查实施情况的，每项扣 5 分		20		
4	安全检查测试工具	企业未制定施工场所安全检查、检验仪器、工具配备制度的，扣 20 分； 企业未建立安全检查、检验仪器、工具配备清单的，扣 5~15 分	查企业相关记录	20		
分项评分				100		

评分员：　　　　　　年　　月　　日

附录四：企业市场行为评分表

序号	评定项目	评分标准	评分方法	应得分	扣减分	实得分
1	安全生产许可证	企业未取得安全生产许可证而承接施工任务的，扣 20 分； 企业在安全生产许可证暂扣期间继续承接施工任务的，扣 20 分； 企业资质与承发包生产经营行为不相符，扣 20 分； 企业主要负责人、项目负责人、专职安全管理人员持有的安全生产合格证书不符合规定要求的，每起扣 10 分	查安全生产许可证及各类人员相关证书	20		
2	安全生产文明施工	企业资质受到降级处罚，扣 30 分； 企业受到暂扣安全生产许可证的处罚，每起扣 5～30 分； 企业受当地建设行政主管部门通报处分，每起扣 5 分； 企业受当地建设行政主管部门经济处罚，每起扣 5～10 分； 企业受到省级及以上通报批评每次扣 10 分，受到地市级通报批评每次扣 5 分	查各级行政主管部门管理信息资料，各类有效证明材料	30		
3	安全质量标准化达标	安全质量标准化达标优良率低于规定的，每 5%扣 10 分； 安全质量标准化年度达标合格率低于规定要求的，扣 20 分	查企业相应管理资料	20		
4	资质、机构与人员	企业未建立安全生产管理组织体系（包括机构和人员等）、人员资格管理制度的，扣 30 分； 企业未按规定设置专职安全管理机	查企业制度文本和机构、人员配备证明文件，查人	30		

	管理	构的，扣30分，未按规定配足安全生产专管人员的，扣30分； 实行总、分包的企业未制定对分包单位资质和人员资格管理制度的，扣30分，未按制度执行的，扣30分	员资格管理记录及相关证件，查总、分包单位的管理资料			
分项评分				100		

评分员：　　　　年　　月　　日

附录五：施工现场安全管理评分表

序号	评定项目	评分标准	评分方法	应得分	扣减分	实得分
1	施工现场安全达标	按《建筑施工安全检查标准》JGJ 59 及相关现行标准规范进行检查不合格的，每 1 个工地扣 30 分	查现场及相关记录	30		
2	安全文明资金保障	未按规定落实安全防护、文明施工措施费，发现一个工地扣 15 分	查现场及相关记录	15		
3	资质和资格管理	未制定对分包单位安全生产许可证、资质、资格管理及施工现场控制的要求和规定，扣 15 分，管理记录不全扣 5～15 分； 合同未明确参建各方安全责任，扣 15 分； 分包单位承接的项目不符合相应的安全资质管理要求，或作业人员不符合相应的安全资格管理要求扣 15 分； 未按规定配备项目经理、专职或兼职安全生产管理人员（包括分包单位），扣 15 分	查对管理记录、证书，抽查合同及相应管理资料	15		
4	生产安全事故控制	对多发或重大隐患未排查或未采取有效措施的，扣 3～15 分； 未制定事故应急救援预案的，扣 15 分，事故应急救援预案无针对性的，扣 5～10 分； 未按规定实施演练的，扣 5 分； 未按预案建立应急救援组织或落实救援人员和救援物资的，扣 5～15 分	查检查记录及隐患排查统计表，应急预案的编制及应急队伍建立情况以及相关演练记录、物资配备情况	15		

5	设备设施工艺选用	现场使用国家明令淘汰的设备或工艺的，扣 15 分； 现场使用不符合标准的、且存在严重安全隐患的设施，扣 15 分； 现场使用的机械、设备、设施、工艺超过使用年限或存在严重隐患的，扣 15 分； 现场使用不合格的钢管、扣件的，每起扣 1～2 分； 现场安全警示、警告标志使用不符合标准的，扣 5～10 分； 现场职业危害防治措施没有针对性，扣 1～5 分	查现场及相关 记录	15		
6	保险	未按规定办理意外伤害保险的，扣 10 分； 意外伤害保险办理率不足 100%，每低 2% 扣 1 分	查现场及相关记录	10		
分项评分				100		

评分员：　　　　　　　　　　　　年　　月　　日

附录六：施工企业安全生产评价汇总表

<table>
<tr><td colspan="3" rowspan="2">评价内容</td><td colspan="5">评价结果</td></tr>
<tr><td>零分项/个</td><td>应得分数</td><td>实得分数</td><td>权重系数</td><td>加权分数</td></tr>
<tr><td rowspan="5">无施工项目</td><td>表 A-1</td><td>安全生产管理</td><td></td><td></td><td></td><td>0.3</td><td></td></tr>
<tr><td>表 A-2</td><td>安全技术管理</td><td></td><td></td><td></td><td>0.2</td><td></td></tr>
<tr><td>表 A-3</td><td>设备和设施管理</td><td></td><td></td><td></td><td>0.2</td><td></td></tr>
<tr><td>表 A-4</td><td>企业市场行为</td><td></td><td></td><td></td><td>0.3</td><td></td></tr>
<tr><td colspan="2">汇总分数①=表 A-1~表 A-4 加权值</td><td colspan="3"></td><td>0.6</td><td></td></tr>
<tr><td rowspan="2">有施工项目</td><td>表 A-5</td><td>施工现场安全管理</td><td></td><td></td><td></td><td>0.4</td><td></td></tr>
<tr><td colspan="2">汇总分数②=汇总分数①×0.6+表 A-5×0.4</td><td></td><td></td><td></td><td></td><td></td></tr>
<tr><td colspan="8">评价意见：</td></tr>
<tr><td>评价负责人（签名）</td><td colspan="2"></td><td>评价人员（签名）</td><td colspan="4"></td></tr>
<tr><td>企业负责人（签名）</td><td colspan="2"></td><td>企业签章</td><td colspan="4">年 月 日</td></tr>
</table>

参考文献

[1]余述银，孙文波，万树兴．建筑法规[M]．武汉：中国地质大学出版社，2012．

[2]刘勇，黄胜方．建筑法规概论[M]．北京：中国水利水电出版社．2012．

[3]陈东佐．建筑法规概论[M]．北京：科学技术文献出版社，2013．

[4]张培新．建筑工程法规[M]．北京：中国电力出版社，2014．

[5]赵高颖，战乃岩．建设工程法规[M]．北京：人民邮电出版社，2014．

[6]赵海玲．建筑工程法律法规[M]．北京：清华大学出版社，2014．

[7]秦朝，申海洋．建筑法规[M]．武汉：武汉大学出版社，2014．

[8]李海霞，罗少卿．工程建设法规[M]．长沙：中南大学出版社，2014．

[9]李林．建筑工程法律法规[M]．北京：中国建筑工业出版社，2014．

[10]全国一级建造师执业资格考试用书编写委员会．一级建造师 2015 年教材 2015 一建/建设工程法规及相关知识[M]．北京：中国建筑工业出版社，2015．

[11]闫积刚．建筑法规[M]．武汉：武汉大学出版社，2015．

[12]绿色建筑工程师专业能力培训用书编委会，人社部中国就业培训技术指导中心．绿色建筑相关法律法规与政策[M]．北京：中国建筑工业出版社，2015．

[13]张燕君，张珂．建设法规[M]．西安：西安交通大学出版社，2015．

[14]邵乘胜，汪耀武．建筑工程法规[M]．武汉：华中科技大学出版社，2015．